互联网嵌入对农户生计抉择影响及其收入效应研究

HULIANWANG QIANRU DUI NONGHU SHENGJI JUEZE YINGXIANG JI QI SHOURU XIAOYING YANJIU

杨柠泽　著

中国农业出版社
北　京

本书得到教育部人文社会科学研究青年基金项目(项目编号：22YJC790153)、浙江理工大学基本科研业务费专项资金（项目编号：22096225-Y）的资助。特此感谢。

前言

FOREWORD

互联网（Internet）的快速普及与发展，正在改变传统农村社会经济的形态，深入改变了农户的生产与生活方式。在构建“互联网十三农”的体系中，农户作为农村地区社会与经济发展的最小生计单位，也是经济活动的主体，在整个体系中起到至关重要的作用。互联网作为信息技术嵌入农户的生产与生活中，其具有创新扩散效应、信息和知识的溢出效应，以及数字技术释放的普惠效应等特性，直接对农户的生计活动产生影响。随着农业经济的发展，农户的生计问题一直被我国政府持续关注。基于可持续生计理论（Sustainable Livelihoods Approach，SLA），农户生计资本、生计抉择与生计产出（收入）是研究农户生计问题的重点。农户生计抉择的多样化及收入渠道的增加是提高农户生活质量、实现农村劳动力转移、促进农业规模化生产，以及有效实现乡村振兴的关键所在。因此，在大力推进数字乡村建设的背景下，本书揭示互联网嵌入对农户生计抉择及收入的作用机制和影响路径，探究生计资本在其影响路径中的作用，引导农户科学地利用互联网进行就业创业，实现农户增收，为中国解决“三农”问题、大力推进数字乡村建设、助力乡村振兴和实现共同富裕提供相关政策参考。

本书在已有文献成果的基础上，基于信息沟理论、新迁移经济学理论、可持续生计理论和职业最优搜寻理论等，利用 2018 年中国家庭追踪调查（China Family Panel Studies，CFPS）的 6 887 份农户的数据，实证分析了互联网嵌入对农户生计抉择的影响及不同生计抉择下的农户收入效应，并探讨了生计资本在其影响路径中的中介作用，基于研究结论提出了相关政策建议。本书的主要研究内容及相关结论具体如下。

第一，理论分析。首先，基于全信息理论探究互联网嵌入的信息效应，进一步运用信息沟理论分析互联网嵌入对农户生计资本的影响。其次，基于新迁移经济学理论分析互联网嵌入对农户生计抉择的直接影响，进一步基于可持续生计理论分析互联网嵌入通过生计资本对生计抉择的间接影响。

再次，基于职业最优搜寻理论和可持续生计理论分析农户收入效应。最后，构建本研究的理论框架。其结果表明：互联网嵌入对农户生计资本存量具有促进作用。互联网嵌入对农户生计抉择及其收入具有直接影响，通过生计资本的中介作用对农户生计抉择及其收入产生间接影响。

第二，互联网嵌入对农户生计资本的影响。首先，基于可持续生计理论，采用极值熵值法对生计资本进行测度，其结果表明：农户整体的生计资本水平偏低。其中人力资本指数最大，之后依次为金融资本、社会资本、物质资本，自然资本指数最小。其次，运用普通最小二乘法（Ordinary Least Square，OLS）和似不相关回归（Seemingly Unrelated Regression，SUR）分析了互联网嵌入对农户生计资本的影响。再次，通过选取工具变量，采用二阶段最小二乘法（Two Stage Least Square，2SLS）和确保变量之间在时间上“前因后果”的方法解决内生性问题。最后，采用 3 种方法进行稳健性检验。研究发现，互联网使用、互联网嵌入频率、互联网嵌入时长及互联网嵌入目的均能提升农户生计资本存量。其中，互联网嵌入时长与农户生计资本具有倒 U 形关系，当嵌入时长小于 4.785h/d 时，互联网嵌入时长会促进农户生计资本存量的提升；针对不同类型生计资本，互联网使用、互联网嵌入频率、互联网嵌入时长和互联网嵌入目的均对农户人力资本、金融资本、社会资本与物质资本具有显著的正向影响，对自然资本具有显著的负向影响。

第三，互联网嵌入对农户生计抉择的影响。首先，通过多指标划分法和两步聚类分析法将生计抉择划分为三类：务农主导型（1 985 户）、务工主导型（4 306 户）、创业主导型（596 户）。进一步运用多项 Logit 模型（Multinomial Logit，MNL）分析互联网嵌入对农户生计抉择的影响。其次，通过选取工具变量，采用 2SLS 和确保变量之间在时间上“前因后果”的方法解决内生性问题。再次，采用 3 种方法进行稳健性检验。最后，采用 Bootstrap 中介检验方法和标准化系数乘积法检验生计资本的中介作用。研究发现，相对于务农主导型，互联网使用、互联网嵌入频率和互联网嵌入目的促进农户选择务工主导型及创业主导型。相对于务工主导型，互联网使用、互联网嵌入频率和互联网嵌入目的对农户选择创业主导型起促进作用。其中，互联网社交娱乐频率和互联网社交娱乐目的对农户选择创业主导型的影响，分别大于互联网工作学习频率和互联网工作学习目的的影响。另外，相对于务农主导型，互联网嵌入时长对务工主导型和创业主导型具有显著的倒U形关系，即互联网嵌入时长小于3.5h/d，农户选择务工或创业的概率更大。相对于务工主导型，互联网嵌入时长对农户选择创业主导型起促进作用；生计资本在互联网嵌入对农户选择务工及创业主导型的影响中起中介作用。其中，人力资本、社会资本、金融资本、物质资本与自然资本均在其影响路径中起中介作用。

第四，不同生计抉择下农户收入效应。首先，运用倾向得分匹配法（Propensity Score Matching，PSM）分析了互联网使用对农户家庭总收入及不同生计抉择下农户收入的影响，进一步运用OLS分析互联网嵌入频率、嵌入时长及嵌入目的对农户收入的影响。其次，采用2SLS和确保变量之间在时间上“前因后果”的方法解决内生性问题。再次，采用3种方法进行稳健性检验。最后，采用Bootstrap中介检验方法分析生计资本的中介作用。研究发现，在修正样本自选择偏差后，互联网使用能够显著地提高农户家庭收入水平（收入效应），互联网嵌入频率越高越能够促进农户家庭收入水平的提升。其中，互联网工作学习频率对农户创业收入的影响相对较大，互联网社交娱乐频率对农户务农收入的影响相对较大；互联网嵌入时长与农户家庭收入之间存在显著的倒U形关系，根据测算出的特定值与其平均值相对比可知，互联网嵌入时长会显著促进农户家庭收入水平的提升；互联网嵌入目的能够显著地提高农户家庭收入水平。此外，互联网工作学习目的对农户务工收入与创业收入的影响相对较大，互联网社交娱乐目的对农户务农与创业的影响相对较大。综上所述，互联网嵌入对农户收入具有显著正向影响；生计资本在互联网嵌入对农户家庭收入的影响中起中介作用。其中，人力资本、社会资本与物质资本在互联网嵌入对农户家庭收入的影响中起中介作用；金融资本在互联网嵌入对农户家庭总收入、务农收入和创业收入的影响中起中介作用；自然资本在互联网嵌入对农户家庭总收入、务农收入和务工收入的影响中起中介作用。

根据上述分析，本书提出以下政策建议。

第一，充分利用互联网嵌入的连通性，提升农户的互联网嵌入程度，使其高效连接信息、亲情及财富，为农户生计资本存量提供保障。第二，引导农户合理地运用互联网，充分发挥互联网嵌入对优化农户生计抉择和促进农户增收的重要作用。第三，重视生计资本在互联网嵌入对农户生计抉择及其收入影响中的中介作用。通过互联网技术人员、村干部等的指导和示范带动作用，引导农户了解和使用互联网，从而提高农户进行生计抉择时的生计资本存量，促进农户提升收入。第四，政府应加强互联网基础设施的建设，重视农村地区网络建设质量。第五，完善互联网信息服务体系，出台互联网技术的财政补贴政策，从而提高农户互联网嵌入程度。总之，只有农户将互联网有效嵌入生产生活中，政府才能高效地推进数字乡村建设，实施乡村振兴战略。

本书主要的创新之处有以下几方面。

第一，研究视角方面。以往，从互联网嵌入角度研究农户生计抉择及其收入效应的相关研究较少，并且深度不够；更是少有文献研究关注生计资本在其影响路径中的作用。在数字乡村战略的背景下，互联网嵌入农户生活与生产中，对其经济活动产生影响。基于此，本书深入研究互联网嵌入对农户生计抉择及其收入的影响，并揭示生计资本在其影响路径中的中介作用，拓展对农户生计抉择及其收入效应研究的视角，不仅对已有相关文献进行有效补充，还弥补了互联网与农户生计研究的不足，在研究视角上具有一定的创新性。

第二，研究内容及方法方面。本书重点关注互联网嵌入对农户生计抉择及其收入的影响，以及生计资本在其影响中的中介作用，将信息沟理论、新迁移经济学理论、可持续生计理论和职业最优搜寻理论运用到本书研究框架中。本书选取的互联网嵌入不仅包括农户是否使用互联网，还考虑到互联网嵌入频率、嵌入时长及嵌入目的对农户生计产生的影响。基于可持续生计理论从人力资本、金融资本、社会资本、物质资本和自然资本共5个方面对农户生计资本进行测度。采用多指标划分法和两步聚类分析法将农户生计抉择划分为务农主导型、务工主导型和创业主导型。进一步采用MNL、PSM、Bootstrap中介效应检验方法和标准化系数乘积法进行实证分析。

第三，内生性处理方面。已有研究在分析互联网对农户就业创业及其收入影响的过程中，仅选取工具变量对其可能出现的内生性问题进行处理。实际上，弱工具变量和局部平均处理效应问题会造成估计参数过大。因此，本书在采用工具变量法进行内生性处理后，为保证研究结果的稳健性，进一步运用确保变量之间在时间上“前因后果”的方法再一次对内生性问题进行处理。

目录

CONTENTS

第一篇

“互联网嵌入-生计资本-农户生计抉择及收入”的逻辑阐释

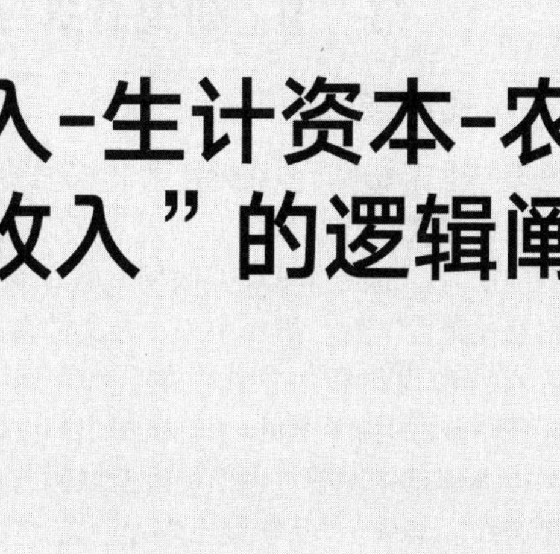

第一章

绪　论

第一节　研究背景与研究意义

一、研究背景

在当今经济环境中，互联网技术水平可以反映出一个国家的创新能力。各国政府都重视互联网的发展，并制定相关政策与战略。我国政府在关注“三农”问题的同时，也大力发展互联网，自 2005 年中央 1 号文件首次提到“加强农业信息化建设”后，历年中央 1 号文件多次提出以开发应用信息技术为支撑，促进农业现代化和信息化发展。2015 年，国务院印发《关于积极推进“互联网＋”行动的指导意见》，首次提出“互联网＋”行动计划，旨在运用互联网技术推动信息化发展，进而促进互联网与传统产业全面融合，推进传统产业的转型升级。其中，“互联网＋农业”备受关注。2016 年，农业部发布《农业部关于全面推进信息进村入户工程的实施意见》，重点强调运用互联网推进涉农信息综合服务，加快推进信息进村入户工程，以达到信息精准到户的效果。根据中国互联网信息中心（China Internet Network Information Center，CNNIC）的第 52 次《中国互联网络发展状况统计报告》① 的数据，截至 2023 年 6 月，农村网民规模已达到 3.01 亿人，占整体网民的 27.9%，农村互联网普及率为 60.5%。从以上数据可以看出，农村地区的互联网普及率较低，非网民人口还是以农村人群为主。然而，互联网的快速普及与发展，正在改变农村社会传统的经济形态，深入地影响了农户的生产与生活方式。2019 年的中央 1 号文件《中共中央　国务院关于坚持农业农村优先发展做好“三农”工作的若干意见》明确指出，要“实施数字乡村战略”，为新型农业现代化发展提出具体要求，对农业农村经济社会发展产生了广泛而深远的影响，以“数字乡村”建设推进农业农村信息化，可以助力乡村振兴战略高质量实施。2020 年的中央 1 号文件《中共中央　国务院关于抓好“三农”领域重点工作确保如期

① 数据来源：http://www.cnnic.net.cn/n4/2023/0828/c88-10829.html。

实现全面小康的意见》和2021年的中央1号文件《中共中央　国务院关于全面推进乡村振兴加快农业农村现代化的意见》均指出，开展国家数字乡村试点和持续实施数字乡村建设发展工程。2022年的中央1号文件《中共中央　国务院关于做好2022年全面推进乡村振兴重点工作的意见》也强调，大力推进数字乡村建设，要多渠道促进农户持续增收，稳定农民就业，促进农户创业。

随着社会的发展，农户生计问题越来越成为发展中国家关注的重点。农户是农村地区社会与经济发展的最小生计单位，也是经济活动的主体。农户的生计抉择及增收状况影响我国农业农村的发展水平及国家现代化发展的进程。在实施乡村振兴战略的背景下，农户生计抉择与增收问题是我国经济发展与社会稳定的重点与难点。随着气候环境与经济的变化，农户面临的生计压力越来越大。2021年的中央1号文件提出，持续巩固拓展脱贫攻坚成果，促进低收入人群就业。2022年的中央1号文件也强调，完善监测帮扶机制，促进农户持续增收。根据可持续生计理论，农户通过自身的生计资本（自然资本、物质资本、金融资本、社会资本与人力资本）选择不同的生计策略（务农、务工或是创业等生计方式），进而决定生计结果（收入的提高以及生活的改善）。因此，巩固脱贫攻坚成果和实现共同富裕，需要提高农户生计能力和优化农户生计抉择。2021年与2022年的中央1号文件均强调了支持农村劳动力就业创业和实施乡村经济多元化战略。国家统计局数据显示，2021年全年农村外出务工劳动力总量为1.7亿人，同比增长1.3%，由数据来看，增速较低。然而，2021年农民工月均收入为4 432元，同比增长8.8%，并且外出农民工的月均收入增速快于本地农民工的月均收入增速，进而促使农村劳动力向城镇转移。随着农村劳动力人口的流动及城镇化的快速发展，向城市转移的农村劳动力还是在逐年增加，农户兼业现象普遍存在。农户多样化的生计抉择促使农户的收入来源不只局限于传统农耕生产，非农收入逐渐成为农户收入的主要来源。在新常态背景下，厘清农户生计问题是巩固脱贫攻坚成果、促进可持续生计发展、实现共同富裕和乡村振兴的基础。

在加快推进数字乡村建设的背景下，互联网作为网络化、信息化和数字化的核心技术，嵌入农户的生产与生活中，对其原有的运行模式产生颠覆性的改变，是发展现代农业、促进农户创新创业、优化农户生计抉择和增加农户收入的重要手段（万宝瑞，2015）。根据信息技术型人力资本理论，劳动者通过互联网收集、处理及传播信息，运用并融合所获取的知识、技能与自身人力资本来实现人力资本总量的提升（王建华和李录堂，2012），从而促进劳动者增收。不仅如此，互联网作为即时通信的技术手段嵌入农户经济活动中，有助于农户维持与拓展社会资本（陈培彬和朱朝枝，2022；丁述磊和刘翠花，2022；王辉等，2022），还有利于提升农户借贷成功率（田红宇等，2022；祝嘉良等，

2022；崔恒瑜等，2021）。已有研究表明，新技术的出现能够带来新的就业机会及商业机会（丁述磊和刘翠花，2022；吴佳璇等，2022）。互联网作为新技术，能够影响劳动者做出不同的生计抉择，如外出打工、自主创业及农业规模化生产等（宋林和何洋，2021；宋瑛等，2021；苏岚岚和孔荣，2020；朱红根和宋成校，2020；毛宇飞等，2019；杨柠泽等，2018；马俊龙和宁光杰，2017）。随着城镇化与信息化的快速发展，互联网在很大程度上改变了农户的生产与生活方式，使农户的收入来源不只局限于传统农耕生产，收入渠道逐渐呈现多元化的趋势（朱红根和宋成校，2020；刘晓倩和韩青，2018）。因此，帮助农户科学利用互联网，优化农户生计抉择与提高农户收入水平是解决“三农”问题、实现乡村振兴的重要出路之一。

综上所述，本书关注的科学问题是在全面推进乡村振兴的背景下，互联网嵌入能否促进生计资本存量的增加，互联网嵌入对农户生计抉择及其收入产生何种影响，生计资本在互联网嵌入对农户抉择及其收入的影响中存在何种作用。基于此，本书重点关注的问题是互联网嵌入对农户生计抉择及其收入的影响，同时探讨生计资本在其影响路径中的作用。本书基于可持续生计理论从自然资本、物质资本、金融资本、社会资本与人力资本 5 个方面分析农户生计资本的现状，探究互联网嵌入对农户生计抉择及其收入影响的内在机制，通过互联网使用、互联网嵌入频率、互联网嵌入时长和互联网嵌入目的 4 个方面分析互联网嵌入对农户生计抉择及其收入的影响，同时检验生计资本的中介效应，并且在本书所得研究结论的基础上提出相关政策建议。

二、研究意义

正如前文研究背景所述，农户作为农村社会经济中最小的生计单位，其生计抉择及收入的提高不仅关乎自身的生活质量，还关系到乡村振兴的全面推进和共同富裕的稳步实现。本书研究互联网嵌入对农户生计抉择及收入影响的作用关系，探究生计资本在其关系中的中介作用，其研究意义如下。

（一）理论意义

一方面，本书从理论上为研究农户生计资本、生计抉择及其收入提供新的视角。本书将信息沟理论、新迁移经济学理论、可持续生计理论和职业最优搜寻理论等相关理论运用到研究过程中，即将传播学与劳动经济学的相关理论相结合，既可以拓展传播学和劳动经济学的研究范围，又可以丰富传播学和劳动经济学的研究内容。另一方面，本书通过文献梳理，发现目前关于互联网嵌入对农户生计抉择及其收入影响的相关研究较为缺乏，并且鲜有文献研究生计资本在其影响路径中的作用。本书利用全国性公开数据对农户生计资本进行测度，从微观角度研究互联网嵌入对农户生计抉择及其收入的影响，同时探讨生计资本在其影响路径中的作用，为今后开展相关研究提供参考。综上，本书研究具有较强的理论意义。

（二）现实意义

农户生计问题是我国持续关注的重点，农户生计抉择的多样化及收入渠道的增加是有效实现农村劳动力转移、促进自主创业、促进农户增收、提高农户生活质量，实现共同富裕和推进乡村振兴的关键所在。目前互联网技术被广泛运用到各个领域，将以互联网为代表的新兴信息技术与农户生计联系起来研究，可以明晰互联网嵌入农户生活与生产中，农户生计资本、生计方式及收入将发生怎样的变化。根据相关结论，有利于掌握互联网与农户生计之间的关系，进而有针对性地提出引导农户科学利用互联网来提高生计质量的建议。因此，从农户的微观角度出发，探讨互联网嵌入对其生计抉择及收入的影响，以及生计资本在其影响路径中的中介作用，引导农户正确利用互联网增加收入具有较强的现实意义。同时，为我国解决“三农”问题、加快推进数字乡村建设、实现共同富裕和乡村振兴提供相关政策参考。

第二节　研究目标与研究内容

一、研究目标

本书从理论上揭示互联网嵌入对农户生计抉择及其收入的作用机制，以及生计资本在其影响路径中的作用机制。实证分析互联网嵌入对农户生计抉择及其收入的影响，进一步检验生计资本的中介效应。本书的最终目标是为今后的相关研究提供经验借鉴，同时也为政府解决“三农”问题和加快推进数字乡村建设的政策制定提供相关理论支撑及参考依据，具体研究目标如下。

第一，构建理论模型，利用信息沟理论从传播学角度分析互联网嵌入对农户生计资本的作用机制；利用新迁移经济学理论和可持续生计理论分析互联网嵌入对农户生计抉择影响的内在机制；利用职业最优搜寻理论分析农户收入效应。

第二，基于可持续生计理论，采用极值熵值法对生计资本进行测度，探讨农户生计状况。运用计量模型实证分析互联网嵌入对农户生计资本的影响，进一步进行内生性处理和稳健性检验。

第三，分析互联网嵌入对农户生计抉择及其收入的影响。采用多指标划分法和两步聚类分析法对生计抉择类型进行划分，运用计量模型实证分析互联网嵌入对农户生计抉择及其收入的影响，进一步检验生计资本在其影响路径中的中介作用。

二、研究内容

本书在已有相关文献梳理的基础上，运用传播学、劳动经济学和计量经济学的相关理论，建立互联网嵌入对农户生计抉择及其收入影响的分析框架，验证生计资本在互联网嵌入对农户生计抉择及其收入影响中的中介作用。针对研究目标，本书主要研究内容具体如下。

（一）研究内容一：理论分析

第一，根据全信息理论探讨互联网嵌入的信息效应，基于信息沟理论分析互联网嵌入对农户生计资本的影响。

第二，基于新迁移经济学理论分析互联网嵌入对农户生计抉择的直接影响，根据可持续生计理论分析互联网嵌入通过生计资本对农户生计抉择的间接影响。

第三，基于职业最优搜寻理论和可持续生计理论分析互联网嵌入对农户收入影响的内在机制。

第四，构建本书的理论框架。

（二）研究内容二：互联网嵌入对农户生计资本的影响

第一，阐明互联网嵌入对农户生计资本的影响机制，构建分析框架。

第二，基于可持续生计理论，利用2018年CFPS的6 887份调查数据，采用极值熵值法从自然资本、物质资本、金融资本、社会资本和人力资本5个方面对生计资本进行测度。

第三，运用OLS和SUR从互联网嵌入的4个方面（互联网使用、互联网嵌入频率、互联网嵌入时长和互联网嵌入目的）重点讨论其对农户生计资本的影响。

第四，选取工具变量，采用2SLS和确保变量之间在时间上“前因后果”的方法对内生性问题进行处理。

第五，采用3种方式对相关结论进行稳健性检验：一是更换核心解释变量，二是重新构建被解释变量，三是更换计量模型。

（三）研究内容三：互联网嵌入对农户生计抉择的影响

第一，阐明互联网嵌入对农户生计抉择的影响机制，构建分析框架。

第二，采用多指标划分法和两步聚类法对生计抉择进行划分：务农主导型、务工主导型和创业主导型，然后运用MNL分析互联网嵌入对农户生计抉择的影响。

第三，选取工具变量，采用2SLS和确保变量之间在时间上“前因后果”的方法对内生性问题进行处理。

第四，采用3种方式对相关结论进行稳健性检验：一是更换核心解释变量量，二是重新构建被解释变量，三是更换计量模型。

第五，运用 Bootstrap 中介检验方法和标准化系数乘积法检验生计资本在互联网嵌入对生计抉择影响中的中介作用。

（四）研究内容四：不同生计抉择下农户收入效应研究

第一，阐明互联网嵌入对农户收入的影响机制，构建分析框架。

第二，采用 PSM 和 OLS 分析互联网嵌入对农户家庭总收入及不同生计抉择下农户收入的影响。

第三，选取工具变量，采用 2SLS 和确保变量之间在时间上“前因后果”的方法对内生性问题进行处理。

第四，采用 3 种方式对相关结论进行稳健性检验：一是更换核心解释变量，二是重新构建被解释变量，三是更换计量模型。

第五，运用 Bootstrap 中介检验方法探讨生计资本在互联网嵌入对农户收入影响中的中介作用。

第三节 研究方法与分析框架

一、研究方法

本书针对研究内容采用的具体研究方法如下。

（一）研究内容一的研究方法：理论分析法

第一，根据全信息理论探讨互联网嵌入的信息效应，基于信息沟理论分析互联网嵌入对农户生计资本的影响。

第二，基于新迁移经济学理论分析互联网嵌入对农户生计抉择的直接影响，根据可持续生计理论分析互联网嵌入通过生计资本对农户生计抉择的间接影响。

第三，基于职业最优搜寻理论和可持续生计理论分析互联网嵌入对农户收入影响的内在机制。

（二）研究内容二的研究方法：计量模型分析法

第一，本部分参考相关学者的研究（陈良敏等，2020；宁泽逵，2017a；朱建军等，2016），构建本书的农户生计资本评价指标体系，采用极值熵值法对各指标进行赋权，计算出农户生计资本的指数。

第二，本部分对互联网嵌入频率与目的指标进行探索性因子分析。

第三，运用 OLS 和 SUR 分析互联网嵌入对农户生计资本及不同类型生计资本的影响。

第四，考虑到互联网嵌入与农户生计资本可能存在反向因果关系，本部分选取工具变量，运用 2SLS 处理内生性问题。

第五，采用确保变量之间在时间上“前因后果”的方法，运用 OLS 和 SUR 进行分析。

第六，采用因子分析法对生计资本和互联网嵌入指标重新测算，运用 OLS 和 SUR，从 3 个方面对相关结论进行稳健性检验。

（三）研究内容三的研究方法：计量模型分析法

第一，本部分采用多指标划分法和两步聚类法对农户生计抉择进行划分。

第二，运用 MNL 分析互联网嵌入对农户生计抉择的影响。

第三，运用 2SLS 处理内生性问题。进一步采用确保变量之间在时间上“前因后果”的方法，运用 MNL 进行分析。

第四，运用 MNL 和多项 Probit 模型（Multinomial Probit，MNP），从 3 个方面对相关结论进行稳健性检验。

第五，采用 Bootstrap 中介检验方法和标准化系数乘积法检验生计资本的中介作用。

（四）研究内容四的研究方法：计量模型分析法

第一，采用 PSM 和 OLS 分析互联网嵌入对农户家庭总收入及不同生计抉择下农户收入的影响。

第二，选取工具变量，采用 2SLS 对内生性问题进行处理。

第三，采用确保变量之间在时间上“前因后果”的方法，运用 OLS 进行分析。

第四，运用 PSM、OLS 和广义精确匹配法（Coarsened Exact Matching，CEM），从 3 个方面对相关结果进行稳健性检验。

第五，运用 Bootstrap 中介检验方法分析生计资本的中介作用。

本书采用 Excel 2013 软件、Stata 15.1 统计软件和 SPSS 23.0 统计软件对 CFPS 的数据进行整理和统计分析，采用 Stata 15.1 统计软件和 Excel 2013 软件测度农户生计资本指数，采用 SPSS 23.0 统计软件对农户生计抉择类型进行划分，书中的因子分析均采用 SPSS 23.0 统计软件完成，同时采用 Stata 15.1 统计软件进行计量回归分析，采用 SPSS 23.0 统计软件和 Mplus 8.3 统计软件进行中介效应检验。

二、分析框架

本书旨在研究互联网嵌入对农户生计抉择及其收入的影响。部分学者研究发现，从宏观上，信息技术的发展对经济增长、区域创新效率及全要素生产率等都具有积极作用（刘运材和罗能生，2022；杨慧梅和江璐，2021；Jayaprakash，Pillai，2021；韩先锋等，2019；Amri et al.，2019；郭家堂和骆品亮，2016；蔡跃洲和张钧南，2015）；从微观上，以互联网为代表的信息技术对缓解居民贫困、提高居民消费水平与健康水平、促进就业创业及提升居民收入等都具有积极作用（陈培彬和朱朝枝，2022；吴佳璇等，2022；张永丽和李青原，2022；Khan et al.，2022；李京蓉等，2021；Yang et al.，2021；程名望和张家平，2019；毛宇飞等，2019；杨柠泽和周静，2019；殷俊和刘一伟，2018）。本书在已有文献的基础上，遵循“理论研究—实证检验—政策探讨”的逻辑思路。针对具体的研究目标与研究内容，本书的分析框架如下。

第一，根据全信息理论探讨互联网嵌入的信息效应。基于信息沟理论分析互联网嵌入对农户生计资本的作用机制。进一步根据新迁移经济学理论和可持续生计理论，探究互联网嵌入对农户生计抉择直接影响的作用机制，以及互联网嵌入通过生计资本对生计抉择间接影响的作用机制。基于职业最优搜寻理论和可持续生计理论探究互联网嵌入对农户收入的影响，以及通过生计资本影响收入的内在机制。

第二，在此基础上，构建本书的农户生计资本评价指标体系，采用极值熵值法对生计资本进行测度。进一步采用多指标划分法和两步聚类法对农户生计抉择进行划分。实证分析互联网嵌入对农户生计资本、生计抉择及其收入的影响，进一步检验生计资本在互联网嵌入对农户生计抉择及其收入影响路径中的中介作用。

第三，针对本书实证分析得出的相关结论，提出相关政策建议。

第四节　技术路线与创新之处

一、技术路线

本书的技术路线如图 1-1 所示。

二、创新之处

本书的创新之处有以下 3 个方面。

第一，研究视角方面。从互联网嵌入角度探讨农户生计抉择及其收入效应的相关研究较少，并且深度不够；更少有文献关注生计资本在其影响路径中的作用。在加快推进数字乡村建设的背景下，互联网嵌入农户生活与生产中，对其经济活动产生影响。基于此，本书深入研究互联网嵌入对农户生计抉择及其收入的影响，并揭示生计资本在其影响路径中的中介作用，拓展了对农户生计抉择及其收入效应研究的视角，不仅是对已有相关文献的有效补充，还弥补了互联网与农户生计研究的不足，在研究视角上具有一定的创新性。

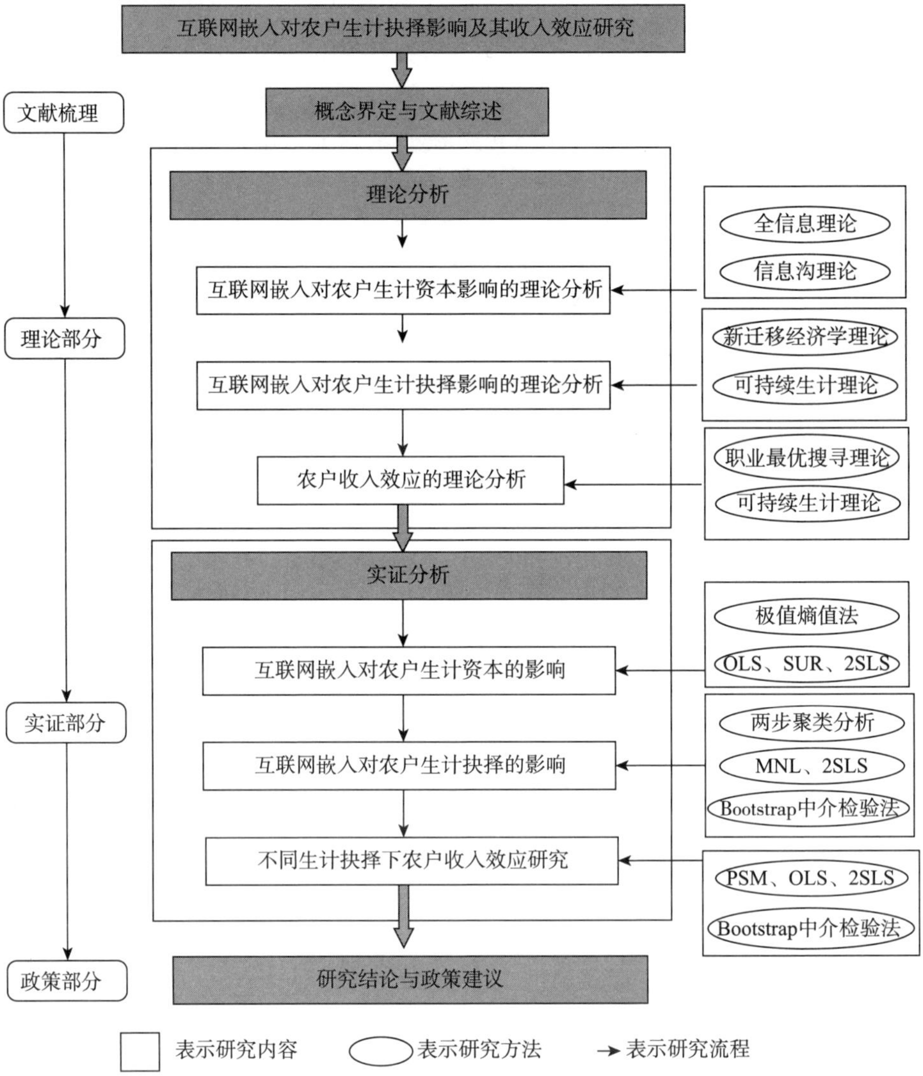

图 1-1　技术路线

第二，研究内容及方法方面。本书重点关注互联网嵌入对农户生计抉择及其收入的影响，以及生计资本在其影响中的中介作用，将信息沟理论、新迁移经济学理论、可持续生计理论和职业最优搜寻理论运用到本研究框架中。本书选取的互联网嵌入不仅包括农户是否使用互联网，还考虑到互联网嵌入频率、嵌入时长及嵌入目的对农户生计产生的影响。基于可持续生计理论从人力资本、金融资本、社会资本、物质资本和自然资本 5 个方面对农户生计资本进行测度。采用多指标划分法和两步聚类分析法将农户生计抉择划分为务农主导型、务工主导型和创业主导型。进一步采用 MNL、PSM、Bootstrap 中介效应检验方法和标准化系数乘积法进行实证分析。

第三，内生性处理方面。已有文献在分析互联网对农户就业创业及其收入影响的过程中，仅选取工具变量对其可能出现的内生性问题进行处理。实际上，弱工具变量和局部平均处理效应问题会造成估计参数过大。因此，本书在采用工具变量法进行内生性处理之后，为保证研究结果的稳健性，进一步运用确保变量之间在时间上“前因后果”的方法再一次对内生性问题进行处理。

第二章

互联网嵌入、农户生计的概念界定与文献梳理

本章首先对互联网嵌入、农户生计研究的核心概念进行界定；其次从互联网对生计资本影响的相关研究、生计资本对生计抉择及收入影响的相关研究，以及互联网对生计抉择及收入影响的相关研究等方面对已有的相关文献进行梳理回顾，并对其进行述评，在已有文献的基础上，分析现有研究存在的不足，进而提出本书的研究思路。

第一节　概念界定

一、互联网嵌入

互联网是在计算机技术基础上所建立的信息技术，它是可以通过计算机互相连接并沟通形成的网络。互联网可以获取、传递、管理及处理信息，并且具有不受空间与时间的限制进行信息交换、人与人沟通、人与信息互动，以及信息可以通过任何方式（视频、图片、文字等）保存起来等优势，互联网技术不仅是人们的工具，更深深地嵌入人们生活中。因此，随着农村地区互联网基础设施的不断完善、互联网普及率的不断提升和互联网服务质量的不断提高，互联网的发展正在改变传统农村社会经济形态，互联网技术逐渐嵌入农户的生产与生活中（宋瑛等，2021；姚柱等，2020）。本书从微观角度界定的互联网嵌入是指农户是否使用互联网，以及互联网嵌入频率、互联网嵌入时长和互联网嵌入目的。

二、生计资本

在西方经济学理论中，资本被认为是生产出来的生产要素。在当今主流宏观经济学理论中，资本被划分为自然资源、物质资本与人力资本等。资本的另一个范畴还表示为社会关系的资本。英国国际发展署（Department for International Development，DFID）建立的可持续生计分析框架，包括环境脆弱性、生计资本、组织结构/政策、生计策略与生计结果（Department for International Development，2000）。由此可见，农户具有改善生活的必备资产存量（生计资本），以及具有长期谋生手段或技能才可获得足够收入，这是农户生计可持续性的重要保障。因此，农户生计资本是农户生计抉择、改善生活质量和提高收入水平的重要基础，也是抵御季节性和环境变化等生计风险的重要保障（涂丽，2018；苏芳和尚海洋，2012；杨云彦和赵锋，2009）。基于可持续生计理论对生计资本的划分，本书将农户生计资本划分为5类，即自然资本、物质资本、金融资本、社会资本与人力资本。

1. 自然资本

自然资本是指人们拥有及生计需要依靠的自然资源储备。对于农户而言，其所拥有的耕地、水产品、畜禽资源及土地资产等是重要的自然资本。

2. 物质资本

物质资本是指人们生产所需要的基础设施和生活的必需品，也是人们提升生计资本的重要依靠。对于农户而言，农用机械设备、家庭房产及经营资产等均为物质资本。

3. 金融资本

金融资本是指人们拥有的金融保障，用于实现其生计计划及目标的资金来源（丁士军等，2016）。本书界定的金融资本主要包括农户的借贷能力及金融资产、正规借贷与民间借贷。

4. 社会资本

社会资本是指人们拥有的人脉关系网，用于实现其生计计划及目标的社会资源。对于农户而言，由于特殊的农村宗族网络关系，农户与亲朋间的关系紧密，通常用礼金作为衡量农户社会关系的指标（殷俊和刘一伟，2018；朱建军等，2016）。此外，家中成员参加社会组织情况和家庭通信费用也能够在一定程度上反映出农户的社会关系情况。

5. 人力资本

人力资本是指人们拥有并用于实现其生计计划及目标的知识、技能、学历和体能等。对于农户而言，人力资本主要是指农户的受教育水平和身体健康状况，以及谋生技能。

三、生计抉择

生计抉择主要是指农户为了实现其生计计划及目标做出的职业选择和进行的活动及策略组合，对农户的可持续生计发展尤为重要，这种抉择基于农户自身的资本获取（Department for International Development，2000）。现有的学者对生计抉择的划分存在一定的差异，学者根据不同的研究目标和研究背景对生计抉择的划分也不同。Scoones（1998）将生计抉择划分为扩张、集约化、生计多样化及迁移。Ellis（2000）提出以自然资源为基础和以非自然资源为基础的生计抉择。还有其他学者有其他形式划分，如根据生计方式的表现形式进行划分（马明等，2021；胡晗等，2018；伍艳，2016；李聪等，2013），根据收入来源及收入占比进行划分（Yang et al.，2021a；周丽等，2020；孙欣等，2018；乌云花等，2017；赵文娟等，2016），通过聚类分析进行划分（陈良敏等，2020；Cai et al.，2019；朱建军等，2016；王娟等，2014）。本书运用多指标划分法，采用两步聚类分析法对农户生计抉择进行划分，将其划分为务农主导型、务工主导型及创业主导型。

四、农户收入

农户收入是指农户家庭当年通过各种渠道所获得的总收入，包括家庭经营收入、工资性收入、转移性收入及财产性收入等。本书进一步考察不同类型生计抉择下的农户收入效应，将务农主导型农户收入界定为务农收入，将务工主导型农户收入界定为务工收入，将创业主导型农户收入界定为创业收入。

第二节　互联网嵌入影响农户生计抉择及收入的文献梳理

一、互联网对生计资本影响的相关研究

（一）互联网的相关研究

近年来，信息和通信技术（Information and Communications Technology，ICT）得到了快速的发展，影响了世界上大多数国家的商业发展，同时创造了新兴经济形态。2018 年，根据国际电信联盟（International Telecommunication Union，ITU）的数据，近十年信息和通信技术在全球范围的使用率增长迅速，各国都在加大对信息和通信技术基础建设和技术研发的投资。2015 年，我国国务院首次提出“互联网＋”行动计划，其概念为利用互联网技术与传统产业相结合创造出新的产业发展形态。从宏观上来看，生产力的增长为提高生活水平奠定了基础，信息技术的投资被视为生产力增长的关键驱动力。多数研究表明，信息技术对生产效率的影响是积极的，并且具有经济意义（刘运材和罗能生，2022；杨慧梅和江璐，2021；Niebel，2018；宁泽逵和宁攸凉，2017；Cardona et al.，2013；Jorgenson，2001）。World Bank（2012）认为，信息技术能够有效降低贫困，提高生产率，促进经济增长。随着信息技术的不

断发展，互联网作为其核心技术已在全球普及，由于互联网技术在经济中具有重要作用，学者逐渐关注互联网经济所带来的影响。Litan 和 Rivlin（2001a，2001b）对美国八大行业进行调查研究发现，互联网能够通过降低交易成本、提高管理效率和竞争力的方式促进生产率的提升，但是该研究仅通过行业调查的形式进行，缺乏数据。在互联网逐渐普及的背景下，一些学者利用数据实证分析出互联网对经济增长具有显著促进作用（龚维进等，2021；Wang et al.，2021；赵涛等，2020；左鹏飞等，2020；Niebel，2018）。同时，部分学者还从信息成本与创新两个视角对互联网进行分析，发现互联网能够加快信息传播速度，极大地降低信息成本，消除信息不对称，进而提高生产率（程名望等，2020；罗序斌，2022；韩先锋等，2014），并且互联网在进行信息分享的过程中，能够促进社会的人力资本积累，推动技术进步（潘毛毛和赵玉林，2020），从而带动全要素生产率的提升（刘运材和罗能生，2022；郭家堂和骆品亮，2016）。学者还发现互联网能够创新传统行业，如互联网给金融业带来的影响是较大的（张勋等，2021；吴雨等，2020），传统企业可以通过互联网设立网上金融机构，不仅可以获取客户信息，打破银行的垄断（丁晓蔚，2021），还可以提高资金配置效率，优化整个金融系统，进而促进经济增长（褚翠翠等，2021；滕磊和马德功，2020；黄浩，2018）。

（二）生计资本的相关研究

不同的学者对“生计”一词的定义存在差异，其中 Chambers 和 Conway（1992）对生计的定义“生计是谋生手段，包括所需要的能力、资产和活动”，被大多数学者采纳。这个定义重点突出人们在追求更高生计目标（高收入水平）的同时，所拥有资产（物质资源）与活动（生存方式）之间的联系（Ellis，2000）。通过对生计概念的深入研究，学者逐渐关注生计与贫困之间的联系，消除贫困的重点也从单纯地去解决增收问题转变成如何增强提高生计水平的能力（Townsend，1993）。随着人们保护资源环境的意识增强，1987 年世界环境与发展委员会（World Commission on Environment and Development，WCED）在报告中首次提出“可持续生计”的概念（世界环境与发展委员会，1997）。1992 年，联合国环境与发展大会（United Nations Conference on Environment and Development，UNCED）将“解决贫困人口的生计问题”作为消除贫困的主要目标，进而实现资源可持续利用（United Nations Conference on Environment and Development，1992）。在过去的几十年，不同国际机构制定了多种可持续生计的分析框架，包括联合国粮食及农业组织（Food and Agriculture Organization of the United Nations，FAO）、联合国开发计划署（The United Nations Development Programme，UNDP）以及 DFID 等。其中，DFID 制定的可持续生计分析框架得到了广泛应用，包括脆弱性背景、生计资本（5个资本）、政策制度和组织结构、生计策略及生计结果。生计资本是整个分析框架的核心内容，包括自然资本、物质资本、金融资本、社会资本及人力资本。该分析框架认为，脆弱性背景能够降低生计资本的存量，农户通过资本组合抵挡脆弱性背景的冲击，并且政府制定政策尽可能保护农户免受冲击，进而达到最优的生计目标（Department for International Development，2000）。

生计资本可以衡量农户贫困程度，提升农户生计资本还可助力其实现脱贫致富（黄国庆等，2021；李明月和陈凯，2020；许源源和徐圳，2020；Su，Yin，2020；宁泽逵，2017a）。现有对生计资本的研究多集中于贫困地区人口、失地人口和搬迁人口等生计脆弱性较高的人群。相关学者的研究发现，贫困地区人口的生计资本存量较小且不平衡，生计脆弱性较为明显，多种生计资本缺乏是致贫的主要因素（刘倩等，2022；黄国庆等，2021；吴孔森等，2019；彭玮，2017；伍艳，2015a）。生计资本是农户开展各类生计活动和实现生计目标的重要基础，也是农户抵御季节性变化和环境冲击等生计风险的重要保障（涂丽，2018；苏芳和尚海洋，2012；杨云彦和赵锋，2009；Department for International Development，2000）。关于生计资本影响因素的研究较多集中于气候变化和政策制度等背景方面，气候变化对农户不同生计资本存量造成影响，进而使农户重新组合生计资本构成比例，以应对生计风险和保障生计安全（袁海红等，2022；史玉丁等，2019；Kopytko，2018）。随着气候和环境的变化，各国政府开始重视生态问题，相应出台生态补偿政策。生态补偿与生计资本的相关研究发现，参与生态补偿农户的总生计资本存量显著提升，同时生态补偿能够通过不同生计资本间接影响农户可持续生计能力，包括实现生计多样性与增收（袁梁等，2017；吴乐和靳乐山，2018；任林静和黎洁，2020；庞洁等，2021；李佳宁等，2022）。部分学者还分析易地扶贫搬迁政策对农户生计的影响，易地搬迁总体上有助于农户生计资本存量的提升（金梅和申云，2017；朱永甜和余劲，2020；马明等，2021；王伟军等，2022）。不同类型生计资本的含义如表2-1所示。

表2-1　不同类型生计资本的含义

生计资本	含义
自然资本	农户所拥有的以及生计需要依靠的自然资源，如耕地、禽畜资源等
物质资本	农户生产所需要的基础设施和生活的必需品，如农用机械、房产等
金融资本	农户所拥有的金融保障，用来实现其生计计划及目标的资金来源
社会资本	农户所拥有的人脉关系网，用来实现其生计计划及目标的社会资源
人力资本	农户拥有及用来实现其生计计划及目标的知识、技能、学历和体能等

注：Chambers和Conway（1992）、Department for International Development（2000）。

如何对生计资本进行测度，是研究和解决生计问题的关键所在。现有研究大多数基于 DFID 的可持续生计理论构建生计资本综合评价指标体系（陈银蓉等，2022；Guo et al.，2022；黄志刚等，2021；全磊和陈玉萍，2018；宁泽逵，2017b），并且不同学者测度生计资本指标的方法不同。Sharp（2003）采用多指标变量的主观经验赋权法对非洲地区的农户生计资本进行量化研究，部分学者借鉴 Sharp 的研究方法对农户生计资本进行测度（Pour et al.，2018；Fang et al.，2014；杨云彦和赵锋，2009；李小云等，2007）。然而，主观经验赋权法的主观性缺陷会对测度结果及研究结论造成影响（朱建军等，2016）。为此，相关学者采用更加客观的赋权方法对生计资本综合评价指标进行测度，如将专家打分法与层次分析法相结合确定生计资本各指标权重（涂丽，2018；王沛沛和许佳君，2013）。尽管运用了层次分析法，但少数研究所获取的权重仍然过于主观。部分学者通过因子分析法对各生计资本指标进行降维并获取因子得分，相当于各生计资本的权数（陈良敏等，2020；黄志刚和陈晓楠，2018；全磊和陈玉萍，2018），然而因子分析法在降维过程中有可能损失原指标的部分信息或者得到的因子得分解释力较弱，进而对结论造成影响。近些年，多数学者采用熵值法获取生计资本各指标的权重（高博发等，2022；金莲和王永平，2020；吴乐和靳乐山，2018；宁泽逵，2017b；朱建军等，2016），熵值法强调的是根据指标数值之间的差异程度进行赋权，在赋权过程中避免人为因素干扰，进而较为客观地反映出各指标在整个体系中的重要程度（马艳梅等，2015；孙利娟等，2010）。综上，本书基于可持续生计理论构建生计资本综合评价指标体系，采用极值熵值法对各生计资本指标进行测度。

（三）互联网与生计资本的关系

本章前述内容主要是从宏观方面综述了互联网对经济增长的影响，随着信息技术的出现和普及，信息量的增大、信息传播速度的加快、信息处理及应用程度的加深直接影响着人们的生活与生产方式，互联网已然在人类社会经济生活中占有了重要地位（邱泽奇等，2016）。由于互联网的发展给人们生活带来了无法忽视的影响，学者开始关注互联网与贫困问题、农户生计问题之间的关系。相关学者的研究发现，信息技术可以改善贫困地区的经济状态，有助于改善人口生计水平（Lechman，Popowska，2022；李琴和岳经纶，2021；Mushtaq，Bruneau，2019），主要的影响路径是信息技术能够提高农村地区贫困人口教育、健康、金融服务及政府政策扶持的机会与水平（陈培彬和朱朝枝，2022；丁杰等，2022），能够帮助农村地区拥有技能的农民进入市场，从而使农村贫困问题得以解决（马留赟与白钦先，2022；Mushtaq，Bruneau，2019）。在互联网普及的背景下，借助互联网进行精准扶贫成为有效的扶贫方式，互联网金融运用互联网技术将扶贫资金精准送到有需求的农户手中，电子商务助力扶贫也建立在互联网技术的基础之上（陈怡和陶晓莹，2022；王胜等，2021；唐红涛和李胜楠，2020；陈建伟和陈银娥，2017)。

生计与贫困问题密不可分，互联网对农户生计的影响受到很多学者的关注。例如，Gabriels和Horn（2014）通过对南非的观察发现，信息技术的地理分布与南非贫困地区的地理分布存在较强的负相关关系，即贫困程度较高的地区获取信息技术的机会相对较低；其研究还发现，信息技术能够提高贫困人口的生计资产，进而获取更好的生计结果。一些学者通过实证分析也得到了类似的结论，如信息技术能够有效改善农村地区贫困人口的生计水平（Chen et al.，2022；Vong，Song，2014)。例如，Soriano（2007）基于可持续生计理论，运用河北武安县的调查数据分析信息技术对农村贫困的影响，研究发现，农村社区信息中心有助于农村贫困人口生计资本存量的提升；张莉等（2011）同样基于可持续生计理论，采用宁夏628户农户的调查数据，实证分析发现，农村信息化通过加强社会资本、人力资本与金融资本改善农户生计水平；张勋等（2019）将CFPS数据与中国数字普惠金融指数相结合，实证分析发现，基于互联网技术的数字金融能够促进物质资本与社会资本较低的家庭创业。

同时，部分学者研究发现，个体使用互联网能够维护使用者原有的社会网络关系和拓展社会关系网，进而积累更多的社会资本存量，并获取更多的社会资源（陈培彬和朱朝枝，2022；张景娜和张雪凯，2020；Lin，1999)。殷俊和刘一伟（2018）运用CFPS 2014年和2016年的数据分析互联网使用与农户贫困的关系，实证分析发现，互联网使用能够促进农户社会资本存量的提升和非正规金融借贷水平的提升，进而改善农户贫困情况。部分学者还发现，社会资本对农户借贷行为有显著正向影响（申云，2016；杨汝岱等，2011)，进而互联网技术能够提高以借贷能力为代表的农户金融资本，尤其是非正规借贷。例如，宁泽逵（2017b）基于可持续生计理论，实证分析信息化对农户可持续生计的影响，研究发现，信息化对改善农户生计起到重要作用，家庭信息化显著提升了农户社会资本、金融资本与物质资本的存量；邱泽奇等（2016）提出了互联网资本（Capital of Connectivity）概念，其含义表明互联网资本是一种组合资本，其中人力资本与社会资本只是其中两项资产，互联网使用者能够从互联网上受益，将其拥有的人力资产与社会资产进行资本化，成为互联网组合资本。如果将互联网资本概念与可持续生计理论相结合，不难发现，互联网可以将农户所拥有的资产进行资本化，达到生计资本存量增加的效果。

二、生计资本对生计抉择及收入影响的相关研究

（一）生计抉择的相关研究

根据可持续生计理论，生计抉择是家庭为实现生计目标利用自身生计资本要素选择参与不同生计经营活动（Department for International Development，2000）。随着城镇化与现代化的快速发展，农户整体生计水平得到改善，向城市转移的农村劳动力在逐年增加，农户兼业行为普遍存在。农户生计方式的多元化使农户从传统的以土地资源为依靠的小农式生计活动逐渐转向多元化生计策略发展，非农就业成为农户主要的生计方式，打工经济也发展成为农村主要的经济形式（涂丽，2018）。随着相关生计研究的深入，农户生计抉择的研究日益受到政府和学者的关注。不同学者根据农户收入来源与生计形式将农户生计抉择划分为不同策略类型。例如，Scoones（1998）较早关注生计抉择，将其划分为农业生产的扩张化和集约化、生计多样化及人员迁移；Ellis（2000）根据农户是否通过自然资源进行生计活动，将生计抉择划分为以自然资源为基础和以非自然资源为基础的生计活动。部分学者选择定量分析方法对生计抉择进行划分，如K-均值聚类分析法、潜在聚类分析法和两步聚类分析法（Brown et al.，2006；Van den Berg，2010；Nielsen et al.，2013；Pour et al.，2018；Cai et al.，2019）。国内学者一般依据收入来源、收入比重、生计形式等，并利用不同的聚类方法对农户生计抉择进行划分。具体生计抉择划分的文献梳理如表2-2所示。

表2-2　关于生计抉择划分的文献梳理

文献	研究区域	方法	生计抉择
吴孔森等（2016）	民勤绿洲社区	依据收入来源划分	传统纯农型、传统农业主导型、设施农业主导型、务工主导型、农工均衡型和非农工型
苏芳等（2017）	甘肃省各州市的面板数据	依据收入来源划分	以工资性收入为主、以家庭经营性收入为主及以两种收入组合为主
赵文娟等（2016）	云南省新平县干热河谷傣族地区	依据收入比重划分	纯农型、农兼型、兼农型、非农型
乌云花等（2017）	内蒙古锡林浩特市和西乌珠穆沁旗	依据收入来源划分	纯牧型和多样型
伍艳（2015b）	四川省平武县和南江县	依据生计活动情况	农业专业型和非农单一化

（续）

文献	研究区域	方法	生计抉择
刘恩来等（2015）	四川省江油市、昭化区、射洪县、广安区、沿滩区和自流井区	依据从业类型	纯农型、兼业型和非农型
乔蕻强等（2017）	民勤县和甘州区	依据从业类型	纯农型（农业生产）、一兼型（农业兼业）、二兼型（非农兼业）、非农型（非农业）
涂丽（2018）	全国［中国劳动力动态调查（China Labor-force Dynamics Survery，CLDS）2016 年的数据］	依据从业类型	纯粹农业型、外出务工型、农工兼顾型和当地非农型
谢金华等（2018）	湖北省潜江市、天门市、宣恩县和咸丰县	依据农户生计活动	传统小农经营、农业规模经营、本地打工经商和外地打工经商
杨柠泽等（2018）	全国［中国综合社会调查（Chinese General Social Survery，CGSS）2013 年的数据］	依据工作经历	务农主导型、兼农型和务工主导型
王娟等（2014）	云南省普洱市和西双版纳州	多指标划分法与 K-均值聚类法	以甘蔗生产为主、以橡胶生产为主、粮食和经济作物种植并重、以粮食作物种植为主和以外出务工为主
代富强等（2015）	重庆市铜梁区侣俸镇	多指标划分法与潜在聚类分析	农业自给型、农业经营型、兼业化型和非农化型
朱建军等（2016）	全国（CFPS 2012 年的数据）	多指标划分法与两步聚类法	非劳动收入主导型、务工主导型及兼业型
蔡洁等（2017）	六盘山集中连片特困区	多指标划分法与 K-均值聚类法	兼业型、务工主导型及农业主导型
陈方等（2017）	重庆市巫山县、武隆区、酉阳县、忠县和永川区	多指标划分法与两步聚类法	农业户、兼业户及非农业户
刘玲和王朝举（2018）	贵州西江苗寨	多指标划分法与 K-均值聚类法	以粮食作物种植为主、粮食与经济作物种植并重、以参与旅游业为主、参与旅游业与外出务工并重
陈良敏等（2020）	全国［CFPS（2010—2016 年）］	多指标划分法与 K-中位数聚类法	农业户、农业兼业户、非农兼业户和非农户

（续）

文献	研究区域	方法	生计抉择
周恩毅等（2021）	西安市边缘区的 38 个村庄	K-均值聚类法	以农业种植活动为主、以个体私营为主、以外出打工为主和以获取工资性收入为主
庞洁等（2021）	江西省鄱阳湖 3 个湿地保护区	依据收入来源和结构	农业型和非农型
马明等（2021）	云南省怒江州	依据从业类型	纯农业类型、农业为主务工为辅类型、务工为主农业为辅类型、纯务工类型、非农经营类型和生计多样类型

表 2-2 列举了国内部分学者对生计抉择划分的类型及方法。由表 2-2 可知，不同学者根据不同的依据得到不同的生计抉择类型。值得注意的是，部分学者采用多指标划分法与聚类分析法对农户生计抉择进行划分，选取不同收入在总收入的比重，以及从事农业或非农的家庭劳动力人数，或者是耕地面积及农业或非农的支出作为聚类分析的投入指标，采用不同的聚类分析方法对其进行划分。综上所述，本书通过对比不同划分方法的优劣势，将采用多指标划分法与两步聚类分析法对农户生计抉择进行划分。两步聚类分析法的优势在于适合大型数据集，可以同时处理数值型和分类型变量及自动给出最佳聚类数（张文彤和董伟，2018）。

（二）生计资本与生计抉择的关系

长期以来，分析生计问题已经成为了解农户如何谋生的主要侧重点（赵文娟等，2015；Ellis，2000；Department for International Development，2000）。部分学者从多方面研究生计抉择的影响因素，包括政府政策（王昌海和刘新波，2021；胡晗等，2018；苏芳和尚海洋，2013；Barrett et al.，2001）、乡村旅游发展（王蓉等，2022；罗文斌等，2019；席建超和张楠，2016；Mbaiwa，2011；Wall，Mathieson，2006）、土壤肥力状况（Tittonell et al.，2010）、市场自由化、农业集约化及生计多样化（Orr，Mwale，2001）、气候变化（袁海红等，2022；吴孔森等，2016；Reed et al.，2013；Tsegaye et al.，2013；Whelan，2007）等影响因素。然而，多数研究侧重于农户生计资本对其生计抉择的影响。例如，Moser（1998）、Scoones（1998）指出，追求不同生计抉择的能力取决于人们所拥有的物质资产和社会资产；根据可持续生计理论，生计资本与生计抉择存在必然联系，不同的生计资本存量决定农户生计抉择（Department for International Development，2000）；Ellis（2000）的研究发现，农户并非随意进行生计抉择，而是受到社会经济环境与自身资产的约束，然而农户自身所拥有的资产，如自然资产、物质资产、金融资产、社会资产和人力资产的变化取决于社会关系和政策制度的调节。多数学者基于可持续生计理论对生计资本与生计抉择的关系展开研究，如赵文娟等（2015）运用Logistic回归模型实证研究了元江干热河谷地区农户生计资本对生计抉择的影响，自然资本、金融资本和人力资本显著影响该地区农户生计抉择，金融资本和人力资本是纯农户向非纯农户转变的关键因素；李慧玲等（2017）通过对棉花主产区玛纳斯县和阿瓦提县273户农户调研数据的分析发现，家庭劳动能力、固定资产和信贷情况等对农业型生计选择具有显著影响。部分学者研究还发现，自然资本缺乏会导致农户寻求其他生计方式，但教育程度低、缺乏物质资本与金融资本会限制农户生计抉择的多样化。政策调控下各生计资产存量的差异显著影响不同区域农户生计抉择的多样性（金莲和王永平，2020；周丽等，2020；司瑞石等，2019；杨怀德，2016；赵雪雁等，2011）。金融资本、人力资本与社会资本丰富的农户生计抉择的范围较广，倾向于选择非农型生计方式，如外出务工或自主创业（王晶等，2021；陈良敏等，2020；周丽等，2020；Pindado et al.，2018；Fang et al.，2014；王沛沛和许佳君，2013；周易和付少平，2012）；自然资本与物质资本丰富的农户倾向于选择传统务农型生计策略，如规模种植和规模养殖等（涂丽，2018；Pour et al.，2018；伍艳，2016）。

（三）生计资本与收入水平的关系

根据可持续生计理论，农户自身拥有的生计资本通过不同组合将会产生不同的生计结果，其中包括提高收入、增强幸福感、改善福利、降低脆弱性和改善环境等（Department for International Development，2000）。不同生计资本与收入水平之间的关系受到更多学者的关注。相关学者的研究发现，健康、教育与培训所体现的人力资本对农户收入具有显著的正向影响，同时对于减少贫困起到显著作用，也使农户收入差距加大（Apergis et al.，2022；黄志刚等，2021；许源源和徐圳，2020；杨晶等，2019；程名望等，2016；高梦滔和姚洋，2006）。例如，展进涛和黄宏伟（2016）的研究发现，长期技能培训能够提高农户外出务工工资水平，对正规教育具有代替效应。关于社会资本与收入水平的研究，部分学者发现，丰富的社会网络与社会关系所体现的社会资本能够显著提高农户收入水平（谢家智和姚领，2021；杨怡和王钊，2021；Lu，Lou，2021；王建，2019）。例如，叶静怡和武玲蔚（2014）利用北京市进城务工人员的调查数据进行实证分析发现，社会资本对务工人员的工资水平具有显著正向影响。部分学者的研究还发现，社会网络能够促进农户创业收入水平的提高（马红玉等，2020；苏岚岚等，2017）。金融资本方面，正规借贷与非正规借贷所体现的金融资本能够显著提高农户的收入水平（黄志刚等，2021；武丽娟和李定，2019；闫啸和牛荣，2017）。无论是农户从正规机构借贷，还是从亲朋好友处的非正规借贷，均促进农户收入水平的提高（张乐柱等，2022；陈亮和陶冶，2017）。物质资本方面，物质资本存量的提升能够促进农户收入水平的提高，也是农村收入差距和收入不平等的重要影响因素（马红旗等，2017；孙敬水和于思源，2014）。自然资本方面，土地是农户赖以生存的自然资源，自然资本存量的高低影响着农产品产量和质量，进而影响农户收入水平。随着社会经济快速发展，多数农户不再依赖传统农业生产，而是寻求农业收入以外的收入渠道，造成自然资本对农户收入的影响程度逐渐降低（严登才，2011；樊新生和李小建，2008；高梦滔和姚洋，2006）。

三、互联网对生计抉择及收入影响的相关研究

（一）互联网与生计抉择的关系

随着互联网技术的快速发展，互联网对劳动力生计抉择的影响受到了很多学者的关注。部分学者从宏观层面分析互联网对就业率的影响。互联网普及程度越高，越能促进当地就业率的提升，这种提升效应在农村地区更为显著（Isley，Low，2022）。更多的研究集中在微观层面，部分学者的研究发现，劳动者使用互联网能够增加就业机会，互联网作为劳动者所掌握的技能，不仅提高了生产效率，还拓展了社会网络，增加了信息获取渠道，进而提高了就业率（陈培彬和朱朝枝，2022；Ma et al.，2022；赵羚雅和向运华，2019；Vazquez，Winkler，2017；DiMaggio，Bonikowski，2008）。马俊龙和宁光杰（2017）利用 CFPS 2014 年的数据，通过工具变量法解决内生性问题后，研究发现，互联网使用促进农村劳动力选择非农就业。赵羚雅和向运华（2019）、张景娜和朱俊丰（2020）利用 CFPS 2016 年的数据得到了相同的结论，进一步验证了社会资本在互联网使用对农民非农就业的影响中起到中介作用。周冬（2016）利用 CGSS 2013 年的数据进行研究发现，互联网使用显著促进农户选择非农就业。杨柠泽等（2018）同样利用 CGSS 2013 年的数据，分析以互联网为代表的现代信息获取媒介对农村居民生计选择的影响，在克服内生性问题后研究发现，相对于务农主导型，现代媒介使用频率越高，农村居民选择兼农型或务工主导型生计方式的概率越大。互联网作为获取信息的一种媒介，能够帮助农户获取信息、处理信息和传播信息，例如，姚缘等（2013）指出信息获取渠道和获取方法影响新生代农民工职业流动次数，外出务工人员运用较先进的信息获取方法有利于其实现职业的向上流动。

互联网的出现，改变了传统行业的模式，也为大众创业创新提供了机会，学者研究互联网对劳动力市场影响的同时，更加关注互联网对创业行为的影响（贺建风，2022；张要要，2022；王轶等，2021）。Audretsch 等（2015）、Cumming 和 Johan（2010）分别利用 1999—2003 年加拿大和 2001—2005 年德

国的面板数据进行研究发现，宽带的接通能够促进农村社会创业活动的提升。Kim 和 Orazem（2017）、Mack（2014）利用美国的数据，研究发现，宽带网络的应用和网速影响农村地区吸引企业投资的潜力。部分学者还发现，创业者通过互联网获取信息并运用虚拟社交媒介进行业务推广，可以充分发挥互联网的灵活性和提高工作效率的优势（Hsieh，Wu，2019；Mack et al.，2017）。例如，周广肃和樊纲（2018）利用 CFPS 2010 年和 2014 年的数据，分析互联网对家庭创业选择的影响，研究发现家庭使用互联网显著提高了其创业的概率，同时信息渠道效应是互联网使用影响家庭创业的主要途径；Tan 和 Li（2022）采用 CFPS 2014 年和 2016 年的数据，实证分析得出互联网对农村地区的创业更有利的结论。高静和贺昌政（2015）通过对成渝地区创业农户的实地调研数据进行分析，发现农户的信息获取能力显著影响其对创业机会识别的效率，多数具有外出务工和非农工作经验农户的信息获取能力比只务农农户的信息获取能力强；王建华和李录堂（2013）也同样认为，信息手段（固定电话和计算机网络）影响人力资本的积累模式和农户经济增长。部分学者关注互联网对农户创业行为的影响，以互联网为基础的电子商务能够提高农户创业机会以及营造创业环境（何晓斌和柳建坤，2021；苏岚岚和孔荣，2020；曾亿武等，2020）。例如，周洋和华语音（2017）利用 CFPS 2014 年的数据，在克服内生性问题后实证研究发现，互联网使用能够提高农村家庭创业的概率，促进农村家庭的社会交往和提高其信息获取能力。赵羚雅（2019）利用 CFPS 2016 年的数据得到了相同的结论。在互联网时代，农户利用互联网能够低成本和快捷地获取信息，有利于扩大和维持社会交际网络，有助于技术技能的培训，进而促进农户选择创业和识别创业机会（杨学儒和邹宝玲，2018；庄晋财和李丹，2018）。

（二）互联网与收入增长的关系

Krueger（1993）较早关注计算机的回报率问题，研究发现使用计算机能够提高工资回报 25%～30%。然而，DiNardo 等（1997）认为 Krueger 的研究没有考虑模型中遗漏变量问题，导致计算机的回报率过高。在之后的研究中，学者通过控制个体特征分析计算机使用对收入的影响，如 Pabilonia（2005）、Miller 等（1997）分别利用澳大利亚的调查数据和加拿大的调查数据实证分析发现计算机的使用能够带来 10%左右的收入回报；陈玉宇与吴玉立（2008）利用 2005 年全国家庭普查数据，在控制个人异质性后，发现计算机使用对个人工资的回报率达 20%；高梦滔等（2009）的研究发现计算机使用促进了青年人工资的提升；刘志龙等（2015）分析 CFPS 2010 年的数据发现，使用计算机网络使工资收入溢价提高了 27.9%。综上可知，已有的相关研究证实计算机的使用可以提高城市居民的工资收入水平。

随着互联网及移动互联网的快速发展，在计算机使用对城市居民工资收入影响研究的基础上，越来越多的学者开始关注互联网使用对收入水平的影响。例如，Goss 和 Phillips（2002）利用 1998 年美国人口普查数据，在控制自选择偏差后，研究发现职工使用互联网能够获得 13.5%的工资回报；Lee 和 Kim（2004）的研究发现工作中使用互联网的工人比未使用互联网的工人获得更高的工资，然而这种溢价随着时间的延长有下降的趋势；Navarro（2010）利用 6 个拉丁美洲国家的住户调查数据，通过 PSM 解决了内生性问题，研究结果表明互联网使用对工薪阶层用户和自雇用户的收入回报率达到 18%～30%。Chen 等（2020）、Gao 等（2018）、Forman 等（2012）的研究也得到了一致的结果。

国内学者也证实了互联网使用对收入的影响。例如，华昱（2018）、卜茂亮等（2011）利用 CFPS 不同年份（2008 年、2010 年、2014 年）的数据分析得出，互联网使用能够促进居民个人收入水平的提升，但所得出的回报率不同；谭燕芝等（2017）的研究发现，在控制个人异质性后，个体使用互联网能够获得 14%收入回报率。部分学者关注互联网使用对农村劳动力收入水平的影响。例如，周冬（2016）的研究发现，互联网使用不仅能够提高农民非农就业率，还提高了农民的收入水平；韩长根和张力（2017）的研究也得到了同样的结论，并且还发现不同地区的影响存在差异；周洋和华语音（2017）的研究发现，互联网使用不仅能够促进农户创业，同时显著提高了农户的创业收入；杨柠泽和周静（2019）利用 CGSS 2015 年的数据，实证分析得出互联网使用能够显著提高农民的非农收入水平的结论。互联网技术是一种便捷和低成本的获取信息的手段，农户使用互联网也可以被看成具有较强的获取信息的能力，进而影响农户收入水平（苏岚岚和孔荣，2020；张永丽和李青原，2022；何学松和孔荣，2019；胡伦和陆迁，2019；候建昀和霍学喜，2017；周冬，2016）。不仅如此，农户具有互联网使用能力表明其具有较高的人力资本、较广的社会交际网络以及较强的借贷能力，进而会对其收入产生影响（田红宇等，2022；李飚，2019；殷俊和刘一伟，2018；周洋和华语音，2017；王建华和李录堂，2013）。

四、文献评述

综上所述，国内外学者在互联网对农户生计资本、生计抉择及收入水平的影响等方面进行了大量的研究，为本书奠定了研究基础和提供了实证参考，但也存在一些不足：第一，已有文献对互联网的测度仅局限于农户是否使用互联网，没有对其进行深入剖析；第二，已有文献在分析互联网对生计抉择及收入的影响路径中，仅单独考虑社会资本或人力资本等单一生计资本的影响，鲜有研究分析生计资本在互联网对农户生计选择及收入影响途径中的作用；第三，已有文献在关于互联网对农户生计资本、生计抉择及收入水平影响的研究中，鲜少考虑可能存在的内生性问题。

因此，在已有文献的基础上，针对以上不足，本书关注的是全面推进乡村振兴的背景下，互联网嵌入能否促进生计资本存量的增加，互联网嵌入对农户生计抉择产生的影响，互联网嵌入对农户收入具有的影响，生计资本在互联网嵌入对农户生计抉择及其收入的影响中发挥的作用。本书尝试从以下几个方面对已有文献的不足进行补充：第一，本书选取的互联网嵌入不仅包括农户是否使用互联网，还考虑到互联网嵌入频率、互联网嵌入时长和互联网嵌入目的；第二，本书基于可持续生计理论，采用极值熵值法对生计资本进行测度。同时建立5个不同类型生计资本的方程式，运用SUR分析互联网嵌入对农户生计资本的影响；第三，采用多指标划分法和两步聚类分析法对农户生计抉择进行划分，分别运用MNL和PSM分析互联网嵌入对农户生计抉择和农户收入的直接影响，采用Boostrap中介检验方法和标准化系数乘积法检验生计资本在互联网嵌入对农户生计抉择及其收入影响中的中介作用；第四，选取工具变量，采用2SLS和确保变量之间在时间上“前因后果”的方法对可能存在的内生性问题进行检验与分析。

本书从理论和实证两个方面研究互联网嵌入对农户生计抉择及其收入的影响机制，从加强农村信息化发展、优化农户生计抉择及促进农户增收等方面，为相关部门的政策制定提供科学依据。

第三章

互联网嵌入影响农户生计抉择及收入的理论分析

农户是农村地区社会与经济发展的最小生计单位，也是主要的经济活动主体。在加快推进数字乡村建设的背景下，只有明确互联网对农户生计方式带来了哪些影响，才能引导农户将互联网技术科学地运用到生产与生活中。本章是本书的重要组成部分。首先，根据全信息理论探讨互联网嵌入的信息效应，基于信息沟理论分析互联网嵌入对农户生计资本的影响。其次，基于新迁移经济学理论分析互联网嵌入对农户生计抉择的直接影响，进一步根据可持续生计理论分析互联网嵌入通过生计资本对农户生计抉择的间接影响。再次，基于职业最优搜寻理论和可持续生计理论分析互联网嵌入对农户收入影响的内在机制。最后，基于以上的理论分析构建本书的理论框架。

第一节　互联网嵌入对农户生计资本影响的理论分析

一、互联网嵌入的信息效应分析——基于全信息理论

世界已经成为一个由川流不息的信息所连接起来的多重有机体（Frederick，1993）。人类的进化与发展离不开信息革命，出于对信息的渴望，信息传播方式经历了 6 次变革。第 1 次为语言的产生；第 2 次是记录信息；第 3 次为远距离传播信息，如中国古代的飞鸽传书；第 4 次为远距离实时传播信息，如无线电的发明使广播电报可以实时传播消息；第 5 次为远距离多媒体传播，如电视的出现，提高了信息传输量和丰富了人类的生活；第 6 次为双向交互传播信息，互联网的发明使人类可以实时交换信息，改变世界格局。互联网技术正在推动传统社会经济形态的转型升级，改变着人类的思维模式和行为习惯，促使人类的生产与生活方式发生巨大的变化（张蕴萍和栾菁，2022；戚聿东和褚席，2021），人类也步入了信息经济时代。

互联网作为当今时代具有主导意义的信息技术，不仅可以对传统行业进行改造升级，还深入地影响着社会经济的发展。随着互联网普及率的不断上升，互联网成为人们日常生活中必不可少的工作、学习、社交、娱乐的渠道和载体。基于嵌入性理论，互联网深深地嵌入人们的社会经济活动中。互联网的嵌入具有信息效应，其典型特点就是信息资源的丰富性，信息传递的便捷性，信息的可获得性、透明性和信息处理的全面性。互联网嵌入为信息传播带来了颠覆性的改变。

根据全信息理论，信息传播过程主要包括信息获取、信息传递、信息存储、信息处理、信息再生、信息传递及信息施效等环节（钟义信，1991），全信息的基本模型如图 3－1 所示。

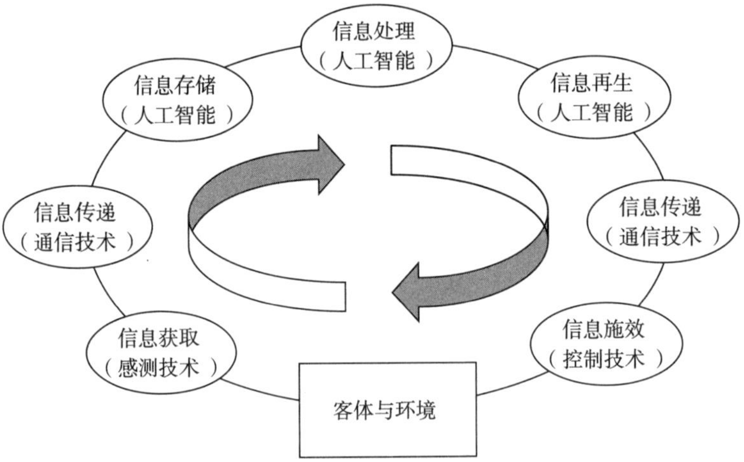

图 3－1　全信息的基本模型

图 3－1 描绘了一个完整的信息过程。进一步将互联网嵌入整个信息过程中可以发现，就外界环境客观存在并可感知的事物形态的客体信息而言，农户可以借助互联网（感测技术）实现对其的认知、传感与测量，即信息获取；农户进一步通过互联网进行信息传递，互联网的优势在于它可以打破地理空间及时间的约束，将所获取的信息不受时空限制地传递到相应位置；人工智能的基石是互联网，农户能够充分利用互联网进行信息的储存和加工处理，创造出新的信息，形成可以调控的策略；在此基础上，农户通过互联网实施全新的战略变革，以维持现状或改变行为决策，从而获得更高的效益。由上述分析可知，“感测技术—通信技术—人工智能—通信技术—控制技术”构成信息系统全过程。互联网作为信息的载体完全地嵌入整个信息过程中，一方面，农户将互联网运用于全信息的各个环节，不仅可以快速便捷地获取所需信息，还可以不受

时间与空间的限制对信息进行加工处理；另一方面，互联网很大程度上降低了农户的信息搜寻成本，农户利用互联网可监控整个信息过程，其信息的透明性有助于消除市场上的信息不平等，提高其议价能力。

二、互联网嵌入对农户生计资本的作用机制——基于信息沟理论

根据信息沟理论，互联网作为新传播技术嵌入农户生活与生产中，不仅造成农户之间获取信息的渠道与载体产生差异，还使农户间拥有信息的数量和质量产生极大差异。该理论认为采用新的传播技术能够促进整个社会的信息数量和接触量不断增大，这对每个采用新技术的社会成员而言都是一样的，同理未采用新技术的社会成员所获取的信息量少之又少；然而，每个采用新技术的社会成员所获得的利益是不均等的，对于未采用新技术的社会成员来说，其获得的利益更低，即早期采用和熟练运用新技术的社会成员，能够比其他社会成员更具有信息优势，进而形成信息鸿沟。

根据上述信息沟理论，可以按照互联网嵌入程度将农户分为两种类型：一是嵌入程度高的农户为网农；二是没有嵌入或是嵌入程度低的农户为非网农。前文内容已经记述，互联网具有丰富的信息资源，其中包含教育知识与技能培训。网农通过互联网快速地获取大量的知识和技术技能信息，为其提高自身的人力资本存量提供机会；然而，非网农通过传统技术（渠道）获取相关信息，其信息数量、接触量和质量与网农相比形成明显差距。由此可知，互联网嵌入有助于农户汲取知识和获得技术技能的培训，对人力资本存量具有促进作用。假设农户参加农业教育培训，传统教育培训人力资本的投资总成本 C_h 为

$$C_h = C_1 + C_2 + C_3 \tag{3-1}$$

其中，C_1 表示参加教育培训所需要支付的费用；C_2 表示参加教育培训所损失的工资性收入；C_3 表示参加教育培训所花费的时间成本。

然而，在互联网嵌入下的教育培训人力资本的投资总成本为

$$C_h^* = C_1^* + C_2^* + C_3^* \tag{3-2}$$

其中，C_1^* 表示支持互联网嵌入的硬件与网络费用，但此项花费并不是专门针对教育培训的投资，网络上有许多免费的课程，即使是收费，价格也相对较低，因此 $C_1^* < C_1$；C_2^* 表示损失的工资性收入，由于互联网的特性，农户能够合理分配时间通过互联网进行学习，因此 C_2^* 远小于 C_2，可视为没有成本；C_3^* 表示参加教育培训所花费的时间成本，由于农户通过互联网学习能够打破空间与时间的束缚，以及互联网能够提供给农户多样化的知识类型，大大降低了时间成本，因此 C_3^* 远小于 C_3。总体来看，农户利用互联网进行教育培训的成本 C_h^* 远小于 C_h。同时，根据信息技术型人力资本理论，农户利用

互联网技术，在收集、处理及传播信息的过程中能够获取知识与技能，进而提升传统的人力资本存量。

根据信息沟理论，互联网嵌入形成的人与人之间的差距不仅体现在知识技能的差异，还表现在社会网络资源的范围和层次的差距，进而形成了新的社会资本。20世纪，原创媒介理论学家麦克卢汉（McLuhan）在《理解媒介》中提到媒介理论，认为“媒介即是讯息”与“媒介是人体的延伸”（麦克卢汉，2000）。其中心思想表明，新媒介（新技术）的出现能够创造出全新的环境，换言之，新技术发展到一定程度会彻底改变人类的生产和生活方式。互联网作为新技术嵌入人们社会经济活动中，也印证了麦克卢汉的媒介理论，其技术特性彻底改变了传统时间与地理空间上的限制，从传播学的角度来看，互联网的嵌入推动地球真正变成了麦克卢汉预言的“地球村”。互联网所营造的新环境，扩大了农户人际交往的空间，改变了传统的人际交往模式。个体使用互联网有助于拓展社会资源，进而增加社会资本存量和社会参与的机会（陈培彬和朱朝枝，2022；张景娜和张雪凯，2020；Li et al.，2019）。美国学者尼葛洛庞帝（Negroponte）在《数字化生存》中提出了网络虚拟社会（Cyber Society）的概念（尼葛洛庞帝，1997），互联网构建的网络社会（Network Society）与现实社会息息相关。网络社会构建的虚拟社会关系网能够对传统社会网络进行补充或是代替（边燕杰和缪晓雷，2019；Song，Jiang，2022）。因此，互联网嵌入农户生活与生产中可以理解为，互联网构建的虚拟社会关系网能够对传统社会网络进行补充，维持和拓展农户社会资本存量。

进一步结合交易成本理论可知，不同类型的交易会产生不同的交易成本，其中信息成本体现在交易的各个环节。以互联网为代表的信息技术能够降低搜寻、获取及处理信息的成本，提高市场的透明度，进而降低了交易成本（华怡婷和石宝峰，2022；李鎏等，2021；杨东，2015）。农户进行经济活动时需要多种资本的参与，包括金融资本、物质资本及自然资本等。农户通过电商平台购买日常耐用品及农机器械，可以降低信息搜寻成本，进而促进物质资本提升。以务农为主的农户可以通过互联网拓展销售渠道，扩大生产规模进而会对自然资本有提升作用。以非农就业为主的农户可以通过互联网提升自身技术技能，促使其寻求非农就业方式，因此对自然资本有抑制作用。农户的金融资本主要体现在借贷能力，包括正规借贷与民间借贷。由于不确定性、复杂性及信息不对称，农户与正规金融机构进行借贷所产生的交易成本主要包括借贷信息的搜寻成本、与机构工作人员沟通抵押物等条款的契约成本及往返金融机构的交通费用等。这些借贷成本将减少农户拥有的资本总量。然而，当互联网嵌入农户与金融机构的借贷体系中，将形成新的金融生态系统，即数字金融。金融企业或是非金融企业利用互联网推出金融服务网络平台，近些年发展较快的网贷平台就是信息技术与金融结合的产物。农户利用互联网在网贷平台或网上银行进行贷款，由于互联网拥有大量的信息，直接针对贷款机构，节省搜寻成本、信息成本与契约成本，进而降低交易成本，从而提升农户拥有的资本总量。相较正规借贷，农户更易通过民间借贷获取资金支持。在中国农村社会独有的宗族社会网络下，农户与亲朋好友间的信息往往是对称的，农户之间的信任水平也相对较高。在此基础上，互联网技术可以维持和拓展农户现有的社会网络资源。农户通过互联网可以与亲朋好友建立更紧密的关系，进而有助于通过他们获取资金上的支持。

根据可持续生计理论，生计资本是农户开展生计活动的基础，其中包括自然资本、物质资本、金融资本、社会资本与人力资本（Department for International Development，2000）。可持续生计理论指出，人力资本是农户所拥有并用来实现其生计计划及目标的知识、技能和体能等；金融资本是农户用来实现其生计计划及目标的资金来源；社会资本是农户用来实现其生计计划及目标的社会网络资源；物质资本是农户所需要的基础设施和生活必需品；自然资本是农户所拥有的自然资源。多数学者在研究农户生计问题时，也将生计资本分为上述五类资本（陈银蓉等，2022；黄志刚等，2021；许源源和徐圳，2020；丁士军，2016；赵文娟等，2016；伍艳，2015b）。为了更清晰地表达互联网嵌入对农户生计资本的影响，本书借鉴邱泽奇等（2016）的研究成果，他们提出了互联网资本的概念，农户运用互联网能够将自身拥有的资产转化成资本。农户自身拥有不同类型与形态的资产，从人力资产（知识与技能等）、社会资产（社会网络水平）、金融资产（借贷能力及财产等）、物质资产（房屋及日常耐用品等）到自然资产（土地资源等），如果农户无法将这些资产运用到生产与生活中去，那么它们仅仅是“僵化”了的资本（Soto，2007）。在农户的资产转化为资本的过程中，有两条资本增长的途径：第一，提高资产的资本化程度，假定农户具有一定的资产量，那么其资本化程度越高，则增长的资本就越多；第二，提高资产量，假定农户具有一定的资本化程度，那么其拥有的资产量越多，则资本将会越多。其表达式为

$$LC_s(NC，PC，FC，SC，HC)=a_{cr}\times a_q \tag{3-3}$$

其中，LC_s 为单一的生计资本；NC、PC、FC、SC、HC 分别代表自然资本、物质资本、金融资本、社会资本及人力资本；a_{cr} 为资本化程度，即生计资产转化为生计资本的转化率；a_q 为生计资产量。

进一步，在互联网嵌入资产转化为资本的过程中，资产量扩大的同时资本化程度也在提高。结合可持续生计理论，则互联网资本（IC），即综合生计资本（LC）为

$$LC = IC = IT \cdot \sum_{s=1}^{n} LC_s (n = 1, 2, \cdots, k)$$
$$= IT \cdot f(NC_{IT} + PC_{IT} + FC_{IT} + SC_{IT} + HC_{IT}) \quad (3-4)$$

其中，IT 为互联网嵌入；$f(\cdot)$ 为生计资本函数。基于可持续生计理论，结合互联网资本概念可知，在农户处于互联网的环境下，互联网资本等同于生计资本，为转化后五类生计资本的和，即互联网嵌入可以通过提升不同类型的资本存量进而提升总的生计资本存量。综上所述，互联网嵌入促使农户自身拥有的生计资产转化为生计资本，扩大了资产量，提升了资本化程度，从而引起生计资本存量的变化。

第二节　互联网嵌入对农户生计抉择影响的理论分析

一、互联网嵌入对生计抉择的直接影响——基于新迁移经济学理论

根据新迁移经济学理论，农户家庭决策优先于个体决策，在我国传统的农村社会体系中，家庭本身占据了主导地位，农户主要考虑农业部门与非农部门之间的“预期收入”的差距，转换部门之间的风险情况，即农户将遵循家庭预期收入最大化和风险最小化原则进行生计抉择，即“选择从事农业还是非农工作”。根据新迁移经济学理论，当农户面临脆弱性环境冲击及经济市场的动荡，造成家庭收入不稳定时，农户将抉择其他的生计方式来规避风险和增加收入渠道；农户家庭如果面临资金短缺和不完善的政策制度，也将抉择其他的生计方式来获得所需的资金与技术支持，进而达到预期的利益最大化。综上所述，农户生计抉择是遵循家庭效用最大化为目标的行为决策和活动过程。

然而，农户在追求家庭效用最大化的过程中，其处于一个信息不对称的劳动力市场，无法获取精准的预期收入信息。根据全信息理论，互联网作为信息的载体能够完全地嵌入整个信息过程中。农户生计抉择行为在互联网“资源共享、超越时空、实时交互”等功能的作用下正在发生改变。在互联网时代，以互联网为代表的信息技术正在影响着人们的投资经营和消费娱乐活动（何大安，2018）。互联网的出现使信息过程中搜寻、获取、加工及处理等环节更加高效，以及在很大程度上消除了信息不对称。根据麦克卢汉的媒介理论，互联网可以被看成信息传递的工具。换言之，互联网嵌入有利于农户较好地识别风险以及判断不同生计抉择之间的优劣势。Chapman 和 Slaymaker（2002）认为信息在生计抉择中具有时间依赖性作用。信息在生计抉择中可以发挥双重作用，帮助农户提高短期与长期的决策能力。与此同时，互联网嵌入蕴涵的大量

信息与知识冲击着农户的传统观念，有助于开拓农户视野、创新农户观念体系、打破农户传统思维模式和丰富农户生活，进而改变农户生计方式。丰富的劳动力市场信息和互联网带动的新兴业态，为农户带来更多的务工及创业的机会，进而促使农户家庭劳动力从农业部门向非农部门流动。

综上所述，假定农户 i 通过互联网做出生计抉择，进而达到家庭效用最大化，设定的公式为

$$\begin{cases} y_i = F(Internet_i) + \varepsilon_i \\ y_i' = F'(Internet_i) > 0 \end{cases} \quad (3-5)$$

其中，y_i 为农户做出的生计抉择；$Internet_i$ 为农户的互联网嵌入程度；ε_i 为随机扰动项；y_i' 为互联网嵌入的导数。互联网嵌入的差异造成农户获取信息量的不同，导致农户进行不同的生计抉择，进而获得不同的家庭效用。农户想要实现效用最大化，则需要互联网嵌入达到最优，即

$$\begin{cases} y_i^* = \max\limits_{Internet_i} U[F(Internet_i) + \varepsilon_i] \\ \text{s.t. } Internet_i \leqslant Internet_0 \end{cases} \quad (3-6)$$

其中，y_i^* 为农户最终做出的生计抉择；$Internet_0$ 为互联网嵌入的最优值。随着互联网嵌入程度的增加，农户通过互联网获取大量的农业或非农的信息，丰富的信息资源能够很好地缓解信息不对称带来的壁垒，提高农户生计抉择的能力，有助于农户更好地识别不同生计抉择的机会，及时进行调整和降低生计风险。通过互联网嵌入的技术层面来看，作为新技术的互联网的出现，对原有的劳动力市场、经济环境与生产方式都会产生影响，创造出新的就业岗位与就业机会；基于互联网技术的电子商务的兴起，为农户提供了创业机会，进一步改变了农户创业方式与内容。总而言之，互联网嵌入会对农户生计抉择产生影响。

二、互联网嵌入对生计抉择的间接影响——基于可持续生计理论

生计可简单解释为人们谋生的手段，其更加深入的内涵可以说是一种动态演绎的过程。学者对其的定义为“生计包括资产、能力及获得这些资产的活动”，这也决定了家庭生活质量与生活水平（Garai et al.，2022；Ellis，2000；Scoones，1998；Chambers，Conway，1992）。随着对生计的深入研究，可持续生计概念逐渐被学者关注并被运用到解决农村贫困问题的方案中，从而产生了多种可持续生计理论框架，其中 DFID 建立的 SLA 比较具有影响力，国内学者广泛运用其理论框架研究农户生计问题。该理论框架揭示了农户在具有风险性和脆弱性的环境中，如何利用自身拥有的资产、权利和策略去提高生计水

平（黄志刚等，2021；金莲和王永平，2020；袁梁等，2017）。具体框架如图 3-2 所示（Department for International Development，2002）。

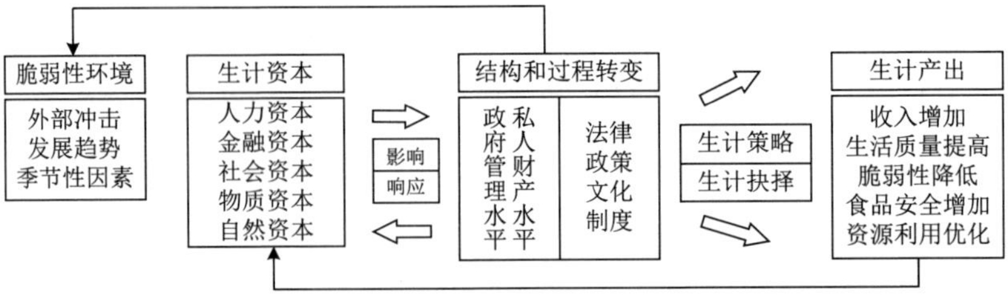

图 3-2 可持续生计框架

由图 3-2 可知，整体的可持续生计理论，包括脆弱性环境、生计资本、结构和过程转变、生计策略与生计产出（Department for International Development，2000）。由此可见，可持续生计的主要内容可以概括为农户具有改善生活的必备资产存量（生计资本），还需要政府政策的支持，以及具有长期谋生手段或技能，通过以上因素的共同作用，农户抉择合适的生计策略类型，才可获得足够收入，这是农户生计可持续的重要保障。该理论框架的核心就是农户所拥有的生计资本，其中包括人力资本、金融资本、社会资本、物质资本及自然资本。可持续生计理论指出，人力资本是农户拥有并用于实现其生计计划及目标的知识、技能和体能等；金融资本是农户用于实现其生计计划及目标的资金来源；社会资本是农户用于实现其生计计划及目标的社会网络资源；物质资本是农户所需要的基础设施和生活必需品；自然资本是农户所拥有的自然资源。生计资本是农户开展经济活动的基础，也是抵御季节性和环境变化等生计风险的重要保障。生计资本存量高的农户对于生计策略类型拥有更多的选择权。结合可持续生计理论可以得出，生计抉择是农户根据自身生计资本进行组合配置后所选择出的较为符合农户自身情况的生计策略。换言之，农户生计资本存量的高低能够使农户抉择出适合自身状况的生计方式，进而实现最优的生计目标。综上所述，将农户可持续生计理论框架模型化，其表达式为

$$Choice = P \cdot f(NC, PC, FC, SC, HC) - P \cdot j(E) \tag{3-7}$$

其中，*Choice* 表示农户生计抉择；*P* 表示农户享受的政策制度因素；*NC*、*PC*、*FC*、*SC*、*HC* 表示农户拥有的五大类生计资本，分别为自然资本、物质资本、金融资本、社会资本和人力资本；*E* 表示农户面临的脆弱性环境；$f(\cdot)$ 和 $j(\cdot)$ 分别为农户生计资本组合函数和脆弱性环境函数。

然而，农户在生计抉择的过程中处于一个信息不对称的劳动力市场，农户无法获取精准的预期收入信息，其无论是在农业部门还是在非农部门的抉择中

更多依靠的是自身的生计资本，如人力资本的高低、社会网络的大小及借贷能力的强弱。基于可持续生计理论，假定农户在给定生计资本条件下抉择不同的生计策略 $\{i=1, 2, \cdots, N\}$ 来实现家庭效用最大化，即农户在抉择具体的生计策略时，也是农户家庭追求高回报的理性决策行为的体现。假定农户根据生计资本组合进行生计抉择，使农户获得更高的收入，将式（3－7）简易化，构建生计抉择模型，则有

$$Choice = F(LC) \tag{3-8}$$

其中，$Choice$ 表示农户生计抉择；$F(\cdot)$ 是农户生计资本的递增函数；LC 表示农户拥有的生计资本。根据随机效用理论，农户进行不同类型生计抉择的结果具有不同的效用水平，农户抉择哪一类的生计策略取决于该策略是否可以获得效用最大化，因此，将式（3－8）转化为随机效用模型可得

$$U_{Choice} = F(LC) \tag{3-9}$$

根据全信息理论，互联网嵌入农户生计抉择中，不仅能在很大程度上消除劳动力市场上的信息不对称，还能降低农户的信息搜寻成本。前述内容根据信息沟理论分析得出互联网嵌入能够提升农户生计资本存量，进而使得农户有机会和能力去抉择不同类型的生计策略。因此，进一步将互联网嵌入（IT）引入式（3－9）中，得

$$U_{Choice} = IT \cdot F(LC_{IT}) \tag{3-10}$$

进一步假定函数 $U_{Choice}(\cdot)$ 符合以下条件：$LC>0$ 和 $IT>0$，即生计资本水平与互联网嵌入程度的提高对函数 $U_{Choice}(\cdot)$ 具有正向影响，这种正向影响在边际上呈递减趋势，即存在

$$\frac{\partial U_{Choice}}{\partial LC} > 0，\frac{\partial^2 U_{Choice}}{\partial LC^2} < 0；\frac{\partial U_{Choice}}{\partial IT} > 0，\frac{\partial^2 U_{Choice}}{\partial IT^2} < 0 \tag{3-11}$$

进一步，分别对 $U_{Choice}(\cdot)$ 求全微分可得

$$\mathrm{d}U_{Choice} = \frac{\partial U_{Choice}}{\partial IT} \times \mathrm{d}IT + \frac{\partial U_{Choice}}{\partial LC} \times \mathrm{d}LC \tag{3-12}$$

$$\frac{\partial U_{Choice}}{\partial IT} = F + IT\left(\frac{\partial F}{\partial LC} \times \frac{\partial LC}{\partial IT}\right) = F + \left(\frac{\partial U_{Choice}}{\partial LC} \times \frac{\partial LC}{\partial IT}\right) \tag{3-13}$$

将式（3－12）两边同时乘以 $1/U_{Choice}$，并将式（3－12）右边分式的前者乘以 IT/IT，后者乘以 LC/LC，可得

$$\frac{\mathrm{d}U_{Choice}}{U_{Choice}} = \xi_{IT}\frac{\mathrm{d}IT}{IT} + \xi_{LC}\frac{\mathrm{d}LC}{LC} \tag{3-14}$$

其中，$\mathrm{d}U_{Choice}/U_{Choice}$、$\mathrm{d}IT/IT$ 和 $\mathrm{d}LC/LC$ 分别表示生计抉择的效用、互

联网嵌入及生计资本的增长率；$\xi_{IT}=[(\partial U_{Choice}/\partial IT)\times(IT/U_{Choice})]$和$\xi_{LC}=[(\partial U_{Choice}/\partial LC)\times(LC/U_{Choice})]$分别表示互联网嵌入和生计资本对生计抉择效用的产出弹性。

将式（3－13）两边同时乘以IT/U_{Choice}，并将式（3－13）最右边括号中的公式乘以LC/LC，可得

$$\xi_{IT}=1+\xi_{LC}\left(\frac{\partial LC}{\partial IT}\times\frac{IT}{LC}\right) \tag{3-15}$$

其中，$[(\partial LC/\partial IT)\times(IT/LC)]$表示生计资本对互联网嵌入的产出弹性。将式（3－15）代入式（3－14）可得

$$\begin{aligned}\frac{dU_{Choice}}{U_{Choice}}&=\xi_{LC}\frac{dLC}{LC}+\frac{dIT}{IT}\left[1+\xi_{LC}\left(\frac{\partial LC}{\partial IT}\times\frac{IT}{LC}\right)\right]\\&=\frac{dIT}{IT}+\xi_{LC}\left(\frac{dLC}{LC}+\frac{dIT}{IT}\times\frac{\partial LC}{\partial IT}\times\frac{IT}{LC}\right)\end{aligned} \tag{3-16}$$

由式（3－16）可知，互联网嵌入不仅对农户生计抉择具有直接影响（dIT/IT），还通过生计资本间接影响农户生计抉择，其大小为$[(dIT/IT)\times(\partial LC/\partial IT)\times(IT/LC)]$。

综上所述，假定互联网嵌入生计抉择的效用为U_{IT}；没有发生互联网嵌入的生计抉择的效用为U_n。当$U_{IT}>U_n$时，即当通过互联网嵌入（IT）选择出的生计策略所带来的效用高于其他生计策略时，农户将选择效用最高的生计策略。互联网嵌入不仅能够直接影响农户生计抉择，还可以通过生计资本间接影响农户做出最终的生计抉择。

第三节　基于职业最优搜寻理论的农户收入效应分析

本节根据职业最优搜寻理论分析互联网嵌入对农户收入的影响，借鉴程名望和张家平（2019）、贺娅萍和徐康宁（2019）、周先波等（2015）的研究成果。在劳动力市场信息不对称的情况下，工作搜寻者需要花费时间和物力等成本进行工资信息的搜寻与比较，在最优的搜寻成本条件下搜寻最优的工资薪酬。工作搜寻者通过比较搜寻的边际成本和边际收益来判断是否继续搜寻或是调整搜寻行为。

假设1：工作搜寻者的劳动生产率为LP，能够在劳动力市场搜寻到最高工资的工作，劳动力市场的工资薪酬的w分布函数为$F(w)$，其概率密度为$f(w)$，但工作搜寻者在找工作之前并不清楚企业能够给出的具体工资价格，即信息具有不对称性，薪酬区间（$a\leqslant w\leqslant b$）是有界的。

假设 2：工作搜寻者在寻找工作之前，会设定预期的工资水平（保留工资）为 w^*。工作搜寻者将 w^* 与寻找到的工作薪酬 w 进行对比，进而判断是否需要继续寻找工作：当 $w<w^*$ 时，工作搜寻者将继续寻找工作，直到 $w\geqslant w^*$ 为止。

假设 3：工作搜寻者拒绝工资水平后继续搜寻的跨期效用贴现利率为 r。

假设 4：工作搜寻者每次寻找工作的固定搜寻成本为 C。

工作搜寻者的搜寻目的是能够达到工作收益效用 U 最大化，并且工作搜寻者应设置预期保留工资 w_0，则第一次搜寻工作的收益为

$$U_1=\frac{E(w\mid w\geqslant w^*)P(w\geqslant w^*)}{1+r}+\frac{U_2[1-P(w\geqslant w^*)]}{1+r}-C \tag{3-17}$$

由式（3-17）可以看出，第一次搜寻收益效用 U_1 包含了两个部分，通过概率 P（$w\geqslant w_0$）来获取高于预期保留工资的机会。E（$w\mid w\geqslant w_0$）为获取的当前工资报酬；[$1-P$（$w\geqslant w_0$）]为失去高于预期保留工资的概率，进而产生需要搜寻下一个工作的收益效用 U_2。其付出寻找工作的成本为 C，即为了寻找高于预期保留工资的工作所付出的时间与精力，如通信费、交通费和中介费等。根据最优性原理，工作搜寻者将在此结点停止继续搜寻：

$$\frac{U_{n+1}}{1+r}=U_n=U \tag{3-18}$$

$n+1$ 次搜寻与 n 次搜寻的收益基本相等，进而再一次寻找工作将不会有额外的收益。

由式（3-17）可得

$$U_n=\frac{E(w\mid w\geqslant w^*)P(w\geqslant w^*)}{1+r}+\frac{U_{n+1}[1-P(w\geqslant w^*)]}{1+r}-C \tag{3-19}$$

将式（3-18）代入式（3-19），得出工作收益效用的表达式，即

$$U=\frac{1}{P(w\geqslant w^*)}\left[\frac{E(w\mid w\geqslant w^*)P(w\geqslant w^*)}{1+r}-C\right] \tag{3-20}$$

式（3-20）积分形式表示为

$$U(w^*)=\frac{1}{\int_{w^*}^{b}f(w)\,\mathrm{d}w}\left(\frac{1}{1+r}\int_{w^*}^{b}wf(w)\,\mathrm{d}w-C\right) \tag{3-21}$$

因此，工作收益效用 U 的最优预期保留工资 w_0^* 需要满足以下条件：

$$\frac{1}{1+r}\int_{w_0^*}^{b}(w-w_0^*)f(w)\,\mathrm{d}w=C \tag{3-22}$$

由式（3－22）可知，实际工作薪酬 w 与预期保留工资 w_0^* 的差额（$w-w_0^*$）的期望值经过跨期折现与搜寻成本 C 相等，即工作搜寻者能够根据搜寻成本 C 设置最优预期保留工资 w_0^*。这也表明工作搜寻者的搜寻成本固定，如果设置的预期保留工资过高是不明智的，将会造成过高的搜寻成本；如果设置得过低，则将导致搜寻行为提前结束，会丧失获得更高工资的机会。由式（3－22）得出，w_0^* 是 LP、C、r 的函数，即 $w_0^*=w$（LP，C，r）。以下函数公式可反映出最优预期保留工资 w_0^* 与搜寻成本 C 的关系：

$$\varphi(w_0^*, r, C)=\int_{w_0^*}^{b}(w-w_0^*)f(w)\mathrm{d}w-(1+r)C \tag{3-23}$$

$$\frac{\partial\varphi(w_0^*, r, C)}{\partial C}=-(1+r)<0 \tag{3-24}$$

$$\frac{\partial\varphi(w_0^*, r, C)}{\partial w_0^*}=-\int_{w_0^*}^{b}f(w)\mathrm{d}w<0 \tag{3-25}$$

由式（3－24）和式（3－25）推导可得

$$\frac{\partial w_0^*}{\partial C}=-\frac{\dfrac{\partial\varphi(w_0^*, r, C)}{\partial C}}{\dfrac{\partial\varphi(w_0^*, r, C)}{\partial w_0^*}}<0 \tag{3-26}$$

由 $\partial w_0^*/\partial C$ 可以看出，搜寻成本 C 越高，工作搜寻者设置的最优预期保留工资 w_0^* 越低，其获取的工资收入会越低；工作搜寻者为获取关于工作岗位和工资薪酬的信息需要花费搜寻成本，随着搜寻工作的时间变长，搜寻成本相对增加，同时搜寻时间的边际成本也随之递增。根据成本-收益分析法，如果搜寻成本 C 变小，搜寻的时间边际成本随之递减，则工作搜寻者的边际收益将变大，因此低成本的搜寻行为有助于工作搜寻者得到较高工作收入的机会。

职业最优搜寻理论的前提为劳动力市场是信息不对称的，这比较符合当前市场的状态。然而，根据全信息理论，互联网嵌入能够缓解劳动力市场的信息不对称情况，并降低信息搜寻成本。基于职业最优搜寻理论，假定企业在劳动力市场投放一个工作岗位，存在使用互联网的农户以及未使用互联网的农户各一名，农户面临的搜寻成本模型为

$$C=FC+MSC\times IE \tag{3-27}$$

其中，搜寻成本 C 包括两部分，即固定成本 FC 与变动成本 $MSC\times IE$。固定成本 FC 表示不同农户对同一工作岗位具有相同的搜寻固定成本；可变成本 $MSC\times IE$ 表示处于信息环境 IE 下的农户搜寻工作岗位所付出的可变动成本，MSC 为边际搜寻成本。因此，变动成本受农户搜寻工作次数与搜寻工作

渠道变化的影响，也称变动搜寻成本，则变动搜寻成本与信息环境的线性函数为

$$C_y = FC + MSC_y \times IE_y \tag{3-28}$$

$$C_n = FC + MSC_n \times IE_n \tag{3-29}$$

其中，C_y、C_n 分别表示使用互联网的农户与未使用互联网的农户的搜寻成本；MSC_y、MSC_n 分别表示使用互联网与未使用互联网的农户的边际搜寻成本；由于使用互联网的农户以互联网为载体获取信息，未使用互联网的农户以传统渠道为载体获取信息，IE_y、IE_n 分别表示互联网信息环境和传统信息环境。使用互联网的农户能够不受时间与空间的约束获取工作信息，从而增强了农户的信息获取能力，极大地降低了农户实时获取信息的成本。同时，农户通过互联网还可获取技能知识，提升个人能力，提高议价能力。未使用互联网的农户只能通过传统渠道获取信息，如亲朋好友的推荐、人才市场和报纸广播等。因此，相较使用互联网的农户来说，未使用互联网的农户获取和处理劳动力市场信息的能力较弱。因此，可以得出使用互联网的边际搜寻成本 MSC_y 小于未使用互联网的边际搜寻成本 MSC_n，即 $MSC_y < MSC_n$，从而得到 $C_y < C_n$ 的结论，则使用互联网的边际收益大于未使用互联网的边际收益，因此使用互联网的农户的工作收入大于未使用互联网的农户的工作收入。综上所述，互联网嵌入能够影响农户的搜寻成本，从而导致其收入的差异。

互联网全面改变了人们的生产与生活方式，进而产生了两个现象：一是数字鸿沟，二是数字红利（世界银行，2016）。数字鸿沟指的是不同社会群体或个人是否使用互联网以及使用上的差异所孕育出的机会不平等（郑国楠和李长治，2022；张勋等，2021；Corrocher，Ordanini，2002；Riccardini，Fazion，2002）。数字红利（即互联网红利）是指不同社会群体或个人互联网使用差异、运用互联网的方式及目的差异而带来的社会经济结果（邱泽奇等，2016），其主要表现为经济上的收益（超过传统经济所获得的收益），即收入的增长。前述内容基于可持续生计理论，结合互联网资本概念得出，互联网嵌入提升了农户生计资本存量，形成了新的互联网资本。本章进一步借鉴邱泽奇等（2016）的研究成果，理论分析互联网嵌入与生计资本结合发挥的“乘数效应”，即市场规模乘数效应。

互联网具有“连通性”的特性，即农户可以通过互联网与其他使用者建立联系。因此，利用“连通性”诠释市场规模乘数效应，如图 3-3 所示。图 3-3 为互联网络与局部网络的示意图。其中，网络 C 为互联网使用者所连接的大规模网络，是具有复杂性和高度连通性的互联网络社会。由于网络 C 的不断扩大，局部网络 A 和网络 B 的接入鸿沟也在缩小，只要网络 A 和网络 B 中有任意使用者连接到网络 C，就会打通局部网络与互联网络。互联网的连通性在

不断发展与加强，促进使用者更加频繁地使用互联网，也提高了未使用者的使用意愿（戴维德，2012）。

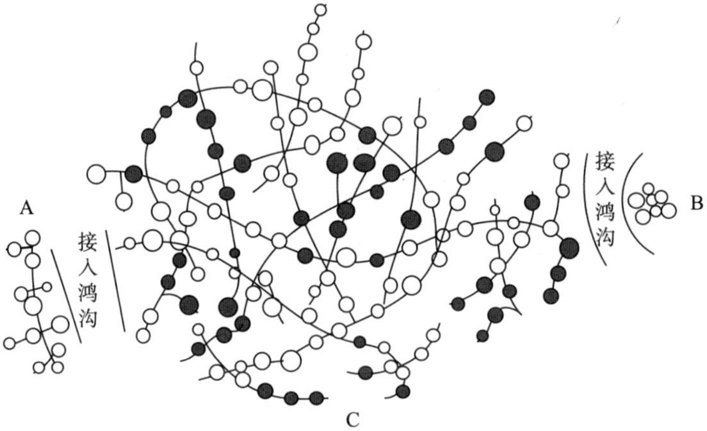

图 3-3　互联网络与局部网络示意

为方便讨论，在此假定市场为传统农村集市，销售的产品供给充足，服务范围定为 10 个村庄，每个村庄的人口规模是有限集，并且市场容量随着时间的变化会产生波动，则市场规模的表达式为

$$MS_1 = \beta \sum_{i=1}^{n} X_i；(n=1，2，3，\cdots，10) \qquad (3-30)$$

其中，MS_1 代表市场规模；β 代表随时间变化而波动的市场容量参数，为 0～1；n 代表村庄数量；X_i 代表一个村庄有限集的人口规模。因此，市场规模 MS_1 始终是一个局部有限集的市场。

然而，当互联网嵌入这个局部市场，由于互联网具有连通性，村庄数量 n 将变成一个无限集，β 也将趋于 1。此时，市场规模的表达式变为

$$MS_y = \beta \sum_{i=1}^{n} X_i；(n=1，2，3，\cdots，\infty) \qquad (3-31)$$

前提条件不变，因为 $\beta=1$，并且 X_i 的总和变成一个无限集，则互联网嵌入后的市场规模 MS_y 也将是一个无限集。相当于图 3-3 中局部市场 A 接入互联网进入互联网市场 C。这是由于互联网具有连通性，降低进入市场的信息成本与搜寻成本，进而扩大市场规模，增加使用互联网的农户的收益，即互联网嵌入后，提高了农户的收入（收入效应）。互联网嵌入带动农户收入提升是收入效应的体现。基于可持续生计理论，生计资本不仅影响农户生计抉择，还对生计结果（农户收入）产生影响。因此，互联网嵌入对农户生计抉择及其收入产生影响，同时生计资本对其影响路径产生了间接影响。

第四节　理论框架

综上所述，根据信息沟理论，互联网嵌入对农户生计资本产生影响；根据新迁移经济学理论，互联网嵌入对农户生计抉择产生影响。进一步，根据可持续生计理论，互联网嵌入通过生计资本对农户生计抉择产生间接影响；根据职业最优搜寻理论，互联网嵌入对农户收入产生影响，结合可持续生计理论分析得出生计资本在其影响路径中产生间接影响。基于此，本书的理论框架如图 3-4 所示。

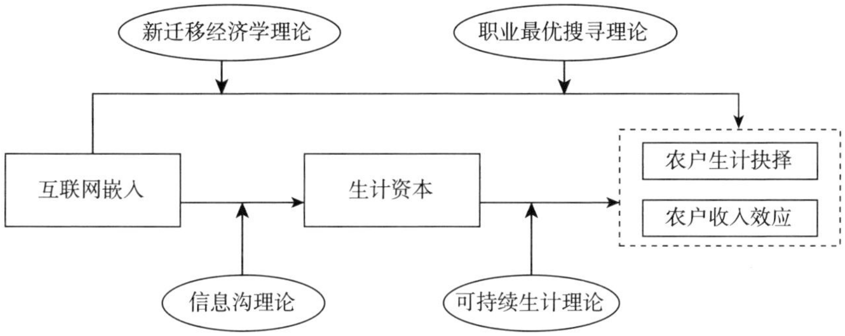

图 3-4　理论框架

第五节　本章小结

本章是本书的理论部分。首先，基于全信息理论探究互联网嵌入的信息效应，进一步基于信息沟理论分析互联网嵌入对农户生计资本的影响。其次，基于新迁移经济学理论分析互联网嵌入对农户生计抉择直接影响的作用机制，进一步基于可持续生计理论分析互联网嵌入通过生计资本间接影响农户生计抉择的内在机制。再次，基于职业最优搜寻理论和可持续生计理论分析互联网嵌入对农户收入影响的内在机制。最后，构建本书的理论框架。

第二篇

互联网嵌入影响农户生计抉择及收入的实证研究

第四章
数据来源与样本描述统计分析

本章主要介绍本书的数据来源和数据处理过程，对样本特征、互联网嵌入特征和农户生计特征进行描述统计分析，对互联网嵌入、生计资本、生计抉择及农户收入等核心变量进行交互分析。

第一节　数据来源及处理过程

一、数据来源

本书数据主要来自 CFPS，该数据由北京大学中国社会科学调查中心（Institute of Social Science Survey，ISSS）实施，由北京大学 985 工程资助①。2005 年开始项目筹备工作，2006 年 ISSS 成立，2007 年 CFPS 在北京、河北和上海 3 省份进行问卷工具测试性调查，2008—2009 年 CFPS 在北京、上海和广东 3 省份进行计算机辅助面访（Computer Assisted Personal Interviewing，CAPI）技术测试跟踪调查，2010 年 CFPS 在全国展开正式调查，其规模为 16 000 户，目标总体覆盖中国 25 个省（自治区、直辖市）的农村和城市②，原计划为每年一次调查（后改为 2 年一次），现已进行了 5 轮全国调查，包括 2010 年、2012 年、2014 年、2016 年和 2018 年。CFPS 从个体、家庭和社会 3 个层次跟踪收集数据，为了直接了解中国居民的经济与非经济福利的动态状况，所搜集数据涵盖多个研究主题：村居概况、家庭关系与动态、家庭经济活动、家庭教育水平、社会交往、人口迁移、个人健康水平、个人认知能力、个人主观态度等。CFPS 旨在通过调查中国家庭不同时间点的信息，从微观层面获取中国经济发展和社会变迁的资料，为社会提供有效的信息来源，为学术研究和政府政策决策提供系统的科学依据（谢宇等，2017；谢宇等，2014）。

---

① 作者感谢此机构及其人员提供数据协助，本书内容由作者自行负责。

② 2010 年正式展开的基线调查不包括西藏、青海、新疆、宁夏、内蒙古、海南、香港、澳门和台湾。

本书使用的原始数据主要来源于 CFPS 2018 年的调查数据（以下简称“CFPS 2018”），部分补存数据来源于 2012 年、2014 年和 2016 年的调查数据（以下简称“CFPS 2012”“CFPS 2014”“CFPS 2016”）。CFPS 2018 调查范围覆盖了我国 31 个省（自治区、直辖市）的农村和城市，CFPS 2018 的家庭层面有效样本量为 14 241 户，个人有效样本量为 32 669 人。除了 CFPS 数据外，本书所涉及的数据还来源于网宿科技在 2017 年发布的《网宿·中国互联网发展报告》[①]。

二、数据处理过程

本章借鉴潘传快（2017）、钱龙和洪名勇（2016）等学者对数据处理的方法，同时基于本书研究的需要，将从以下几个方面对原始数据进行处理，处理过程具体如下。

1. 处理一：数据匹配与整合

CFPS 2018 的调查问卷分为家庭成员问卷、家庭经济问卷、成人问卷和少儿问卷，4 套问卷对应 4 个问卷数据库（家庭关系数据库、家庭经济数据库、成人数据库、少儿数据库）。由于 CFPS 2018 没有定义家庭户主，本章认定最熟悉家庭财务的成员“财务回答人”为家庭户主，运用 Stata 15.1 软件进行数据匹配与整合，按照家庭样本编码和财务回答人将家庭经济数据库、成人数据库和儿童数据库相匹配。然后通过不同年份的家庭样本编码将 CFPS 2012、CFPS 2014、CFPS 2016 和 CFPS 2018 进行合并。其中，根据研究需要，部分所需变量在 CFPS 2018 中没有涉及，需从 CFPS 2012（人均耕地面积）、CFPS 2014（家庭是否拥有计算机）、CFPS 2016（人均土地资产、是否参加非学历教育、是否参加技术技能培训）中补充。

2. 处理二：样本筛选

根据研究需要，本章将被访者居住的社区类型为村委会的样本定义为农户[②]，因此，保留社区性质为村委会的样本，同时剔除问卷选项为不知道及拒绝回答的样本。

3. 处理三：缺失值的处理方式

对于 CFPS 2018 数据的缺失值直接进行剔除；对合并后的 CFPS 2012 中

---

① 网宿科技是互联网基础设施平台服务商，致力于大数据和云计算等关键技术的研究，其数据来源：https://www.wangsu.com/report。

② 依照现实，部分已取得城市户口的家庭返回农村，继续从事农业生产劳动；居住在农村家庭中个别成员取得非农业户口，但大多数成员依然是农业户口，并且从事农业生产劳动；2014 年 7 月，国务院发布《关于进一步推进户籍改革制度的意见》，其中提出“取消农业户口与非农业户口性质区别和由此衍生的蓝印户口等户口类型，统一登记为居民户口”。综上所述，对于农户的界定，作者按照被访者居住的社区类型进行划分，并没有采用户籍进行划分。

的家庭人均耕地面积、CFPS 2016 中的家庭人均土地资产的少量缺失值进行均值插补；对于 CFPS 2014 中的家庭是否拥有计算机的缺失值直接进行剔除。

4. 处理四：异常值的处理方式

本章分析和整理 CFPS 2018 的数据时，发现部分指标存在异常值。针对此类异常值，本章将其直接剔除。

通过以上数据处理方式，本章最终得到有效样本数量为 6 887 户，覆盖了我国 29 个省（自治区、直辖市）。

第二节 样本特征描述统计分析

一、个人特征

表 4-1 为样本的个人特征情况，包括农户的性别、年龄、受教育水平、健康状况及政治面貌，个人特征的具体描述如下。

1. 性别

从样本的性别分布情况看，男性为 3 774 人，占比为 54.80%；女性为 3 113 人，占比为 45.20%。由此反映出，农村家庭中家庭户主或主要决策者以男性为主。

2. 年龄

本章根据世界卫生组织的最新定义以及国际标准定义对年龄阶段进行划分[①]，从样本的年龄分布情况来看，45～64 岁的中年农户最多，为 3 461 人，占比为 50.25%；其次是 16～44 岁的青年农户，为 1 989 人，占比为 28.88%；65 岁及以上的老年农户最少，为 1 437 人，占比为 20.87%。说明当前农村家庭中熟悉家庭财务状况的主要决策者以中年人为主。

3. 受教育水平

从样本的受教育水平分布情况来看，教育水平小学及以下的农户数量最多，为 3 657 人，占比为 53.10%，占到了总样本量的一半以上；其次是初中，为 2 167 人，占比为 31.47%；教育水平高中、大专及以上的农户最少，分别为 741 人和 322 人，占比分别为 10.76%和 4.68%。CFPS 2018 数据反映的农户受教育水平分布情况与中国农村现实受教育水平的分布情况基本一致，80%左右的农户的受教育水平为中小学，九年义务教育使农户受到了良好的中小学教育，但能够接受高等教育农户的比例还是较低。这也反映出获得高学历的新生代青年人的返乡比例较低，他们更倾向于选择城市就业。

① 根据世界卫生组织的最新定义，44 岁及以下为青年人，45～59 岁为中年人，60 岁及以上为老年人。按照国际标准定义，65 岁及以上为老年人。

4. 健康状况

从样本的健康状况分布情况来看，比较健康、很健康和非常健康的农户数量总和为 4 477 人，占比为 65.01%；自评一般（健康）的农户为 970 人，占比为 14.08%；自评不健康的农户为 1 440 人，占比为 20.91%。可以看出，大多数农户的身体状况较好，无论是务农还是外出务工，健康的身体是基本的保障。

5. 政治面貌

从全部样本的政治面貌情况来看，非党员的农户数量为 6 286 人，占比为 91.27%，明显多于具有党员身份的农户。

表 4-1　个人特征

变量	选项	人数（人）	占比（%）	变量	选项	人数（人）	占比（%）
性别	男	3 774	54.80	健康状况	不健康	1 440	20.91
	女	3 113	45.20		一般	970	14.08
年龄	16～44 岁	1 989	28.88		比较健康	2 728	39.61
	45～64 岁	3 461	50.25		很健康	862	12.52
	65 岁及以上	1 437	20.87		非常健康	887	12.88
受教育水平	小学及以下	3 657	53.10	政治面貌	党员	601	8.73
	初中	2 167	31.47				
	高中	741	10.76		非党员	6 286	91.27
	大专及以上	322	4.68				

注：数据来源于作者对 CFPS 2018 数据的整理。

二、家庭特征

表 4-2 为样本的家庭特征情况，包括家庭规模、家庭人均收入、家庭负担比、土地流出及土地流入，以下对家庭特征进行具体描述。

1. 家庭规模

从样本的家庭规模分布情况来看，家庭规模为 3～5 人的农户数量最多，为 3 492 户，占比为 50.70%；其次是家庭规模为 1～2 人的样本，为 2 013 户，占比为 29.23%；家庭规模 5 人以上的农户数量最少，为 1 382 户，占比为 20.07%。可以看出，样本农户的家庭规模较大，反映出我国农村社会的宗亲观念很深，子女和父母住在一起，甚至亲戚间住在一起，形成较为庞大的宗亲网络。

2. 家庭人均收入

从样本的家庭人均收入分布情况来看，家庭人均收入为 0～1.5 万元的农户数量达到 4 058 户，占比为 58.92%；家庭人均收入 1.5 万元以上的农户数量为 2 829 户，占比为 41.08%。可以看出，多数农户的收入水平相对较低。

3. 家庭负担比

从样本的家庭负担比分布情况来看，家庭负担比为 0 的农户数量最多，为 2 488 户，占比为 36.13%；负担比大于 0.3 的农户数量达到 3 080 户，占比为 44.72%。可以看出，样本农户的家庭负担较高。中国农村人口呈现老龄化趋势，一定程度上造成农户家庭负担比较高。

4. 土地流出与土地流入

从样本的土地流转情况来看，土地流出的农户数量为 1 099 户，土地流入的农户数量为 730 户。可以看出，发生土地流转的农户数量相对较少，土地流转能够促进农业规模生产，也可提高农户收入，较少农户参与土地流转的原因可能是，部分地区干旱，土地流转不出去或是家庭中部分人口外出打工，留下的老龄化人口继续从事农业生产。

表 4－2　家庭特征

变量	选项	户数（户）	占比（%）	变量	选项	户数（户）	占比（%）
家庭规模	1～2 人	2 013	29.23	家庭负担比	0	2 488	36.13
	3～5 人	3 492	50.70		0～0.3	1 319	19.15
	5 人以上	1 382	20.07		0.3～0.5	2 111	30.65
家庭人均收入	0.5 万元以下	1 281	18.60		0.5 以上	969	14.07
	0.5 万～1.5 万元	2 777	40.32	土地流出	是	1 099	15.96
					否	5 788	84.04
	1.5 万～2.5 万元	1 361	19.76	土地流入	是	730	10.60
	2.5 万元以上	1 468	21.32		否	6 157	89.40

注：数据来源于作者对 CFPS 2018 数据的整理。

三、地区特征

表 4－3 为样本地区特征情况。本章根据国家统计局对省份地理区域划分标准，将样本数据划分为东、中、西部地区：东部地区包括北京、天津、河北、上海、江苏、浙江、辽宁、福建、山东、广东、海南 11 个省份的 2 813 户农户；中部地区包括吉林、黑龙江、山西、安徽、江西、河南、湖北、湖南 8 个省份的 1 923 户农户；西部地区包括内蒙古、广西、重庆、四

川、贵州、云南、陕西、甘肃、青海、新疆10个省份的2 151户农户。

表4-3　地区特征

地区	东部地区	中部地区	西部地区
省份	北京、天津、河北、上海、江苏、浙江、辽宁、福建、山东、广东、海南	吉林、黑龙江、山西、安徽、江西、河南、湖北、湖南	内蒙古、广西、重庆、四川、贵州、云南、陕西、新疆、青海、甘肃
农户样本数量（户）	2 813	1 923	2 151

注：数据来源于作者对CFPS 2018数据的整理。

第三节　互联网嵌入特征描述统计分析

一、互联网使用与嵌入时长

表4-4为互联网使用与嵌入时长情况，包括互联网使用、计算机上网、移动上网和互联网嵌入时长，以下对其进行具体描述。

1. 互联网使用

从样本的互联网使用情况来看，4 107人未使用过互联网，占比为59.63%；使用互联网的农户为2 780人，占比为40.37%。可以看出，农户对互联网还较为陌生，尽管互联网普及和发展的速度很快，但是对于农村地区来说，网络基础设施的落后和农户对互联网的认知不足，导致多数农户未使用互联网。

2. 计算机上网

从样本的计算机上网情况来看，仅有700人通过计算机上网，占比10.16%。可以看出，农户通过计算机上网还是较为困难，一方面计算机的价格较高，另一方面计算机上网需要连通宽带，并且计算机操作对农户而言较为复杂。

3. 移动上网

从样本的移动上网情况来看，与上述内容中互联网使用的情况基本类似，4 150人未移动上网，占比为60.26%；移动上网的农户为2 737人，占比为39.74%。可以看出，与计算机上网相比，大部分农户是通过移动端（智能手机）上网，政府出台政策提出“提速降价”，三大通信运营商均对移动上网的流量套餐提供优惠活动，并且现在的手机多为智能机，具有上网功能，所以农户移动上网更为方便。

4. 互联网嵌入时长

从样本的互联网嵌入时长情况来看，农户互联网嵌入时长在3.5h/d以上的数量仅为259人，占比为3.76%。可以看出，农户每天的上网时间有限。

表 4-4 互联网使用的统计

变量	选项	人数（人）	占比（%）
互联网使用	是	2 780	40.37
	否	4 107	59.63
计算机上网	是	700	10.16
	否	6 187	89.84
移动上网	是	2 737	39.74
	否	4 150	60.26
互联网嵌入时长	0	4 107	59.63
	0～3.5h/d	2 521	36.61
	3.5h/d 以上	259	3.76

注：数据来源于作者对 CFPS 2018 数据的整理。

二、互联网嵌入频率

表 4-5 为样本的互联网嵌入频率情况，由结果可知，“经常”与“非常频繁”使用互联网进行社交和娱乐的农户分别为 2 298 人和 2 142 人，占比分别为 33.37%和 31.10%；“经常”与“非常频繁”使用互联网进行学习和工作的农户分别为 820 人和 724 人，占比分别为 11.91%和 10.51%。可以看出，多数农户对互联网的使用还是以社交、娱乐为主，少数农户通过互联网学习、工作。尽管农户通过互联网进行社交活动能够增进和巩固亲友间的关系，获取一定的社会资源，但是大多数农户没有深度利用互联网技术的优势，也没有将其高效地运用到工作、生产中。

表 4-5 互联网嵌入频率的统计

变量	选项	人数（人）	占比（%）	变量	选项	人数（人）	占比（%）
学习频率	从不	5 713	82.95	社交频率	从不	4 415	64.11
	很少	205	2.98		很少	67	0.97
	有时	149	2.16		有时	107	1.55
	经常	452	6.56		经常	768	11.15
	非常频繁	368	5.34		非常频繁	1 530	22.22
工作频率	从不	6 030	87.56	娱乐频率	从不	4 493	65.24
	很少	68	0.99		很少	114	1.66
	有时	65	0.94		有时	138	2.00
	经常	240	3.48		经常	903	13.11
	非常频繁	484	7.03		非常频繁	1 239	17.99

注：数据来源于作者对 CFPS 2018 数据的整理。

三、互联网嵌入目的

表 4－6 为样本的互联网嵌入目的情况。由结果可知，认为利用互联网学习与工作“重要”与“非常重要”的农户数量分别为 730 人和 640 人，占比分别为 10.60%和 9.30%；认为利用互联网社交与娱乐“重要”与“非常重要”的农户分别为 1 440 人和 936 人，占比分别为 20.91%和 13.59%。可以看出，以社交与娱乐为目的使用互联网的农户数量更多，更多的农户认为使用互联网进行社交与娱乐更为重要，忽视了互联网的其他优势，如运用互联网能够获取更多的信息，获取更多的知识。

表 4－6　互联网嵌入目的的统计

变量	选项	人数（人）	占比（%）	变量	选项	人数（人）	占比（%）
为了学习	非常不重要	5 769	83.77	为了社交	非常不重要	4 566	66.30
	不重要	74	1.07		不重要	203	2.95
	一般	314	4.56		一般	678	9.84
	重要	250	3.63		重要	450	6.53
	非常重要	480	6.97		非常重要	990	14.37
为了工作	非常不重要	6 061	88.01	为了娱乐	非常不重要	4 732	68.71
	不重要	39	0.57		不重要	345	5.01
	一般	147	2.13		一般	874	12.69
	重要	152	2.21		重要	385	5.59
	非常重要	488	7.09		非常重要	551	8.00

注：数据来源于作者对 CFPS 2018 数据的整理。

第四节　农户生计特征描述统计分析

一、农户生计资本

表 4－7 为农户生计资本指数的描述性统计结果，生计资本指数均值为 0.072 6，根据其最小值与最大值来看，农户整体的生计资本水平偏低。人力资本在 5 类生计资本中均值最高，为 0.028 5。人力资本指数的大小能够决定农户劳动力的数量和质量，也是农户收入增长、就业创业的重要影响因素（刘诚和夏杰长，2021；董晓林等，2019；杨晶等，2019；程名望等，2016），根据目前劳动力市场来看，大部分农户积极参与技术技能的培训，提高人力资本存量，进而选择非农生计模式。其次是金融资本，其指数均值为 0.023 1，金融资本是农户为实现生计目标所需要的资金资源，借款贷款

能够为农户提供有效的资金。现实中，农户获取资金主要通过非正规渠道（民间借贷），正规渠道（银行贷款）的利用率较低，所获取的资金帮助较少。再次是社会资本，其指数均值为 0.017 3，社会资本是农户为实现生计目标所需要的社会资源，社会资本能够有效降低农户脆弱性（韦艳和汤宝民，2022；谢家智和姚领，2021）。最后是物质资本与自然资本，其均值较小，分别为 0.002 0 和 0.001 7，物质资本与自然资本包括农户拥有的自然生产资源与生产设施，在当前的政策经济环境下，农业大力推行现代化、规模化、集约化经营，政府鼓励农户进行土地流转与创新创业，因此，物质资本与自然资本对于农户生计的影响较弱。

表 4-7　农户生计资本的统计

变量名称	选项	均值	标准差	最小值	最大值
生计资本	通过极值熵值法测算得出	0.072 6	0.086 4	0.001 0	0.505 0
人力资本		0.028 5	0.060 0	0.000 2	0.230 9
金融资本		0.023 1	0.046 1	0.000 2	0.189 1
社会资本		0.017 3	0.028 8	0.000 2	0.113 0
物质资本		0.002 0	0.003 6	0.000 2	0.074 5
自然资本		0.001 7	0.004 2	0.000 1	0.106 3

注：生计资本测度具体过程见第五章，数据来源于 Stata 15.1 软件的输出。

二、农户生计抉择

表 4-8 为农户生计抉择的描述性统计结果。由结果可知，务工主导型的农户数量最多，为 4 306 人，占比为 62.52%；其次是务农主导型，农户数量为 1 985 人，占比为 28.82%；创业主导型的农户数量最少，为 596 人，占比为 8.65%。通过对比农户不同生计抉择的占比可以看出，农户的收入来源已经不局限于传统农业，多样化的生计抉择可以为农户拓宽收入渠道。

表 4-8　农户生计抉择的统计

变量	选项	人数（人）	占比（%）
生计抉择	务农主导型	1 985	28.82
	务工主导型	4 306	62.52
	创业主导型	596	8.65

注：生计抉择划分具体过程见第六章，数据来源于 Stata 15.1 软件的输出。

三、农户收入

表 4-9 为农户收入的描述性统计结果。由结果可知，家庭总收入 5 万元

及以下的农户数量最多，为 3 886 人，占比为 56.42%；家庭总收入 5 万～10 万元的农户为 1 928 人，占比为 27.99%；家庭总收入 10 万元以上的农户为 1 073 人，占比为 15.58%。可以看出，农户整体收入水平偏低。

表 4-9　农户收入的统计

变量	选项	人数（人）	占比（%）
农户家庭总收入	1 万元以下	815	11.83
	1 万～5 万元	3 071	44.59
	5 万～10 万元	1 928	27.99
	10 万～15 万元	560	8.13
	15 万元以上	513	7.45

注：数据来源于 Stata 15.1 软件的输出。

第五节　样本特征的交互分析

一、互联网嵌入与农户生计资本的交互分析

表 4-10 为农户互联网使用与生计资本特征的交互分析。由结果可知，不同生计资本均通过了方差检验和非参数检验。对比未使用互联网的农户可以发现，使用互联网农户的生计资本、物质资本、金融资本、社会资本与人力资本指数均值更高，自然资本指数均值基本一致。

表 4-10　农户互联网使用与生计资本的交互分析

变量	使用互联网		未使用互联网		*F* 值	卡方值
	均值	标准差	均值	标准差		
生计资本	0.091	0.096	0.060	0.077	207.553***	462.961***
自然资本	0.002	0.005	0.002	0.003	8.901***	49.211***
物质资本	0.003	0.004	0.001	0.003	242.490***	635.023***
金融资本	0.029	0.051	0.019	0.042	75.833***	299.351***
社会资本	0.019	0.030	0.016	0.028	17.447***	357.605***
人力资本	0.038	0.060	0.022	0.052	115.663***	823.041***

注：数据来源于 SPSS 23.0 软件的输出。***表示在 1%的统计水平上显著。

二、互联网嵌入与农户生计抉择的交互分析

表 4-11 为 3 类农户互联网嵌入的交互分析。由结果可知，不同互联网嵌

入指标在 3 类农户中具有显著差异。创业主导型农户的各个互联网嵌入指标均明显高于其他两类生计策略，表明创业主导型农户互联网运用得更深入。务工主导型农户运用互联网的情况比务农主导型农户更好。

表 4-11　3 类农户互联网嵌入的交互分析

项目	互联网使用	学习频率	工作频率	社交频率	娱乐频率	嵌入时长	为了学习	为了工作	为了社交	为了娱乐
务农	0.208	1.185	1.081	1.589	1.536	1.929	0.237	0.010	0.612	0.523
务工	0.458	1.565	1.494	2.452	2.343	5.301	0.771	0.628	1.569	1.311
创业	0.663	1.889	1.946	3.153	3.029	9.298	1.265	1.166	2.304	1.951
F 值	289.6***	118.0***	166.1***	271.3***	263.9***	194.8***	138.9***	164.3***	256.9***	228.0***
卡方	534.4***	284.0***	336.9***	510.8***	498.2***	578.5***	291.5***	336.7***	501.7***	478.9***

注：数据来源于 SPSS 23.0 软件的输出。***表示在 1%的统计水平上显著。

三、互联网嵌入与农户收入的交互分析

表 4-12 为农户互联网使用与家庭收入的交互分析。由结果可知，不同的收入均通过了方差检验和非参数检验。对比未使用互联网的农户，使用互联网农户的总收入和人均收入均值更高。

表 4-12　农户互联网使用与家庭收入的交互分析

变量	使用互联网		未使用互联网		*F* 值	卡方值
	均值	标准差	均值	标准差		
农户总收入（万元）	10.992	0.842	10.339	1.099	701.514***	631.091***
农户人均收入（万元）	9.744	0.905	9.162	0.983	617.757***	567.164***

注：数据来源于 SPSS 23.0 软件的输出。***表示在 1%的统计水平上显著。表中各收入均取对数形式。

农户收入的核密度函数如图 4-1 所示。图 4-1 能够更加直观地显示互联网使用对农户收入的影响，使用互联网与未使用互联网的农户存在收入差异，互联网使用与农户总收入及人均收入之间存在正向关系，说明农户使用互联网有助于提高收入水平。后文内容将通过实证分析深入检验互联网使用对农户收入的影响。

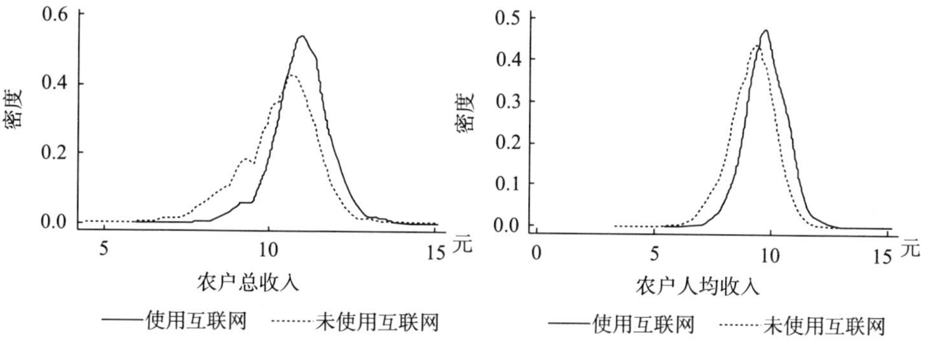

图 4－1　农户收入的核密度函数图

四、生计资本与农户生计抉择的交互分析

表 4－13 为 3 类农户的生计资本分析。由结果可知，生计资本在 3 类农户中具有显著差异。创业主导型农户的总生计资本指数最高，其次是务工主导型农户，务农主导型农户则最低。通过比较不同类型农户的生计资本可知，务农主导型农户的人力资本、社会资本、金融资本与物质资本较低，自然资本较高，因此更难选择非农活动等生计策略；其他两类农户的人力资本、社会资本、金融资本均较高，进而对于其选择务工甚至是创业等生计策略更有优势。

表 4－13　3 类农户生计资本的均值比较

项目	生计资本	人力资本	社会资本	金融资本	物质资本	自然资本
务农	0.053	0.017	0.014	0.018	0.001	0.003
务工	0.078	0.033	0.018	0.024	0.002	0.001
创业	0.099	0.038	0.022	0.033	0.004	0.002
F 值	90.021***	56.951***	21.560***	25.167***	200.126***	89.537***
卡方值	417.195***	815.670***	442.102***	191.804***	676.863***	351.405***

注：数据来源于 SPSS 23.0 软件的输出。***表示在 1%的统计水平上显著。

第六节　本章小结

本章主要介绍了数据来源，并对样本进行了描述性统计分析。首先，对样本数据进行了介绍，采用中国家庭追踪调查的数据，进一步交代了数据来源和数据处理过程。其次，对样本特征、互联网嵌入特征和农户生计特征进行描述性统计分析，主要包括个人特征（农户性别、年龄、受教育水平、健康状况及政治面貌）、家庭特征（家庭规模、家庭人均收入、家庭负担比、土地流出和土地流入）、地区特征、互联网嵌入（互联网使用、互联网嵌入频率、互联网嵌入时长和互联网嵌入目的）、生计特征（农户生计资本、生计抉择和农户收入）。最后，进行核心变量间的交互分析。

第五章

互联网嵌入对农户生计资本影响的实证分析

随着信息技术的快速发展和普及，互联网技术的应用直接影响着人们的生产与生活方式，互联网已经在人类社会、经济及生活中占有重要地位（邱泽奇等，2016）。首先，本章基于信息沟理论与可持续生计理论，参考互联网资本概念构建本部分的分析框架。其次，采用 OLS 和 SUR 分析互联网嵌入对农户生计资本的影响。再次，选取工具变量，采用 2SLS 和确保变量之间在时间上“前因后果”的方法处理内生性问题。最后，通过更换核心解释变量、重新构建被解释变量及更换计量模型等方式对相关结论进行稳健性检验。

第一节　分析框架与研究假设

互联网技术已经成为人们生活中必不可少的组成部分。互联网技术的发展和应用也促使人类社会发生全面的创新和改变。这种创新不仅体现在促进经济增长和改变传统行业模式等宏观层面，对家庭与个体的思想文化和经济活动等微观层面的影响也很巨大（何大安，2018）。多位学者的研究均已表明，信息技术能够明显改善乡村人口的生计状况（Soriano，2007；张莉等，2011；Gabriels，Horn，2014；宁泽逵，2017b；李琴和岳经纶，2021）。基于信息沟理论，互联网作为新传播技术嵌入农户生活与生产中，不仅导致农户之间获取信息的渠道与载体产生差异，还使农户间拥有信息的数量和质量产生极大差异。这种信息上的差异将会导致农户自身资产的改变，换言之，农户自身拥有的资本发生变化。邱泽奇等（2016）通过分析数字鸿沟和数字红利，提出了互联网资本概念，指出农户能够通过互联网技术将自身拥有的资产转化成资本。根据可持续生计理论，农户提升和组合自身拥有的生计资本（自然资本、物质资本、金融资本、社会资本与人力资本），能够为可持续生计策略及生计产出提供保障。因此，本节基于信息沟理论与可持续生计理论，结合互联网资本概念，同时借鉴宁泽逵（2017b）和

Duncombe（2006）的研究成果，将互联网嵌入作为影响农户生计资本存量的重要外生变量。基于此，构建本章的分析框架，如图 5-1 所示。

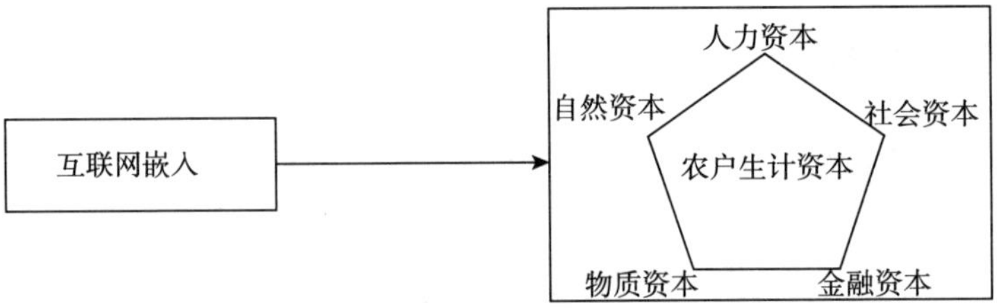

图 5-1 互联网嵌入对农户生计资本影响的分析框架

从理论上看，互联网嵌入能够对农户生计资本产生影响。Wang 等（2001）的研究发现，我国家庭使用电话能够提高其家庭收入，也反映出信息技术服务能够有效促进农村地区经济发展和提高农村家庭的生活水平。以互联网技术为代表的信息技术对于改善贫困地区的经济状况以及提高农户的生计水平起到重要作用（王静和魏晓博，2022；张永丽和李青原，2022；殷俊和刘一伟，2018；Cecchini，Scott，2003）。张莉（2011）研究发现，农村信息化水平提高能够改善农户的生计水平，主要体现为可以提升社会资本、人力资本与金融资本的存量。宁泽逵（2017b）的研究同样发现，家庭信息化水平提高显著提升了农户社会资本、金融资本与物质资本存量，进而改善了农户的生计水平。部分学者也证实了互联网技术能够维持与拓展使用者的社会关系网络（陈培彬和朱朝枝，2022；丁述磊和刘翠花，2022）、提高金融借贷的成功率（华怡婷和石宝峰，2022；殷俊和刘一伟，2018）、促进人力资本的积累（丁述磊和刘翠花，2022；DiMaggio，Hargittai，2001）。个体的媒介使用行为会影响其信息获取的能力，进而影响个体的信息认知，导致其行为的转变（蔡文聪等，2022；华怡婷和石宝峰，2022；王绪龙等，2016）。互联网使用频率越高，越有助于知识与信息的获取。基于上述分析，本章提出研究假设如下。

假设 H_1：互联网使用对农户生计资本具有显著的正向影响。

假设 H_2：互联网嵌入频率、时长、目的对农户生计资本具有显著的正向影响。

本章进一步探究互联网嵌入对农户不同生计资本的影响，因此，提出相应研究问题，即互联网嵌入会对农户自然资本、物质资本、金融资本、社会资本及人力资本产生何种影响。

第二节 农户生计资本的测度

一、农户生计资本评价指标体系构建

本章基于可持续生计理论对农户生计资本进行测度，采用极值熵值法对生

计资本的5类指标进行赋权。根据可持续生计理论，生计资本包括自然资本、物质资本、金融资本、社会资本与人力资本。5类指标的选取主要参考许源源和徐圳（2020）、宁泽逵（2017b）、赵文娟等（2016）、朱建军等（2016）的研究，同时考虑数据的可获得性，共选取19个测量指标构建生计资本评价指标体系，具体结果如表5-1所示。

1. 自然资本

自然资本主要是指农户所拥有的土地、水产品和畜禽资源等。因此，本节选取人均耕地面积、人均土地资产①及农业投入②作为农户自然资本的衡量指标。

2. 物质资本

物质资本主要是指农户所拥有的房产、农用机械设备和非农资产等。因此，本节选取家庭拥有的农用机械价值、耐用消费品价值、非农经营资产、家庭净房产作为物质资本的衡量指标。

3. 金融资本

金融资本主要是指农户用来实现其生计计划及目标的资金来源，如正规借贷和民间借贷等。因此，本节选取是否通过银行贷款、是否通过民间亲友借款、家庭金融净资产作为金融资本的衡量指标。

4. 社会资本

社会资本主要是指农户所拥有的人脉关系网，即用来实现其生计计划及目标的社会资源。因此，本节选取家庭年交通通信支出、经济支持③、人情礼支出、家中是否有人参加组织④作为社会资本的衡量指标。

5. 人力资本

人力资本主要是指劳动者所拥有的知识、技能和身体能力等（孙鹏飞等，2022）。因此，本节选取家庭劳动力人数、劳动力平均受教育水平、家中是否有人参加过非学历教育、家中是否有人参加过技术技能培训⑤、家庭劳动力平均健康状况作为人力资本的衡量指标。

二、基于熵值法的生计资本指标权重测算

本节借鉴任立等（2022）、宁泽逵（2017b）、朱建军等（2016）的研究，

---

① 由于CFPS 2018没有涉及土地面积的相关数据。因此，人均耕地面积是根据CFPS 2012的问题“您家从集体分配到的各类型土地加起来多少亩”来衡量；人均土地资产取自CFPS 2016的数据。

② 种子、化肥、农药、种畜育苗及农业雇工费用总和。

③ 本节将CFPS 2018问卷中“亲戚给的钱”和“其他人给的钱”的总和作为经济支持的衡量指标。

④ 家中是否有人参加组织包括“是不是宗教信仰团体成员”“是不是工会成员”“是不是个体劳动者协会成员”。

⑤ 家中是否有人参加过非学历教育与是否有人参加过技术技能培训取自CFPS 2016的数据。

采用极值熵值法对生计资本的 5 类指标进行赋权。部分研究运用专家打分法和层次分析法对指标权重进行测算，该类方法过于主观。熵值法是客观赋权法，可以避免主观因素所带来的干扰，能够客观地反映指标在其评价体系中的权重（朱喜安和魏国栋，2015）。

在评价体系中，由于各生计资本指标之间存在量纲的差异，所以运用熵值法的第一步需要对原始数据进行无量纲化处理。本章采用极值标准化（朱喜安和魏国栋，2015；袁久和祁春节，2013），原始数据集为 $\{X_{ij}\}_{n\times m}$。其中 X_{ij} 为原始数据的指标数值；$i=1, 2, 3, \cdots, n$；$j=1, 2, 3, \cdots, m$；n 为农户个数；m 为指标个数。测量指标均已调整为正向指标，因此标准化公式为

$$X'_{ij}=\frac{X_{ij}-\min(X_j)}{\max(X_j)-\min(X_j)} \tag{5-1}$$

其中，X'_{ij} 是经过标准化处理的指标数值；min（X_j）为最小值；max（X_j）为最大值。为消除极值标准化后出现的零值对指标取对数的影响（宁泽逵，2017b；袁久和祁春节，2013），对 X'_{ij} 进行坐标平移处理，其公式为 $Z_{ij}=X'_{ij}+A$，A 为平移幅度，其取值需大于 min（X'_{ij}），同时越接近 min（X'_{ij}），评价结果越显著（本章将 A 取值为 0.001）。

第二步，计算出第 j 项指标下第 i 个农户的贡献度 P_{ij}，其公式为

$$P_{ij}=\frac{Z_{ij}}{\sum_{i=1}^{n}Z_{ij}} \tag{5-2}$$

第三步，计算第 j 项指标的熵值 E_j，其公式为

$$E_j=-k\sum_{i=1}^{n}[P_{ij}\times\ln(P_{ij})] \tag{5-3}$$

其中，$k=1/\ln(n)$，进而保证 $0\leqslant E_j\leqslant 1$。进一步定义 $D_j=1-E_j$ 为第 j 项指标的信息效用值，D_j 的数值越大，则说明该指标在综合评价指标体系中越重要。

第四步，计算第 j 项指标的权重 W_j，其公式为

$$W_j=\frac{D_j}{\sum_{j=1}^{m}D_j}=\frac{(1-E_j)}{\sum_{i=1}^{n}(1-E_j)} \tag{5-4}$$

第五步，将极值标准化平移后的数值 Z_{ij} 和各指标的权重系数 W_j 进行加权平均，计算每类生计资本及总的生计资本综合评价指数，其公式为

$$LC=\sum_{i=1}^{n}(W_j\times Z_{ij}) \tag{5-5}$$

表 5-1 为农户生计资本评价指标体系的各指标权重系数，反映出各项指标的重要程度。指标权重系数显示，家中是否有人参加过技术技能培训、家中是否

有人参加过非学历教育、是否通过银行贷款等指标的权重系数较大，分别占到全部指标体系的10.92%、10.30%、10.27%，说明这3个指标在农户生计资本评价指标体系中十分重要。比较农户不同资本类型的权重系数可以发现，金融资本最为重要，之后依次是人力资本、物质资本与社会资本，自然资本相对来说权重较小。因此，提高农户金融资本、人力资本、物质资本和社会资本的存量更有意义。

表5-1　农户生计资本评价指标体系

资本类型	测量指标	指标均值	熵值	指标权重	资本权重
自然资本	人均耕地面积（亩）	2.291	0.889 7	0.044 2	0.138 2
	人均土地资产（元）	9 055.864	0.920 1	0.032 1	
	农业投入（元）	6 156.779	0.845 5	0.062 0	
物质资本	农用机械价值（元）	2 862.596	0.829 8	0.068 2	0.191 0
	耐用消费品价值（元）	34 326.290	0.876 3	0.049 6	
	非农经营资产（元）	20 657.18	0.914 6	0.038 9	
	家庭净房产（元）	347 604.6	0.903 1	0.034 3	
金融资本	是否通过银行贷款	0.097	0.743 9	0.102 7	0.240 9
	是否通过民间亲友借款	0.148	0.789 0	0.084 6	
	家庭金融净资产（元）	34 955.317	0.866 3	0.053 6	
社会资本	家庭年交通通信支出（元）	4 680.743	0.942 3	0.023 1	0.189 5
	经济支持（元）	643.630	0.933 9	0.069 9	
	人情礼支出（元）	3 915.290	0.825 7	0.026 5	
	家中是否有人参加组织	0.208	0.825 6	0.069 9	
人力资本	家庭劳动力人数（人）	1.973	0.727 7	0.011 0	0.240 5
	劳动力平均受教育水平（年）	6.586	0.743 2	0.009 8	
	家中是否有人参加过非学历教育	0.096	0.972 5	0.103 0	
	家中是否有人参加过技术技能培训	0.083	0.975 7	0.109 2	
	劳动力平均健康状况	2.909	0.981 2	0.007 5	

注：数据来源于作者对CFPS 2018数据的筛选和计算。1亩约等于0.067公顷。测量指标中的是否二元选项，否=0，是=1；劳动力平均健康状况为分类变量，不健康=1，一般=2，比较健康=3，很健康=4，非常健康=5；其他测量指标取实际值。根据熵值法中，熵值的可加性，5类不同的生计资本的权重计算，可根据下层结构的熵值确定其权重系数（袁久和和祁春节，2013）。

为了检验熵值法对农户生计资本指标客观赋权的稳健性与合理性，本章通过中国知网进行搜索，梳理了关于生计资本权重系数的多篇文献（任立等，2022；章文光等，2022；周丽等，2020；王振振和王立剑，2019；谢先雄等，2019；涂丽，2018；宁泽逵，2017b；李鑫等，2015；赵文娟等，2015；王沛沛和许佳君，2013；赵雪雁，2011；苏芳等，2009），不同类型生计资本权重系数比较如表 5－2 所示。

表 5－2　不同类型生计资本权重系数比较

调研年份	自然资本	物质资本	金融资本	社会资本	人力资本	农户特征及所在区域
2008	0.158 8	0.136 9	0.173 3	0.255 9	0.321 8	农牧民、甘南高原
2010	0.095 8	0.268 4	0.176 4	0.206 7	0.257 7	水库移民、浙江省温州市
2013	0.143 8	0.243 6	0.236 5	0.131 7	0.244 4	农户、陕南金丝峡
2015	0.298	0.208	0.224	0.060	0.210	农户、云南省新平县
2015	0.062	0.146	0.229	0.250	0.314	农民工、河南省
2015	0.043 3	0.026 5	0.326 5	0.379 4	0.224 3	农户、陕西省长武县
2016	0.191 3	0.172 0	0.180 2	0.120 4	0.336 2	贫困农户、陕西省 70 个县
2016	0.11	0.22	0.27	0.07	0.33	农户、全国样本
2017	0.141 4	0.207 7	0.211 8	0.207 1	0.232 0	牧民、内蒙古自治区四子王旗
2018	0.138 2	0.191 0	0.240 9	0.189 5	0.240 5	农户、全国样本

注：不同文献对指标保留小数点取值不同；最后一行为本章测算出的权重系数，摘自表 5－1。

表 5－2 为不同类型生计资本权重系数的比较。由表 5－2 可知，各生计资本的权重系数随时间的变化较为稳健，本节获取权重系数与其他研究所得权重有一定的差异，造成差异的可能原因是样本与赋权方法不同。本节采用的是全国范围内的样本数据，所得到的权重系数中金融资本、人力资本、物质资本和社会资本的系数较大，符合现有文献所得出的结果。由此可知，农户依靠着自身的条件与丰富的社会网络去抉择不同的生计类型，通过资金资源去实现生计目标，因此，人力资本、金融资本、物质资本和社会资本对农户的可持续生计发展尤为重要。

第三节　变量选取与模型设定

本章通过建立计量模型验证互联网嵌入对农户生计资本的影响。本部分数据主要来自 CFPS 2018 年的调查，CFPS 2018 样本覆盖 31 个省（自治区、直辖市）的农村和城市，个人层面样本量为 32 669 个，家庭层面样本量为 14 241 户。根据本节的研究需要，筛选出有效样本 6 887 户①。

一、变量选取

1. 被解释变量

如表 5－3 所示，被解释变量是农户生计资本。前述内容中已运用极值熵

① 样本选择过程已在第四章论述。

值法对农户生计资本进行测度，获得 5 类生计资本指数与综合生计资本指数，包括自然资本、物质资本、金融资本、社会资本和人力资本。由于测度出的生计资本的数值较小，对其取自然对数代入回归模型中。

2. 解释变量

如表 5-3 所示，本节的核心解释变量是互联网嵌入，包括互联网使用、互联网嵌入频率、互联网嵌入时长与互联网嵌入目的。其中，互联网使用通过 CFPS 2018 问卷中“是否使用移动设备，如手机、平板或使用计算机上网”进行测量，选项为二分变量“是＝1，否＝0”。互联网嵌入频率通过 CFPS 2018 问卷中“一般情况下使用互联网的频率，包括互联网学习的频率、互联网工作的频率、互联网社交的频率、互联网娱乐的频率”进行测量，其选项为“从不、几个月 1 次、一月 1 次、一月 2～3 次、一周 1～2 次、一周 3～4 次、几乎每天”，将其设定为五级李克特量表，“几乎每天”为“非常频繁”赋值 5，“一周 1～2 次、一周 3～4 次”为“经常”赋值 4，“一月 2～3 次、一月 1 次”为“有时”赋值 3，“几个月 1 次”为“很少”赋值 2，“从不”赋值 1。通过因子分析法将 5 类互联网嵌入频率降维，提取公因子。互联网嵌入时长通过 CFPS 2018 问卷中“每周业余时间里有多少小时用于上网”进行测量，所得数据除以 7，以估算平均每天上网时长。互联网嵌入目的通过 CFPS 2018 问卷中“使用互联网时，学习、工作、社交、娱乐对您有多重要”进行测量，选项 1～5 表示由非常不重要到非常重要，重要的程度逐渐增强。由表 5-3 的结果可知，互联网在农村地区的普及率还是较低，使用互联网的农户数量较少，农户使用互联网更偏向于社交与娱乐，互联网学习和工作的作用没有受到重视。具体的变量描述与赋值如表 5-3 所示。

为更好了解农户互联网嵌入目的与嵌入频率的状况，以及探讨 4 类互联网嵌入频率与嵌入目的存在的相关关系问题，本章进行互联网嵌入频率与目的指标的探索性因子分析。

首先，进行互联网嵌入频率的因子分析，应用 SPSS 23.0 软件得出的 KMO 值为 0.706，Bartlett 球形检验的卡方值为 13 980.219（$P<0.001$），表明可以采用因子分析法。经过正交化旋转，提取出两个公因子：第一个包括“互联网学习频率”“互联网工作频率”，旋转后的因子载荷分别为 0.818 和 0.891，根据此类互联网使用特征，可以将其称为“互联网工作学习频率因子”；第二个包括“互联网社交频率”“互联网娱乐频率”，旋转后的因子载荷分别为 0.872 和 0.860，可以将其称为“互联网社交娱乐频率因子”。

其次，进行互联网嵌入目的的因子分析，应用 SPSS 23.0 软件得出的 KMO 值为 0.722，Bartlett 球形检验的卡方值为 12 557.116（$P<0.001$），表明可以采用因子分析法。经过正交化旋转，提取出两个公因子：第一个包括

“上网为了学习”“上网为了工作”，旋转后的因子载荷分别为 0.821 和 0.898，可以将其称为“互联网工作学习目的”；第二个包括“上网为了社交”“上网为了娱乐”，旋转后的因子载荷分别为 0.857 和 0.923，可以将其称为“互联网社交娱乐目的”。

3. 控制变量

如表 5－3 所示，本节在分析过程中还加入了个人特征、家庭特征、区域特征等控制变量，本节与现有文献对控制变量的选取基本一致（张景娜和张雪凯，2020；赵羚雅和向运华，2019；杨柠泽等，2018；宁泽逵，2017b）。个人特征变量主要包括户主的性别、年龄、年龄平方、受教育水平、健康状况、政治面貌；家庭特征变量主要包括家庭规模、家庭人均收入和家庭负担比；区域特征变量为农户所在（省级）地区。其中，性别是指农户户主的性别（男性＝1，女性＝0），年龄是指农户户主的年龄（岁），受教育水平是指农户户主的受教育程度（上了几年学），健康状况是指农户户主的自评健康水平（不健康＝1、一般＝2、比较健康＝3、很健康＝4、非常健康＝5），政治面貌是指农户户主的政治身份（党员＝1，非党员＝0），家庭规模是指农户实际家庭人口数（人），家庭人均收入是指农户家庭成员的平均收入取自然对数，家庭负担比是指 16 岁以下与 65 岁以上的人口占家庭总人口的比重，所在地区是指农户家庭所在的省份[①]（东部地区＝1、中部地区＝2、西部地区＝3）。具体的变量描述与赋值如表 5－3 所示。

表 5－3　变量赋值及描述性统计分析

变量名称	代码	变量描述与赋值	均值	标准差	最小值	最大值
生计资本						
自然资本	Ln*NC*	通过熵值法测算得出	0.002	0.004	0	0.106
物质资本	Ln*PC*		0.002	0.004	0	0.075
金融资本	Ln*FC*		0.023	0.046	0	0.189
社会资本	Ln*SC*		0.017	0.029	0	0.113
人力资本	Ln*HC*		0.029	0.060	0	0.231
生计资本	Ln*LC*		0.073	0.086	0.001	0.505
互联网嵌入						
互联网使用	*InternetU*	是否使用互联网（是＝1；否＝0）	0.404	0.491	0	1

① 东部地区包括北京、天津、河北、上海、江苏、浙江、辽宁、福建、山东、广东、海南 11 个省份；中部地区包括吉林、黑龙江、山西、安徽、江西、河南、湖北、湖南 8 个省份；西部地区包括内蒙古、广西、重庆、四川、贵州、云南、陕西、甘肃、青海、新疆 10 个省份。

（续）

变量名称	代码	变量描述与赋值	均值	标准差	最小值	最大值
互联网学习频率	*InternetLF*	一般情况下使用互联网频率（从不=1；很少=2；有时=3；经常=4；非常频繁=5）	1.484	1.152	1	5
互联年工作频率	*InternetWF*		1.414	1.146	1	5
互联网社交频率	*InternetSF*		2.264	1.742	1	5
互联年娱乐频率	*InternetPF*		2.169	1.669	1	5
工作学习频率因子	*FactorWLF*	根据因子得分计算得出	0	1	−1.119	4.255
社交娱乐频率因子	*FactorSPF*		0	1	−2.067	2.114
互联网嵌入时长	*Duration*	每天有多少小时用于上网	0.667	1.275	0	17.143
上网为了学习	*OnlineFL*	使用互联网时，学习、工作、社交、娱乐对您有多重要（非常不重要=1；不重要=2；一般=3；重要=4；非常重要=5）	1.489	1.181	1	5
上网为了工作	*OnlineFW*		1.397	1.124	1	5
上网为了社交	*OnlineFS*		1.997	1.522	1	5
上网为了娱乐	*OnlineFP*		1.791	1.309	1	5
工作学习目的因子	*FactorFWL*	根据因子得分计算得出	0	1	−1.363	4.172
社交娱乐目的因子	*FactorFSP*		0	1	−2.006	2.896
个人特征						
性别	*Gender*	性别（男性=1；女性=0）	0.547	0.497	0	1
年龄	*Age*	农户户主年龄（岁）	51.756	14.236	16	93
年龄平方	*Age*^2	户主年龄的平方	2 881.427	1 464.762	256	864 9
受教育水平	*Education*	农户户主受教育程度（年）	6.463	4.465	0	19
健康状况	*Health*	您觉得目前的身体健康状况如何（不健康=1；一般=2；比较健康=3；很健康=4；非常健康=5）	2.823	1.259	1	5
政治面貌	*Politics*	您目前的政治面貌（党员=1；非党员=0）	0.087	0.282	0	1

（续）

变量名称	代码	变量描述与赋值	均值	标准差	最小值	最大值
家庭特征						
家庭规模	*Scale*	家庭共有多少成员（人）	4.104	1.922	1	19
家庭人均收入	*Fpci*	人均收入多少元，取自然对数值	9.397	0.994	3.332	15.009
家庭负担比	*Burden*	家庭中16岁以下与65岁以上人口占比	0.289	0.297	0	1
区域特征						
所在地区	*Region*	您所在的地区（东部＝1；中部＝2；西部＝3）	1.903	0.843	1	3
工具变量						
互联网普及率	*Ipr*	受访农户所在省份互联网普及率	0.553	0.092	0.43	0.78

注：数据来源于作者对CFPS 2018数据的筛选和计算。

4. 工具变量

参考以往学者的研究（Yang et al.，2022；杨柠泽等，2018；马俊龙和宁光杰，2017），本章选取工具变量“互联网普及率”[①]。因为一方面一个省份的互联网普及率提高，表明使用互联网的人增多，会产生同伴效应（马俊龙和宁光杰，2017），进而影响农户使用互联网，满足工具变量的相关性。另一方面，（省级）互联网普及率对于农户生计资本的影响甚微。此外，互联网普及率为省级层面宏观数据，而农户生计资本属于微观数据，两者之间不存在联立性问题。

二、模型设定

本章的被解释变量为农户生计资本，其中包括综合生计资本、自然资本、物质资本、金融资本、社会资本与人力资本。

首先，考察互联网嵌入对综合生计资本的影响，由于综合生计资本指数为连续变量，设定农户生计资本的回归方程为

$$\mathrm{Ln}LC_i = \alpha + \beta Internet_i + \gamma X_i + \varepsilon_i \tag{5-6}$$

其中，被解释变量 $\mathrm{Ln}LC_i$ 代表农户综合生计资本的对数形式[②]，衡量农户

① 数据来源：https://www.wangsu.com/report。

② 由于通过熵值法计算出的农户生计资本指数量级小，并且是有偏分布，所以本节纳入回归模型中的生计资本指数为其对数形式，以提高估计值的稳健性。

的生计水平；下标 i 代表农户；核心解释变量 $Internet_i$ 为互联网嵌入；同时，加入其他控制变量 X_i，包括户主个人特征（年龄、性别、受教育水平、政治面貌等变量）、家庭特征（家庭规模、家庭人均收入和家庭负担比等变量）及区域特征。

其次，由于被解释变量农户生计资本包含了5类资本（自然资本、物质资本、金融资本、社会资本与人力资本），所以需要建立5个回归方程考察互联网嵌入对不同生计资本的影响，回归方程为

$$\text{Ln}NC_i = \alpha_0 + \alpha_1 Internet_i + \alpha_2 X_i + u_i \tag{5-7}$$

$$\text{Ln}PC_i = \beta_0 + \beta_1 Internet_i + \beta_2 X_i + v_i \tag{5-8}$$

$$\text{Ln}FC_i = \omega_0 + \omega_1 Internet_i + \omega_2 X_i + \kappa_i \tag{5-9}$$

$$\text{Ln}SC_i = \lambda_0 + \lambda_1 Internet_i + \lambda_2 X_i + \mu_i \tag{5-10}$$

$$\text{Ln}HC_i = \theta_0 + \theta_1 Internet_i + \theta_2 X_i + \eta_i \tag{5-11}$$

式（5-7）至式（5-11）的被解释变量分别为自然资本（$\text{Ln}NC_i$）、物质资本（$\text{Ln}PC_i$）、金融资本（$\text{Ln}FC_i$）、社会资本（$\text{Ln}SC_i$）与人力资本（$\text{Ln}HC_i$）。核心解释变量为互联网嵌入（$Internet_i$）。同时加入控制变量 X_i，包括个人特征变量、家庭特征变量及区域特征变量。α_0、β_0、ω_0、λ_0、θ_0 为常数项，u_i、v_i、κ_i、μ_i、η_i 为误差项。下标 i 代表农户。

同一农户的不可观测因素会对各生计资本造成影响，进而导致不同回归方程的扰动项之间存在一定的相关性，采用单方程的OLS回归难以解决此类问题，根据陈强（2014）、Zellner（1962）的研究，扰动项相关性越大，广义最小二乘法（Generalized Least Square，GLS）所带来的效率改进就越大，在现实中协方差是未知的，因此需要对样本数据进行一致估计，然后运用可行广义最小二乘法（Feasible Generalized Least Square，FGLS）得出的估计量就是SUR的估计量。本节为系统地减少各回归方程间扰动项所带来的估计结果的偏差，采用SUR对上述5个生计资本回归方程同时进行联合估计，进而提高估计结果的效率。

第四节 实证结果与分析

一、互联网嵌入对农户生计资本的影响

本节运用Stata 15.1统计软件，对样本数据进行OLS回归分析，表5-4为互联网嵌入对农户生计资本影响的估计结果。为了更准确和更全面地分析农户生计资本影响因素的差异，本节将互联网嵌入与控制变量逐步加入模型中，第（1）、（3）、（5）、（7）列仅分别加入了互联网使用、互联网嵌入频率、互联网嵌入时长和互联网嵌入目的；第（2）、（4）、（6）、（8）列同时加入了互联网

嵌入与控制变量。对比回归系数可以发现，加入控制变量后的系数大幅度减小，显著性水平也有所改变，说明加入控制变量后的结果更趋于真实。具体分析如下。

第一，分析互联网使用对农户生计资本的影响。表 5-4 中第（2）列的结果显示，互联网使用对农户生计资本具有正向影响，回归系数为 0.163，并且在 1%的统计水平上显著，说明农户使用互联网能够提升约 17.70%［exp（0.163）－1］的生计资本存量。可能的解释是，农户长期以来面临着信息贫困、信息缺乏及信息不对称等问题，由于互联网技术具有信息涵盖广、信息传递便捷及实时获取信息等特点，农户能够通过使用互联网获取所需要的生计信息，进而提升其生计资本的存量。

第二，分析互联网嵌入频率对农户生计资本的影响。表 5-4 中第（4）列的结果显示，互联网工作学习频率与互联网社交娱乐频率对农户生计资本具有正向影响，并且在 1%的统计水平上显著。对比系数大小（0.096＞0.070）可知，互联网工作学习频率的影响大于互联网社交娱乐频率。可能的解释是，农户使用互联网进行学习、工作的频率越高，越能够获取更多的知识、提高工作效率，进而促进农户提升其综合生计资本存量。

第三，分析互联网嵌入时长对农户生计资本的影响。表 5-4 中第（6）列的结果显示，互联网嵌入时长对农户生计资本具有正向影响，并且在 1%的统计水平上显著，但其平方项为负，说明生计资本存量随着互联网嵌入时长的增加呈现倒 U 形变化趋势。当互联网嵌入时长小于某一特定值时，互联网嵌入会促进生计资本存量的提升；而当互联网嵌入时长大于某一特定值时，互联网嵌入会抑制生计资本存量的提升。根据一次项和平方项的系数可算出这个特定值为 4.785（h/d），然而互联网嵌入时长的均值小于该特定值，这表明互联网嵌入时长对农户生计资本存量起到促进作用。可能的解释是，从目前情况来看，农户整体互联网嵌入时长较低，多数农户还需加强对互联网的运用，农户合理安排时间运用互联网去获取知识和辅助工作可以改善生计情况。由互联网嵌入时长的最大值可知，少数农户过度运用互联网，因进行娱乐活动（如网络游戏和看电影等）浪费了时间，没有对其生产生活起到正面作用，因此会抑制生计资本存量的增长。

表 5-4　农户生计资本影响因素 OLS 回归结果

自变量	（1）	（2）	（3）	（4）	（5）	（6）	（7）	（8）
InternetU	0.560*** （0.030）	0.163*** （0.035）						

（续）

自变量	(1)	(2)	(3)	(4)	(5)	(6)	(7)	(8)
FactorWLF			0.179*** (0.014)	0.096*** (0.015)				
FactorSPF			0.223*** (0.014)	0.070*** (0.017)				
Duration					0.290*** (0.023)	0.067*** (0.020)		
Duration^2					−0.028*** (0.004)	−0.007*** (0.002)		
FactorFWL							0.189*** (0.013)	0.098*** (0.014)
FactorFSP							0.203*** (0.014)	0.064*** (0.016)
Gender		−0.010 (0.029)		−0.019 (0.029)		−0.009 (0.028)		−0.014 (0.028)
Age		0.047*** (0.007)		0.052*** (0.006)		0.046*** (0.006)		0.052*** (0.006)
Age^2		−0.001*** (0.000)		−0.000*** (0.000)		−0.001*** (0.000)		−0.000*** (0.000)
Education		0.030*** (0.004)		0.026*** (0.003)		0.030*** (0.003)		0.026*** (0.003)
Health		0.032*** (0.011)		0.032*** (0.011)		0.031*** (0.011)		0.031*** (0.011)
Politics		0.102** (0.051)		0.085* (0.051)		0.110** (0.050)		0.083* (0.050)
Scale		0.141*** (0.008)		0.142*** (0.007)		0.141*** (0.007)		0.141*** (0.007)
Fpci		0.213*** (0.016)		0.198*** (0.016)		0.217*** (0.016)		0.207*** (0.016)
Burden		−0.354*** (0.058)		−0.369*** (0.058)		−0.347*** (0.057)		−0.354*** (0.057)
Region		0.087*** (0.017)		0.092*** (0.017)		0.088*** (0.017)		0.088*** (0.017)

（续）

自变量	(1)	(2)	(3)	(4)	(5)	(6)	(7)	(8)
Constant	−3.574*** (0.020)	−7.272*** (0.245)	−3.310*** (0.015)	−7.162*** (0.247)	−3.482*** (0.018)	−7.229*** (0.246)	−3.347*** (0.014)	−7.277*** (0.245)
R^2	0.047 8	0.184 5	0.051 0	0.183 5	0.030 2	0.183 1	0.048 8	0.187 5
样本量	6 887	6 887	6 887	6 887	6 887	6 887	6 887	6 887

注：数据来源于 Stata 15.1 软件的输出。***、**、*分别表示在1%、5%、10%的统计水平上显著，括号中的数值为回归变量的稳健标准误。

第四，分析互联网嵌入目的对农户生计资本的影响。表5-4中第（8）列的结果显示，互联网工作学习目的与互联网社交娱乐目的对农户生计资本具有正向影响，并且在1%的统计水平上显著。进一步对比系数（0.098>0.064）可以发现，互联网工作学习目的的影响大于互联网社交娱乐目的。可能的解释是，以学习和工作为目的的农户能够获取更多的知识储备，并提高工作效率，进而提升了生计资本存量；而以娱乐为目的的农户没有很好地利用互联网的优势，过度娱乐会玩物丧志，对生计资本产生的提升作用较小。

第五，表5-4还给出了控制变量对农户生计资本的影响。表5-4中第（1）至（8）列的估计结果显示，只考虑互联网嵌入指标，不考虑控制变量会放大互联网嵌入对农户生计资本的影响，因此在分析互联网嵌入对农户生计资本的影响过程中需要考虑户主个人特征及农户家庭特征等相关控制变量。由表5-4的各列估计结果可知，在户主个人特征中，年龄、受教育水平、健康状况以及政治面貌对农户生计资本具有显著的正向影响；在农户家庭特征中，家庭规模和家庭人均收入对生计资本具有显著的正向影响，家庭负担比对农户生计资本具有显著的负向影响。本节主要分析互联网嵌入对农户生计资本的影响，尽管模型中其他控制变量对农户生计资本的影响各不相同，但它们并不是本节的讨论重点，因此不再赘述其他控制变量的结果。

二、互联网嵌入对农户不同类型生计资本的似不相关回归分析

前文已运用OLS回归分析了农户生计资本的综合指数，本节将生计资本分为人力资本、金融资本、社会资本、物质资本及自然资本，并将它们作为被解释变量代入模型进行分析，运用 Stata 15.1 统计软件，采用 SUR 对样本数据进行实证分析。首先采用 BP 独立检验，其各方程扰动项之间“无同期相关”的检验 P 值均为 0.000 0，故可以在1%的统计水平上强烈拒绝原假设“各方程的扰动项无同期相关”。因此，采用SUR进行系统估计比OLS回归更有效率。本节重点关注的是互联网嵌入对农户不同生计资本的影响，具体结果如表5-5和表5-6所示。

表 5-5 互联网使用与互联网嵌入频率对农户不同类型生计资本影响因素的 SUR 回归结果

自变量	LnHC		LnFC		LnSC		LnPC		LnNC	
	(1)	(2)	(3)	(4)	(5)	(6)	(7)	(8)	(9)	(10)
InternetU	0.193*** (0.032)		0.331*** (0.070)		0.248*** (0.050)		0.244*** (0.028)		−0.098*** (0.034)	
FactorWLF		0.132*** (0.013)		0.075** (0.030)		0.140*** (0.021)		0.096*** (0.012)		−0.063*** (0.014)
FactorSPF		0.083*** (0.015)		0.172*** (0.034)		0.111*** (0.024)		0.125*** (0.013)		−0.055*** (0.016)
Gender	0.063** (0.025)	0.046* (0.025)	0.222*** (0.056)	0.222*** (0.056)	−0.069* (0.040)	−0.080** (0.040)	−0.002 (0.023)	−0.007 (0.022)	0.218*** (0.027)	0.222*** (0.027)
Age	0.033*** (0.005)	0.043*** (0.005)	0.024* (0.012)	0.031** (0.013)	0.040*** (0.009)	0.049*** (0.009)	0.022*** (0.005)	0.029*** (0.005)	0.080*** (0.006)	0.076*** (0.006)
Age^2	−0.000*** (0.000)	−0.000*** (0.000)	−0.000*** (0.000)	−0.000*** (0.000)	−0.000*** (0.000)	−0.000*** (0.000)	−0.000*** (0.000)	−0.000*** (0.000)	−0.000*** (0.000)	−0.000*** (0.000)
Education			−0.027*** (0.007)	−0.029*** (0.007)	0.012** (0.005)	0.008 (0.005)	0.016*** (0.002)	0.013*** (0.002)	−0.013*** (0.003)	−0.010*** (0.003)
Health			−0.162*** (0.022)	−0.162*** (0.022)	−0.013 (0.015)	−0.013 (0.015)	0.012 (0.009)	0.012 (0.008)	0.027** (0.010)	0.026** (0.010)

（续）

自变量	Ln*HC*		Ln*FC*		Ln*SC*		Ln*PC*		Ln*NC*	
	(1)	(2)	(3)	(4)	(5)	(6)	(7)	(8)	(9)	(10)
Politics	0.333*** (0.045)	0.295*** (0.045)	−0.025 (0.099)	−0.031 (0.099)	0.130* (0.070)	0.102 (0.070)	0.061 (0.040)	0.045 (0.040)	−0.004 (0.048)	0.008 (0.048)
Scale	0.105*** (0.006)	0.106*** (0.006)	0.142*** (0.014)	0.143*** (0.014)	0.191*** (0.010)	0.192*** (0.010)	0.163*** (0.005)	0.164*** (0.005)	0.024*** (0.006)	0.023*** (0.006 9)
Fpci	0.217*** (0.013)	0.203*** (0.013)	0.215*** (0.030)	0.208*** (0.030)	0.420*** (0.021)	0.409*** (0.021)	0.426*** (0.012)	0.417*** (0.012)	−0.050*** (0.014)	−0.044*** (0.014)
Burden	−0.541*** (0.051)	−0.542*** (0.051)	−0.092 (0.111)	−0.096 (0.111)	−0.086 (0.078)	−0.089 (0.078)	0.114** (0.045)	0.110** (0.045)	−0.180*** (0.053)	−0.176*** (0.053)
Region	−0.040*** (0.015)	−0.034** (0.015)	0.174*** (0.033)	0.174*** (0.033)	0.005 (0.023)	0.007 (0.023)	−0.027** (0.013)	−0.026* (0.013)	0.273*** (0.016)	0.273*** (0.016)
Constant	−7.333*** (0.214)	−7.392*** (0.212)	−8.932*** (0.471)	−8.914*** (0.470)	−11.390*** (0.333)	−11.420*** (0.332)	−12.170*** (0.191)	−12.180*** (0.190)	−9.182*** (0.228)	−9.155*** (0.228)
R^2	0.210 3	0.217 9	0.072 6	0.073 1	0.124 9	0.127 9	0.313 3	0.317 0	0.112 7	0.114 7
样本量	6 887	6 887	6 887	6 887	6 887	6 887	6 887	6 887	6 887	6 887

注：数据来源于 Stata 15.1 软件的输出。人力资本回归模型中不包括受教育水平与健康状况变量。***、**、* 分别表示在 1%、5%、10%的统计水平上显著，括号中的数值为回归变量的标准误。

表 5-6　互联网嵌入时长与目的对农户不同类型生计资本影响因素的 SUR 回归结果

自变量	Ln*HC*		Ln*FC*		Ln*SC*		Ln*PC*		Ln*NC*	
	(1)	(2)	(3)	(4)	(5)	(6)	(7)	(8)	(9)	(10)
Duration	0.093*** (0.020)		0.171*** (0.044)		0.103*** (0.031)		0.157*** (0.018)		−0.059*** (0.021)	
Duration^2	−0.009*** (0.002)		−0.018*** (0.006)		−0.009** (0.004)		−0.013*** (0.002)		0.006** (0.002)	
FactorFWL		0.130*** (0.013)		0.093*** (0.030)		0.131*** (0.021)		0.096*** (0.012)		−0.050*** (0.014)
FactorFSP		0.081*** (0.014)		0.136*** (0.032)		0.098*** (0.023)		0.125*** (0.013)		−0.032** (0.015)
Gender	0.066*** (0.025)	0.050** (0.025)	0.226*** (0.056)	0.222*** (0.056)	−0.067* (0.040)	−0.075* (0.040)	0.000 (0.022)	−0.003 (0.022)	0.217*** (0.027)	0.220*** (0.027)
Age	0.034*** (0.005)	0.042*** (0.005)	0.025** (0.013)	0.031** (0.013)	0.041*** (0.009)	0.048*** (0.009)	0.027*** (0.005)	0.030*** (0.005)	0.079*** (0.006)	0.078*** (0.006)
Age^2	−0.000*** (0.000)	−0.000*** (0.000)	−0.000*** (0.000)	−0.000*** (0.000)	−0.000*** (0.000)	−0.000*** (0.000)	−0.000*** (0.000)	−0.000*** (0.000)	−0.000*** (0.000)	−0.000*** (0.000)
Education			−0.026*** (0.007)	−0.029*** (0.007)	0.013*** (0.005)	0.009* (0.005)	0.016*** (0.002)	0.013*** (0.002)	−0.013*** (0.003)	−0.011*** (0.003)
Health			−0.163*** (0.022)	−0.163*** (0.022)	−0.014 (0.015)	−0.014 (0.015)	0.012 (0.009)	0.011 (0.008)	0.027** (0.010)	0.027** (0.010)

（续）

自变量	LnHC		LnFC		LnSC		LnPC		LnNC	
	(1)	(2)	(3)	(4)	(5)	(6)	(7)	(8)	(9)	(10)
Politics	0.345*** (0.045)	0.297*** (0.045)	−0.0076 (0.099)	−0.033 (0.099)	0.144** (0.070)	0.106 (0.070)	0.075* (0.040)	0.048 (0.040)	−0.009 (0.047)	0.004 (0.048)
Scale	0.105*** (0.006)	0.106*** (0.006)	0.142*** (0.014)	0.143*** (0.014)	0.191*** (0.010)	0.192*** (0.010)	0.163*** (0.005)	0.163*** (0.005)	0.024*** (0.006)	0.024*** (0.006)
Fpci	0.221*** (0.013)	0.204*** (0.013)	0.220*** (0.030)	0.211*** (0.030)	0.425*** (0.021)	0.412*** (0.021)	0.425*** (0.012)	0.418*** (0.012)	−0.051*** (0.014)	−0.048*** (0.014)
Burden	−0.535*** (0.051)	−0.541*** (0.051)	−0.082 (0.111)	−0.086 (0.111)	−0.076 (0.078)	−0.085 (0.078)	0.118*** (0.045)	0.114** (0.045)	−0.182*** (0.053)	−0.181*** (0.053)
Region	−0.039** (0.015)	−0.034** (0.015)	0.176*** (0.033)	0.177*** (0.033)	0.0072 (0.023)	0.008 (0.023)	−0.024* (0.013)	−0.025* (0.013)	0.272*** (0.016)	0.272*** (0.016)
Constant	−7.307*** (0.215)	−7.386*** (0.212)	−8.907*** (0.475)	−8.897*** (0.471)	−11.350*** (0.336)	−11.400*** (0.332)	−12.250*** (0.192)	−12.190*** (0.190)	−9.174*** (0.230)	−9.191*** (0.228)
R^2	0.208 6	0.217 8	0.071 6	0.072 5	0.123 3	0.127 2	0.314 4	0.317 7	0.112 6	0.113 4
样本量	6 887	6 887	6 887	6 887	6 887	6 887	6 887	6 887	6 887	6 887

注：数据来源于 Stata 15.1 软件的输出。人力资本回归模型中不包括受教育水平与健康状况变量。***、**、* 分别表示在 1%、5%、10%的统计水平上显著，括号中的数值为回归变量的标准误。

第一，分析互联网嵌入对农户人力资本的影响。表 5 - 5 中第（1）、（2）列与表 5 - 6 中第（1）、（2）列分别给出了互联网使用、互联网嵌入频率、互联网嵌入时长与互联网嵌入目的对农户人力资本影响的估计结果。由模型的估计结果可以得出，互联网使用对农户人力资本具有正向影响，并且在1%的统计水平上显著。进一步看，互联网工作学习频率与互联网社交娱乐频率对农户人力资本具有显著的正向影响，其中互联网工作学习频率的系数（0.132）大于互联网社交娱乐频率的系数（0.083），表明互联网工作学习频率对人力资本的影响更大。互联网嵌入时长对农户人力资本具有正向影响，并且在 1%的统计水平上显著，其平方项符号为负，表明互联网嵌入时长与人力资本呈显著倒 U 形关系。互联网工作学习目的和互联网社交娱乐目的对农户人力资本均具有显著的正向影响，由系数对比（0.130＞0.081）可知，互联网工作学习目的的影响更大。以上结果表明，农户使用互联网能够促进其人力资本存量的提升，并且通过互联网进行学习、工作会显著提高农户人力资本存量。可能的解释是，农户使用互联网更容易学习到新知识、新技能，增加了农户非学历教育和培训机会。现在是数字化时代，农户通过互联网技术能够将传统的人力资本提升到数字人力资本阶段，互联网作为信息技术工具能够有效地将农户的能力进行转化与提升。互联网中的健康信息也能够对农户健康行为模式进行影响，提升农户整体的健康水平。农户使用互联网，在一定程度上会强化互联网技术为农户人力资本存量所带来的边际效应。

第二，分析互联网嵌入对农户金融资本的影响。表 5 - 5 中第（3）、（4）列与表 5 - 6 中第（3）、（4）列分别给出了互联网使用、互联网嵌入频率、互联网嵌入时长与互联网嵌入目的对农户金融资本影响的估计结果。由模型的估计结果可以得出，互联网使用对农户金融资本具有正向影响，并且在1%的统计水平上显著。进一步看，互联网工作学习频率与互联网社交娱乐频率均对农户金融资本具有显著的正向影响，通过系数对比（0.075＜0.172）可以得出，互联网社交娱乐频率的影响更大。互联网嵌入时长对农户人力资本具有正向影响，并且在 1%统计水平上显著，其平方项符号为负，表明互联网嵌入时长与金融资本呈显著倒 U 形关系。互联网工作学习目的与互联网社交娱乐目的对农户金融资本具有显著的正向影响，由系数对比（0.093＜0.136）可知，社交娱乐目的的影响更大。以上结果表明，农户使用互联网能够改善其金融资本情况，也就是说增加了农户借贷机会，提高了农户借贷的成功率。可能的解释是，互联网金融提供了各式各样的贷款途径，农户使用互联网可以接触更多的信贷资源，农户也可通过互联网获取关于正规贷款的信息，提高其贷款的效率。互联网嵌入频率越高越有机会接触信贷资源。农户通过互联网进行社交娱乐的频率越高，使用微信、支付宝等App的频率相对越高，转账变得快捷。传统的民间借贷还需去银行提现，现在亲朋好友间的借贷可通过互联网技术实时到账。因此，互联网技术的使用对拓宽融资渠道具有促进作用。

第三，分析互联网嵌入对农户社会资本的影响。表5-5中第（5）、（6）列与表5-6中第（5）、（6）列分别给出了互联网使用、互联网嵌入频率、互联网嵌入时长与互联网嵌入目的对农户社会资本影响的估计结果。由模型的估计结果可以得出，互联网使用对农户社会资本具有正向影响，并且在1%的统计水平上显著。进一步看，互联网嵌入频率及嵌入目的均对农户社会资本具有正向影响。互联网嵌入时长对农户社会资本具有显著的正向影响，并且平方项符号为负。这表明，农户使用互联网能够扩大社会网络范围，提升农户的社会资本存量。可能的解释是，互联网信息通信技术具有即时通信、信息传播便捷和不受空间的限制等优点，农户通过互联网可以更好地与亲朋好友进行沟通，甚至通过互联网结交新的朋友，维持和扩大了本身的社会圈子。互联网为农户提供了更高效、更容易的社交渠道，有利于维持和提升农户社会资本存量。

第四，分析互联网嵌入对农户物质资本的影响。表5-5中第（7）、（8）列与表5-6中第（7）、（8）列分别给出了互联网使用、互联网嵌入频率、互联网嵌入时长与互联网嵌入目的对农户物质资本影响的估计结果。由模型的估计结果可以得出，互联网使用对农户物质资本具有正向影响，并且在1%的统计水平上显著。进一步看，互联网嵌入频率与嵌入目的对农户物质资本具有显著的正向影响。互联网嵌入时长对农户物质资本具有显著的正向影响，其平方项符号为负。这表明，农户使用互联网可以改善其物质资本情况。可能的解释是，互联网电商下乡，不仅解决了农产品上行问题，还解决了工业品下行问题。很多大电商平台已经选择下乡发展，很多物流快递公司也已在农村成立了中转站。农户通过互联网在电商平台上购买所需要的物质产品，可以省钱、省力、省时间，进而改善农户物质生活的质量。

第五，分析互联网嵌入对农户自然资本的影响。表5-5中第（9）、（10）列与表5-6中第（9）、（10）列分别给出了互联网使用、互联网嵌入频率、互联网嵌入时长与互联网嵌入目的对农户自然资本影响的估计结果。由模型的估计结果可以得出，互联网使用对农户自然资本具有负向影响，并且在1%的统计水平上显著。进一步看，互联网嵌入频率、嵌入时长与嵌入目的对自然资本具有显著的负向影响。可能的解释是，农户通过互联网能够更深入地了解农村以外的信息，年轻的农村居民更能够通过互联网接触非农就业的相关信息，劳动力向非农部门流动，进而导致土地转出，农业投入也会随之下降。然而从长远来看，互联网技术在农村地区的快速普及必然能够促进农户自然资本的合理利用。

第六，分析控制变量对农户各类生计资本的影响。表 5－5 与表 5－6 还给出了控制变量对农户各类生计资本影响的估计结果，鉴于控制变量不是本节的研究重点，限于篇幅，不再过多赘述。

第五节　内生性处理

互联网嵌入与农户生计资本可能存在反向因果关系，即生计资本存量越高越促进农户使用互联网，并非互联网嵌入影响了农户生计资本。为了处理基准模型中可能出现的内生性问题。本节选取“省级互联网普及率”（*Ipr*）作为农户互联网使用的工具变量对内生性问题进行检验与分析。关于工具变量选取的原因以及合理性，在前述内容“变量选取”中已进行详细说明。

前述内容将互联网嵌入分为互联网使用、互联网嵌入频率、互联网嵌入时长与互联网嵌入目的，本节将上述指标通过主成分因子分析法降维成一个因子“互联网嵌入”（*Internet*）代入模型中处理可能存在的内生性问题，互联网嵌入因子的得分越高，则表示农户互联网嵌入程度越高。本节应用 SPSS 23.0 统计软件对互联网嵌入进行因子分析，结果显示，互联网嵌入得到的 KMO 值为 0.854，Bartlett 球形检验的卡方值为 77 631.525（$P<0.001$），表明可以采用因子分析法。经过降维，提取出一个公因子，旋转后的互联网使用，互联网学习、工作、社交、娱乐频率，互联网嵌入时长，互联网学习、工作、社交、娱乐目的因子载荷分别为 0.866、0.747、0.706、0.886、0.873、0.713、0.757、0.703、0.800 和 0.823，其公因子可以解释 63.810%的方差。

本节进一步运用 Stata 15.1 统计软件，采用 2SLS 对样本数据进行回归分析。表 5－7 为工具变量的二阶段回归估计结果。第一阶段以互联网嵌入作为被解释变量，由估计结果可以看出，互联网普及率对互联网嵌入具有正向影响，并且在 1%的统计水平上显著。这表明，省级互联网普及率提高对农户互联网嵌入具有促进作用。这也能够说明，工具变量与互联网嵌入具有很强的相关性。F 统计量为 17.232，大于 Stock 和 Yogo（2005）提供的临界值 16.38，其 P 值为 0.000 0，表明可以拒绝“弱工具变量”的原假设。本节进一步采用有限信息最大似然估计法（Limited Information Maximum Likelihood，LIML）对工具变量进行检验，LIML 的估计结果与 2SLS 非常接近，进一步说明不存在弱工具变量问题。内生性 Hausman 检验统计量为 4.530，其 P 值为 0.033 3，说明在 5%的显著性水平上拒绝“所有解释变量均为外生”的原假设。进一步通过异方差稳健的 DWH 检验得出内生性检验统计量为 4.533，其 P 值为 0.033 3，同样说明在 5%的显著性水平上拒绝“互联网使用为外生变量”的原假设，即互联网嵌入为内生变量。综上所述，本节采用的工具变量是有效的，进而证实结果具有稳健性。在通过工具变量处理内生性问题后互联网嵌入对农户生计资本仍然具有正向影响，并且在 5%的统计水平上显著，进一步表明控制了内生性问题后，互联网嵌入程度越高越促进农户生计资本存量的提升。

表 5-7　互联网嵌入对农户生计资本的影响：工具变量法

变量	阶段一（*Internet*）	阶段二（Ln*LC*）
Internet		0.930** (0.424)
Ipr	0.635*** (0.153)	
Gender	0.015 (0.018)	−0.026 (0.033)
Age	−0.083*** (0.004)	0.122*** (0.037)
Age^2	0.000*** (0.000)	−0.001*** (0.000)
Education	0.051*** (0.002)	−0.014 (0.022)
Health	−0.010 (0.007)	0.042*** (0.013)
Politics	0.172*** (0.036)	−0.049 (0.092)
Scale	−0.005 (0.004)	0.144*** (0.008)
Fpci	0.130*** (0.009)	0.096 (0.061)
Burden	0.160*** (0.031)	−0.482*** (0.092)

（续）

变量	阶段一（*Internet*）	阶段二（Ln*LC*）
Region	0.055*** (0.017)	0.086*** (0.019)
Constant	0.931*** (0.199)	−8.416*** (0.645)
R^2	0.476 8	
F 统计量	17.232，*P*=0.000 0	
Hausman 检验	4.530，*P*=0.033 3	
DWH 检验	4.533，*P*=0.033 3	
样本量	6 887	6 887

注：数据来源于 Stata 15.1 软件的输出。***、**、* 分别表示在 1%、5%、10%的统计水平上显著，括号中的数值为回归变量的稳健标准误。

本节进一步对不同类型生计资本进行内生性处理，借鉴乔晓春（2017）、位秀平（2015）处理内生性问题的方法，即控制被解释变量与解释变量的发生时间，将解释变量取至被解释变量调查时间的前一调查时间，得到解释变量对被解释变量的影响，这种做法不存在反向影响，进而克服了互为因果关系的内生性问题。本节依照这个思路，采用 CFPS 2016① 的数据作为解释变量，将 CFPS 2018 的数据作为被解释变量，确保变量在时间上属于“前因后果”，排除了反向因果关系，进而保证所得的估计结果更加真实可靠。表 5-8 中的自变量来源于 CFPS 2016 的数据，同时给出了 2016 年互联网嵌入对 2018 年农户生计资本影响的估计结果，具体结果如表 5-8 所示。

表 5-8　互联网嵌入对农户生计资本的影响：内生性处理

自变量 (CFPS 2016)	(1)	(2)	(3)	(4)	(5)	(6)	(7)	(8)
InternetU	0.579*** (0.031)	0.242*** (0.039)						

① 中国家庭追踪调查每两年开展一次实地调研，因此本节处理内生性问题的自变量来源于 2016 年的调查数据。

（续）

自变量（CFPS 2016）	(1)	(2)	(3)	(4)	(5)	(6)	(7)	(8)
FactorWLF			0.171*** (0.014)	0.099*** (0.014)				
FactorSPF			0.205*** (0.013)	0.092*** (0.017)				
Duration					0.292*** (0.023)	0.098*** (0.024)		
Duration^2					−0.026*** (0.003)	−0.008*** (0.002)		
FactorFWL							0.184*** (0.014)	0.101*** (0.015)
FactorFSP							0.175*** (0.014)	0.073*** (0.016)
Gender		0.008 (0.029)		0.002 (0.029)		0.008 (0.029)		0.006 (0.029)
Age		0.058*** (0.006)		0.065*** (0.006)		0.057*** (0.006)		0.063*** (0.006)
Age^2		−0.000*** (0.000)		−0.000*** (0.000)		−0.000*** (0.000)		−0.000*** (0.000)
Education		0.029*** (0.003)		0.027*** (0.003)		0.031*** (0.003)		0.027*** (0.003)
Health		0.033*** (0.011)		0.033*** (0.011)		0.034*** (0.011)		0.032*** (0.011)
Politics		0.119** (0.055)		0.105* (0.055)		0.129** (0.055)		0.110** (0.055)
Scale		0.116*** (0.007)		0.116*** (0.007)		0.115*** (0.007)		0.116*** (0.007)
Fpci		0.217*** (0.016)		0.211*** (0.016)		0.221*** (0.016)		0.214*** (0.016)
Burden		−0.211*** (0.056)		−0.200*** (0.056)		−0.203*** (0.055)		−0.195*** (0.056)

（续）

自变量（CFPS 2016）	(1)	(2)	(3)	(4)	(5)	(6)	(7)	(8)
Region		0.103*** (0.017)		0.103*** (0.017)		0.099*** (0.017)		0.101*** (0.017)
Constant	−3.515*** (0.018)	−7.420*** (0.223)	−3.348*** (0.0148)	−7.459*** (0.224)	−3.449*** (0.017)	−7.360*** (0.226)	−−3.34*** (0.014)	−7.411*** (0.224)
R^2	0.043 5	0.171 8	0.045 2	0.173 7	0.026 0	0.169 2	0.040 9	0.173 4
样本量	6 887	6 887	6 887	6 887	6 887	6 887	6 887	6 887

注：数据来源于 Stata 15.1 软件的输出。***、**、* 分别表示在 1%、5%、10%的统计水平上显著，括号中的数值为回归变量的稳健标准误。

由表 5－8 的估计结果可以看出，互联网使用、互联网嵌入频率、互联网嵌入时长与互联网嵌入目的均对农户生计资本具有正向影响，并且均通过了显著性水平检验。对比表 5－4 的估计结果可以得出，在考虑了内生性问题之后，互联网嵌入对农户生计资本仍然起到促进作用，也进一步证实了表 5－7 内生性处理所得结果的稳健性。

本节进一步处理互联网嵌入对农户不同类型生计资本影响的内生性问题。表 5－9 和表 5－10 中的解释变量来源于 CFPS 2016 数据，被解释变量则来源于 CFPS 2018 数据。表 5－9 为互联网使用与互联网嵌入频率对农户不同类型生计资本影响的 SUR 估计结果；表 5－10 为互联网嵌入时长与互联网嵌入目的对农户不同类型生计资本影响的 SUR 估计结果。BP 独立检验结果表明各方程扰动项之间“无同期相关”的检验 P 值均为 0.000 0，故可以在 1%的统计水平上强烈拒绝原假设“各方程的扰动项无同期相关”。因此，采用 SUR 进行系统估计比 OLS 回归更有效率。由表 5－9 和表 5－10 的结果可以看出，互联网使用对农户人力资本、金融资本、社会资本与物质资本均具有显著的正向影响，对自然资本具有显著的负向影响。互联网嵌入频率对农户人力资本、金融资本、社会资本与物质资本均具有显著的正向影响，对自然资本具有显著的负向影响。互联网嵌入时长对农户人力资本、金融资本、社会资本与物质资本均具有显著的正向影响，其平方项符号为负；对农户自然资本具有显著负向影响，其平方项符号为正。互联网嵌入目的指标对农户人力资本、金融资本、社会资本与物质资本均具有显著的正向影响，对自然资本具有显著的负向影响。以上估计结果与基准模型的估计结果基本一致，进一步表明克服内生性问题后，所得结论仍然稳健可靠。

表 5-9　互联网使用与互联网嵌入频率对农户不同类型生计资本的影响：内生性处理

自变量 (CFPS 2016)	LnHC		LnFC		LnSC		LnPC		LnNC	
	(1)	(2)	(3)	(4)	(5)	(6)	(7)	(8)	(9)	(10)
InternetU	0.216*** (0.035)		0.455*** (0.083)		0.367*** (0.055)		0.331*** (0.032)		−0.192*** (0.037)	
FactorWLF		0.127*** (0.013)		0.096*** (0.030)		0.121*** (0.021)		0.087*** (0.012)		−0.097*** (0.014)
FactorSPF		0.069*** (0.015)		0.201*** (0.035)		0.143*** (0.025)		0.141*** (0.014)		−0.099*** (0.016)
Gender	0.086*** (0.025)	0.073*** (0.025)	0.200*** (0.057)	0.195*** (0.057)	−0.052 (0.040)	−0.060 (0.040)	0.012 (0.024)	0.007 (0.024)	0.216*** (0.027)	0.222*** (0.027)
Age	0.051*** (0.005)	0.058*** (0.005)	0.043*** (0.012)	0.053*** (0.013)	0.046*** (0.008)	0.055*** (0.009)	0.024*** (0.005)	0.032*** (0.005)	0.078*** (0.006)	0.069*** (0.006)
Age^2	−0.000*** (0.000)	−0.000*** (0.000)	−0.000*** (0.000)	−0.000*** (0.000)	−0.000*** (0.000)	−0.000*** (0.000)	−0.000*** (0.000)	−0.000*** (0.000)	−0.000*** (0.000)	−0.000*** (0.000)
Education			−0.021*** (0.007)	−0.021*** (0.007)	0.017*** (0.005)	0.015*** (0.005)	0.023*** (0.003)	0.021*** (0.003)	−0.013*** (0.003)	−0.010*** (0.003)
Health			−0.062*** (0.022)	−0.060*** (0.022)	0.023 (0.016)	0.024 (0.016)	0.019** (0.009)	0.020** (0.009)	0.030*** (0.010)	0.030*** (0.010)

（续）

自变量（CFPS 2016）	Ln*HC*		Ln*FC*		Ln*SC*		Ln*PC*		Ln*NC*	
	(1)	(2)	(3)	(4)	(5)	(6)	(7)	(8)	(9)	(10)
Politics	0.422*** (0.047)	0.392*** (0.047)	−0.045 (0.105)	−0.049 (0.105)	0.126* (0.075)	0.111 (0.075)	0.064 (0.044)	0.057 (0.044)	−0.021 (0.050)	−0.005 (0.050)
Scale	0.088*** (0.006)	0.089*** (0.006)	0.100*** (0.014)	0.101*** (0.014)	0.139*** (0.010)	0.140*** (0.010)	0.120*** (0.005)	0.120*** (0.005)	0.009 (0.006)	0.008 (0.006)
Fpci	0.239*** (0.013)	0.229*** (0.013)	0.149*** (0.030)	0.145*** (0.030)	0.310*** (0.021)	0.304*** (0.021)	0.335*** (0.012)	0.331*** (0.012)	−0.019 (0.014)	−0.011 (0.014)
Burden	−0.146*** (0.049)	−0.131*** (0.049)	−0.154 (0.107)	−0.140 (0.107)	−0.246*** (0.076)	−0.231*** (0.076)	0.047 (0.045)	0.059 (0.045)	−0.204*** (0.051)	−0.214*** (0.051)
Region	−0.024 (0.015)	−0.021 (0.015)	0.201*** (0.034)	0.200*** (0.034)	0.018 (0.024)	0.018 (0.024)	−0.015 (0.014)	−0.016 (0.014)	0.277*** (0.016)	0.275*** (0.016)
Constant	−7.794*** (0.199)	−7.845*** (0.200)	−8.966*** (0.442)	−9.049*** (0.444)	−10.300*** (0.316)	−10.350*** (0.318)	−11.130*** (0.186)	−11.190*** (0.187)	−9.274*** (0.213)	−9.159*** (0.214)
R^2	0.198 7	0.204 6	0.061 3	0.061 5	0.093 0	0.093 6	0.249 2	0.249 9	0.111 8	0.116 5
样本量	6 887	6 887	6 887	6 887	6 887	6 887	6 887	6 887	6 887	6 887

注：数据来源于 Stata 15.1 软件的输出。人力资本回归模型中不包括受教育水平与健康状况变量。***、**、* 分别表示在1%、5%、10%的统计水平上显著，括号中的数值为回归变量的标准误。

表 5-10 互联网嵌入时长与互联网嵌入目的对农户不同类型生计资本的影响：内生性处理

自变量 (CFPS 2016)	Ln*HC*		Ln*FC*		Ln*SC*		Ln*PC*		Ln*NC*	
	(1)	(2)	(3)	(4)	(5)	(6)	(7)	(8)	(9)	(10)
Duration	0.102*** (0.023)		0.240*** (0.050)		0.116*** (0.036)		0.152*** (0.021)		−0.103*** (0.024)	
Duration^2	−0.010*** (0.002)		−0.021*** (0.006)		−0.008* (0.004)		−0.012*** (0.002)		0.011*** (0.003)	
FactorFWL		0.131*** (0.013)		0.105*** (0.030)		0.120*** (0.021)		0.084*** (0.012)		−0.089*** (0.014)
FactorFSP		0.053*** (0.015)		0.158*** (0.033)		0.122*** (0.023)		0.120*** (0.014)		−0.081*** (0.016)
Gender	0.089*** (0.025)	0.077*** (0.025)	0.200*** (0.057)	0.200*** (0.057)	−0.051 (0.040)	−0.054 (0.040)	0.013 (0.024)	0.012 (0.024)	0.216*** (0.027)	0.217*** (0.027)
Age	0.050*** (0.005)	0.057*** (0.005)	0.045*** (0.013)	0.048*** (0.012)	0.043*** (0.009)	0.052*** (0.009)	0.024*** (0.005)	0.029*** (0.005)	0.079*** (0.006)	0.071*** (0.006)
Age^2	−0.000*** (0.000)	−0.000*** (0.000)	−0.000*** (0.000)	−0.000*** (0.000)	−0.000*** (0.000)	−0.000*** (0.000)	−0.000*** (0.000)	−0.000*** (0.000)	−0.000*** (0.000)	−0.000*** (0.000)
Education			−0.017*** (0.007)	−0.020*** (0.007)	0.020*** (0.005)	0.015*** (0.005)	0.025*** (0.003)	0.022*** (0.003)	−0.015*** (0.003)	−0.011*** (0.003)

（续）

自变量（CFPS 2016）	LnHC		LnFC		LnSC		LnPC		LnNC	
	(1)	(2)	(3)	(4)	(5)	(6)	(7)	(8)	(9)	(10)
Health			-0.060^{***} (0.022)	-0.061^{***} (0.022)	0.024 (0.016)	0.023 (0.016)	0.020^{**} (0.009)	0.019^{**} (0.009)	0.030^{***} (0.011)	0.031^{***} (0.010)
Politics	0.436^{***} (0.047)	0.396^{***} (0.047)	−0.026 (0.105)	−0.044 (0.105)	0.144^{*} (0.075)	0.117 (0.075)	0.079^{*} (0.044)	0.063 (0.044)	−0.028 (0.050)	−0.011 (0.050)
Scale	0.088^{***} (0.006)	0.089^{***} (0.006)	0.099^{***} (0.014)	0.099^{***} (0.014)	0.138^{***} (0.010)	0.139^{***} (0.010)	0.119^{***} (0.005)	0.119^{***} (0.005)	0.010 (0.006)	0.009 (0.006)
Fpci	0.244^{***} (0.013)	0.231^{***} (0.013)	0.154^{***} (0.030)	0.151^{***} (0.030)	0.319^{***} (0.021)	0.309^{***} (0.021)	0.340^{***} (0.012)	0.336^{***} (0.012)	−0.022 (0.014)	−0.015 (0.014)
Burden	-0.140^{***} (0.049)	-0.129^{***} (0.049)	−0.139 (0.107)	−0.127 (0.107)	-0.233^{***} (0.077)	-0.223^{***} (0.076)	0.058 (0.045)	0.068 (0.045)	-0.209^{***} (0.051)	-0.218^{***} (0.051)
Region	-0.028^{*} (0.015)	−0.024 (0.015)	0.197^{***} (0.034)	0.196^{***} (0.034)	0.011 (0.024)	0.015 (0.024)	−0.019 (0.014)	−0.018 (0.014)	0.279^{***} (0.016)	0.277^{***} (0.016)
Constant	-7.738^{***} (0.202)	-7.808^{***} (0.199)	-8.979^{***} (0.448)	-8.948^{***} (0.444)	-10.180^{***} (0.321)	-10.300^{***} (0.317)	-11.100^{***} (0.189)	-11.140^{***} (0.187)	-9.301^{***} (0.216)	-9.208^{***} (0.213)
R^2	0.196 6	0.205 2	0.060 0	0.060 5	0.089 4	0.093 2	0.244 7	0.248 5	0.110 6	0.115 2
样本量	6 887	6 887	6 887	6 887	6 887	6 887	6 887	6 887	6 887	6 887

注：数据来源于 Stata 15.1 软件的输出。人力资本回归模型中不包括受教育水平与健康状况变量。***、**、* 分别表示在1%、5%、10%的统计水平上显著，括号中的数值为回归变量的标准误。

第六节　稳健性检验

根据已有相关研究的经验，为确保回归估计结果的有效性，本节将采取以下 3 种方式对样本数据进行稳健性检验：一是针对核心解释变量的稳健性检验，采用移动上网作为互联网使用的代理变量，将互联网嵌入频率的 4 个指标与互联网嵌入目的的 4 个指标直接代入模型；二是针对被解释变量的稳健性检验，采用因子分析法重新构建农户生计资本变量；三是针对计量模型的稳健性检验，更换计量模型对样本数据重新估计。

第一，分析更换核心解释变量后相关结论的稳健性。按照 CNNIC 在 2018 年公布的第 42 次《中国互联网络发展状况统计报告》的结果显示，我国手机上网的用户占全部上网用户的 98.3%，因此，本节采用移动上网（*Mobile*）指标代替互联网使用指标进行回归分析，进一步以互联网学习频率、互联网工作频率、互联网社交频率、互联网娱乐频率代替互联网工作学习频率与互联网社交娱乐频率指标，以互联网学习目的、互联网工作目的、互联网社交目的、互联网娱乐目的代替互联网工作学习目的与互联网社交娱乐目的。模型设定均不变，具体估计结果如表 5-11 和表 5-12 所示。

表 5-11　稳健性检验：更换核心解释指标（移动上网）

变量	(1)	(2)	(3)	(4)	(5)	(6)
Mobile	0.156***	0.187***	0.302***	0.241***	0.234***	−0.089***
	(0.035)	(0.031)	(0.070)	(0.049)	(0.028)	(0.03)
Gender	−0.010	0.063**	0.223***	−0.069*	−0.002	0.218***
	(0.029)	(0.025)	(0.056)	(0.040)	(0.023)	(0.027)
Age	0.046***	0.033***	0.023*	0.040***	0.021***	0.081***
	(0.006)	(0.005)	(0.013)	(0.009)	(0.005)	(0.006)
Age^2	−0.000***	−0.000***	−0.000***	−0.000***	−0.000***	−0.000***
	(0.000)	(0.000)	(0.000)	(0.000)	(0.000)	(0.000)
Education	0.029***		−0.027***	0.012**	0.016***	−0.013***
	(0.003)		(0.007)	(0.005)	(0.002)	(0.003)
Health	0.032***		−0.162***	−0.013	0.012	0.027**
	(0.011)		(0.024)	(0.015)	(0.009)	(0.010)
Politics	0.103**	0.334***	−0.023	0.131*	0.062	−0.005
	(0.150)	(0.045)	(0.099)	(0.070)	(0.040)	(0.048)
Scale	0.140***	0.105***	0.142***	0.191***	0.163***	0.024***
	(0.007)	(0.006)	(0.014)	(0.010)	(0.005)	(0.006)
Fpci	0.213***	0.218***	0.217***	0.421***	0.427***	−0.051***
	(0.016)	(0.013)	(0.031)	(0.021)	(0.012)	(0.014)

（续）

变量	(1)	(2)	(3)	(4)	(5)	(6)
Burden	−0.353***	−0.542***	−0.090	−0.080	0.115**	−0.181***
	(0.058)	(0.051)	(0.111)	(0.078)	(0.045)	(0.053)
Region	0.086***	−0.040***	0.174***	0.004	−0.027**	0.273***
	(0.017)	(0.015)	(0.033)	(0.023)	(0.013)	(0.016)
Constant	−7.261***	−7.321***	−8.898***	−11.380***	−12.150***	−9.193***
	(0.247)	(0.214)	(0.471)	(0.333)	(0.191)	(0.228)
R^2	0.184 3	0.210 1	0.072 1	0.124 8	0.312 8	0.112 5
样本量	6 887	6 887	6 887	6 887	6 887	6 887

注：数据来源于 Stata 15.1 软件的输出。***、**、* 分别表示在 1%、5%、10%的统计水平上显著，第（1）列括号中的数值为回归变量的稳健标准误，第（2）至（6）列括号中的数值为标准误。

表 5－11 为移动上网对农户生计资本与不同类型生计资本影响的估计结果。其中，第（1）列的被解释变量为生计资本，运用 OLS 进行分析；第（2）至（6）列的被解释变量分别为人力资本、金融资本、社会资本、物质资本和自然资本，运用 SUR 进行分析，并且不同类型生计资本均已通过 BP 独立检验。从估计结果可以看出，移动上网对农户生计资本、人力资本、社会资本、金融资本、物质资本均具有显著的正向影响，对自然资本具有显著的负向影响。

表 5－12 为互联网嵌入频率与目的对农户生计资本与不同类型生计资本影响的估计结果。其中，第（1）、（2）列的被解释变量为生计资本，运用 OLS 进行分析；第（3）、（4）列的被解释变量为人力资本，第（5）、（6）列的被解释变量为金融资本，第（7）、（8）列的被解释变量为社会资本，第（9）、（10）列的被解释变量为物质资本，第（11）、（12）列的被解释变量为自然资本，运用 SUR 进行分析，并且不同类型生计资本均已通过 BP 独立检验。从估计结果可以看出，互联网学习、工作、社交频率均对农户生计资本具有正向影响；互联网学习、工作、社交及娱乐频率均对农户人力资本、金融资本、社会资本和物质资本具有正向影响；互联网工作、社交及娱乐频率对农户自然资本具有负向影响，并且部分通过了显著性水平检验。互联网学习及社交目的对农户生计资本具有显著的正向影响；互联网学习、工作、社交及娱乐目的对农户人力资本、金融资本、社会资本和物质资本具有正向影响；互联网工作及娱乐目的对农户自然资本具有负向影响，并且部分通过了显著性水平检验。综上所述，更换核心解释指标后，无论是对农户综合生计资本还是对五类不同类型生计资本的估计结果都与前述基准模型的估计结果基本一致。由于其他控制变量的估计结果与基准模型的估计结果相类似且不是本节研究的重点，此处不再赘述其他控制变量的估计结果。本节通过更换核心解释变量所得到的估计结果表明相关结论是稳健可靠的。

表 5-12　稳健性检验：更换核心解释指标（互联网嵌入频率与目的）

自变量	(1)	(2)	(3)	(4)	(5)	(6)	(7)	(8)	(9)	(10)	(11)	(12)
InternetLF	0.056*** (0.016)		0.078*** (0.014)		0.023 (0.032)		0.059*** (0.022)		0.005 (0.013)		0.042*** (0.015)	
InternetWF	0.028* (0.015)		0.044*** (0.014)		0.003 (0.031)		0.061*** (0.022)		0.056*** (0.012)		−0.087*** (0.015)	
InternetSF	0.027* (0.014)		0.010 (0.013)		0.055* (0.029)		0.019 (0.020)		0.037*** (0.011)		−0.004 (0.014)	
InternetPF	−0.001 (0.014)		0.017 (0.013)		0.049* (0.029)		0.028 (0.021)		0.033*** (0.012)		−0.029** (0.014)	
OnlineFL		0.058*** (0.016)		0.072*** (0.014)		0.069** (0.032)		0.045** (0.023)		0.017 (0.013)		0.032** (0.015)
OnlineFW		0.024 (0.016)		0.044*** (0.014)		−0.020 (0.032)		0.065*** (0.022)		0.042*** (0.013)		−0.077*** (0.015)
OnlineFS		0.039*** (0.015)		0.023* (0.014)		0.082*** (0.030)		0.025 (0.021)		0.047*** (0.012)		0.012 (0.014)
OnlineFP		−0.012 (0.016)		0.010 (0.014)		0.005 (0.032)		0.027 (0.022)		0.038*** (0.013)		−0.036** (0.015)
Gender	−0.016 (0.029)	−0.018 (0.029)	0.045* (0.025)	0.050** (0.025)	0.222*** (0.056)	0.221*** (0.056)	−0.081** (0.040)	−0.075* (0.040)	−0.007 (0.022)	−0.004 (0.022)	0.223*** (0.027)	0.219*** (0.027)
Age	0.052*** (0.006)	0.052*** (0.006)	0.043*** (0.005)	0.043*** (0.005)	0.031** (0.013)	0.031** (0.013)	0.049*** (0.009)	0.048*** (0.009)	0.029*** (0.005)	0.029*** (0.005)	0.076*** (0.006)	0.078*** (0.006)

（续）

自变量	(1)	(2)	(3)	(4)	(5)	(6)	(7)	(8)	(9)	(10)	(11)	(12)
Age^2	−0.000***	−0.000***	−0.000***	−0.000***	−0.000***	−0.000***	−0.000***	−0.000***	−0.000***	−0.000***	−0.000***	−0.000***
	(0.000)	(0.000)	(0.000)	(0.000)	(0.000)	(0.000)	(0.000)	(0.000)	(0.000)	(0.000)	(0.000)	(0.000)
Education	0.026***	0.027***			−0.029***	−0.089***	0.008	0.009*	0.013***	0.013***	−0.010***	−0.012***
	(0.003)	(0.004)			(0.007)	(0.007)	(0.005)	(0.005)	(0.002)	(0.002)	(0.003)	(0.003)
Health	0.032***	0.031***			−0.162***	−0.163***	−0.013	−0.014	0.012	0.011	0.026**	0.027**
	(0.011)	(0.011)			(0.022)	(0.022)	(0.015)	(0.015)	(0.008)	(0.008)	(0.010)	(0.010)
Politics	0.084	0.084*	0.296***	0.298***	−0.032	−0.031	0.102	0.105	0.044	0.046	0.008	0.007
	(0.051)	(0.051)	(0.045)	(0.045)	(0.099)	(0.107)	(0.070)	(0.070)	(0.040)	(0.040)	(0.048)	(0.048)
Scale	0.142***	0.142***	0.106***	0.106***	0.143***	0.142***	0.192***	0.192***	0.164***	0.163***	0.023***	0.024***
	(0.007)	(0.008)	(0.006)	(0.006)	(0.014)	(0.014)	(0.010)	(0.010)	(0.005)	(0.005)	(0.006)	(0.006)
Fpci	0.207***	0.207***	0.204***	0.205***	0.208***	0.213***	0.408***	0.411***	0.416***	0.417***	−0.040***	−0.045***
	(0.016)	(0.016)	(0.013)	(0.013)	(0.031)	(0.031)	(0.021)	(0.021)	(0.012)	(0.012)	(0.014)	(0.014)
Burden	−0.356***	−0.355***	−0.543***	−0.543***	−0.097	−0.090	−0.089	−0.085	0.110**	0.114**	−0.177***	−0.183***
	(0.058)	(0.057)	(0.051)	(0.051)	(0.111)	(0.111)	(0.078)	(0.078)	(0.045)	(0.044)	(0.053)	(0.053)
Region	0.086***	0.087***	−0.035**	−0.035**	0.174***	0.175***	0.007	0.008	−0.025*	−0.024*	0.269***	0.270***
	(0.017)	(0.017)	(0.015)	(0.015)	(0.033)	(0.033)	(0.023)	(0.023)	(0.013)	(0.013)	(0.016)	(0.016)
Constant	−7.481***	−7.459***	−7.638***	−7.627***	−9.188***	−9.161***	−11.690***	−11.650***	−12.420***	−12.430***	−9.059***	−9.116***
	(0.248)	(0.248)	(0.217)	(0.217)	(0.480)	(0.479)	(0.339)	(0.339)	(0.194)	(0.194)	(0.232)	(0.232)
R^2	0.187 5	0.188 0	0.218 2	0.218 1	0.073 2	0.073 1	0.127 9	0.127 3	0.317 7	0.318 0	0.118 0	0.115 8

注：数据来源于 Stata 15.1 软件的输出。人力资本回归模型中不包括受教育水平与健康状况变量。***、**、* 分别表示在 1%、5%、10%的统计水平上显著，括号中的数值为回归变量的标准误。

第二，分析更换被解释变量后相关结论的稳健性。本节运用因子分析法重新测度农户生计资本及不同类型生计资本的指数。生计资本、人力资本、金融资本、社会资本、物质资本与自然资本的 KMO 值分别为 0.631、0.541、0.541、0.524、0.500、0.501，并且均通过了显著性水平检验，表明满足因子分析法的条件。模型设定均不变，具体结果如表 5－13 和表 5－14 所示。

表 5－13　稳健性检验：更换被解释指标（因子分析法测算生计资本）

自变量	(1)	(2)	(3)	(4)
InternetU	0.191*** (0.025)			
FactorWLF		0.117*** (0.013)		
FactorSPF		0.086*** (0.012)		
Duration			0.103*** (0.016)	
Duration^2			−0.008*** (0.002)	
FactorFWL				0.116*** (0.012)
FactorFSP				0.086*** (0.012)
Gender	−0.091*** (0.019)	−0.099*** (0.019)	−0.089*** (0.019)	−0.095*** (0.019)
Age	0.039*** (0.004)	0.047*** (0.004)	0.042*** (0.004)	0.047*** (0.004)
Age^2	−0.000*** (0.000)	−0.000*** (0.000)	−0.000*** (0.000)	−0.000*** (0.000)
Education	0.053*** (0.002)	0.049*** (0.002)	0.054*** (0.002)	0.049*** (0.002)

（续）

自变量	(1)	(2)	(3)	(4)
Health	0.067*** (0.007)	0.066*** (0.007)	0.067*** (0.007)	0.066*** (0.007)
Politics	0.121*** (0.038)	0.098*** (0.038)	0.131*** (0.038)	0.099*** (0.037)
Scale	0.156*** (0.006)	0.157*** (0.006)	0.157*** (0.006)	0.157*** (0.006)
Fpci	0.321*** (0.013)	0.312*** (0.013)	0.321*** (0.013)	0.313*** (0.013)
Burden	−0.255*** (0.033)	−0.258*** (0.032)	−0.250*** (0.033)	−0.257*** (0.032)
Region	−0.007 (0.011)	−0.006 (0.011)	−0.006 (0.011)	−0.005 (0.011)
Constant	−5.007*** (0.185)	−5.028*** (0.183)	−5.040*** (0.188)	−5.028*** (0.184)
R^2	0.420 6	0.427 8	0.419 8	0.428 1
样本量	6 887	6 887	6 887	6 887

注：数据来源于 Stata 15.1 软件的输出。***、**、* 分别表示在 1%、5%、10%的统计水平上显著，括号中的数值为回归变量的稳健标准误。

表 5－13 为更换被解释变量（生计资本）后的 OLS 估计结果。由结果可知，互联网嵌入各指标对农户生计资本具有显著的正向影响。表 5－14 为更换不同类型生计资本后的 SUR 估计结果。互联网嵌入频率与目的的结果与基准模型基本一致，限于篇幅，不再赘述。互联网嵌入对农户不同类型生计资本的估计结果与基准模型的结果基本一致。由于控制变量不是本节的研究重点，并且其结果与基本模型结果一致，此处也不再赘述。综上所述，更换被解释变量后，所得相关结论仍然稳健可靠。

第三，分析更换计量模型后相关结论的稳健性。前述实证分析中采用了 SUR，本节将采用 OLS 重新估计互联网嵌入对农户不同类型生计资本的影响效果。模型设定均不变，具体结果如表 5－15 所示。

表 5-14 互联网使用与互联网嵌入时长对不同类型生计资本因子得分的影响

自变量	LnHC（因子得分）		LnFC（因子得分）		LnSC（因子得分）		LnPC（因子得分）		LnNC（因子得分）	
	(1)	(2)	(3)	(4)	(5)	(6)	(7)	(8)	(9)	(10)
InternetU	0.206*** (0.0286)		0.200*** (0.030)		0.198*** (0.028)		0.152*** (0.029)		0.037 (0.031)	
Duration		0.099*** (0.018)		0.095*** (0.017)		0.118*** (0.017)		0.113*** (0.018)		0.021 (0.019)
Duration^2		−0.010*** (0.002)		−0.009*** (0.002)		−0.008*** (0.002)		−0.009*** (0.002)		−0.001 (0.002)
Gender	0.004 (0.022)	0.007 (0.022)	−0.002 (0.022)	0.000 (0.022)	−0.049** (0.022)	−0.045** (0.022)	−0.046** (0.023)	−0.043* (0.023)	0.051** (0.025)	0.051** (0.025)
Age	0.023*** (0.005)	0.023*** (0.005)	0.023*** (0.005)	0.024*** (0.005)	0.022*** (0.005)	0.026*** (0.005)	−0.000 (0.005)	0.003 (0.005)	0.042*** (0.005)	0.043*** (0.005)
Age^2	−0.000*** (0.000)	−0.000*** (0.000)	−0.000*** (0.000)	−0.000*** (0.000)	−0.000*** (0.000)	−0.000*** (0.000)	−0.000*** (0.000)	−0.000*** (0.000)	−0.000*** (0.000)	−0.000*** (0.000)
Education			0.003*** (0.001)	0.003*** (0.000)	0.005** (0.002)	0.005** (0.002)	0.0119*** (0.003)	0.011*** (0.003)	−0.006* (0.003)	−0.005* (0.003)
Health			0.004** (0.002)	0.004** (0.002)	−0.001 (0.008)	−0.000 (0.008)	0.003 (0.009)	0.003 (0.009)	0.0178* (0.009)	0.017* (0.009)

（续）

自变量	LnHC（因子得分）		LnFC（因子得分）		LnSC（因子得分）		LnPC（因子得分）		LnNC（因子得分）	
	(1)	(2)	(3)	(4)	(5)	(6)	(7)	(8)	(9)	(10)
Politics	0.303***	0.317***	0.295***	0.307***	0.131***	0.142***	0.049	0.055	−0.046	−0.046
	(0.040)	(0.040)	(0.038)	(0.038)	(0.039)	(0.039)	(0.040)	(0.040)	(0.043)	(0.043)
Scale	0.086***	0.086***	0.086***	0.086***	0.129***	0.129***	0.097***	0.097***	0.002	0.003
	(0.005)	(0.005)	(0.005)	(0.005)	(0.005)	(0.005)	(0.005)	(0.005)	(0.006)	(0.006)
Fpci	0.171***	0.175***	0.167***	0.171***	0.332***	0.331***	0.309***	0.306***	0.131***	0.132***
	(0.0123)	(0.012)	(0.012)	(0.012)	(0.012)	(0.012)	(0.012)	(0.012)	(0.013)	(0.013)
Burden	−0.367***	−0.359***	−0.364***	−0.358***	0.019	0.024	0.064	0.065	−0.033	−0.032
	(0.045)	(0.045)	(0.044)	(0.044)	(0.044)	(0.044)	(0.045)	(0.045)	(0.049)	(0.049)
Region	−0.032**	−0.032**	−0.030**	−0.029**	−0.016	−0.014	−0.078***	−0.077***	0.095***	0.095***
	(0.013)	(0.013)	(0.013)	(0.013)	(0.013)	(0.013)	(0.013)	(0.013)	(0.014)	(0.014)
Constant	−2.241***	−2.218***	−2.276***	−2.253***	−4.193***	−4.260***	−3.333***	−3.414***	−2.506***	−2.513***
	(0.191)	(0.192)	(0.185)	(0.186)	(0.188)	(0.189)	(0.194)	(0.195)	(0.208)	(0.209)
R^2	0.156 5	0.153 8	0.163 1	0.160 8	0.206 0	0.206 7	0.153 2	0.155 2	0.031 7	0.031 7
样本量	6 887	6 887	6 887	6 887	6 887	6 887	6 887	6 887	6 887	6 887

注：数据来源于 Stata 15.1 软件的输出。人力资本回归模型中不包括受教育水平与健康状况变量。***、**、*分别表示在1%、5%、10%的统计水平上显著，括号中的数值为回归变量的标准误。

表 5-15　稳健性检验：更换计量模型

自变量	(1)	(2)	(3)	(4)	(5)
InternetU	0.193***	0.319***	0.232***	0.235***	−0.102***
	(0.031)	(0.073)	(0.048)	(0.029)	(0.036)
Gender	0.063**	0.206***	−0.089**	−0.013	0.214***
	(0.025)	(0.057)	(0.039)	(0.023)	(0.027)
Age	0.033***	0.026**	0.043***	0.023***	0.081***
	(0.005)	(0.012)	(0.009)	(0.005)	(0.005)
Age^2	−0.000***	−0.000***	−0.000***	−0.000***	−0.000***
	(0.000)	(0.000)	(0.000)	(0.000)	(0.000)
Education		−0.020***	0.021***	0.021***	−0.011***
		(0.007)	(0.005)	(0.002)	(0.003)
Health		−0.142***	0.011	0.025***	0.031***
		(0.022)	(0.016)	(0.008)	(0.010)
Politics	0.333***	−0.044	0.107	0.049	−0.008
	(0.050)	(0.095)	(0.070)	(0.039)	(0.046)
Scale	0.105***	0.141***	0.190***	0.162***	0.024***
	(0.006)	(0.014)	(0.010)	(0.006)	(0.006)
Fpci	0.217***	0.207***	0.410***	0.421***	−0.052***
	(0.014)	(0.030)	(0.023)	(0.013)	(0.015)
Burden	−0.542***	−0.091	−0.085	0.115***	−0.180***
	(0.052)	(0.100)	(0.082)	(0.042)	(0.051)
Region	−0.040***	0.180***	0.013	−0.023*	0.275***
	(0.015)	(0.034)	(0.023)	(0.013)	(0.016)
Constant	−7.333***	−9.040***	−11.524***	−12.243***	−9.208***
	(0.216)	(0.470)	(0.340)	(0.204)	(0.238)
R^2	0.210 3	0.072 8	0.125 6	0.313 8	0.112 7
样本量	6 887	6 887	6 887	6 887	6 887

注：数据来源于 Stata 15.1 软件的输出。人力资本回归模型中不包括受教育水平与健康状况变量。***、**、* 分别表示在 1%、5%、10%的统计水平上显著，括号中的数值为回归变量的稳健标准误。

表 5-15 为互联网使用对农户不同类型生计资本的估计结果，由于互联网嵌入其他指标的估计结果与前文结果类似，限于篇幅，不再赘述。第（1）至（5）列的被解释变量分别为人力资本、金融资本、社会资本、物质资本和自然资本。从结果可以看出，互联网使用对人力资本、金融资本、社会资本、物质资本具有显著的正向影响，对自然资本具有显著的负向影响，表明更换计

量模型后的估计结果与前文基准模型的回归结果基本一致。其他控制变量的估计结果与前文类似且不是本节的研究重点，因此不再赘述。以上结果表明更换计量模型后，所得相关结论仍然稳健可靠。

第七节　本章小结

本章利用 CFPS 2018 的调查数据，重点探讨了互联网嵌入对农户生计资本的影响，包括互联网使用、互联网嵌入频率、互联网嵌入时长、互联网嵌入目的对农户综合生计资本和五种不同类型的生计资本的影响。在已有研究的基础上，本章运用 OLS 和 SUR 分析了互联网嵌入对农户生计资本的影响，通过选取工具变量，采用 2SLS 和确保变量之间在时间上“前因后果”的方法解决了内生性问题。本章的具体结论如下。

第一，农户使用互联网能够提升其生计资本存量。就不同类型生计资本而言，农户使用互联网对人力资本、金融资本、社会资本与物质资本具有显著的正向影响，对自然资本具有显著的负向影响。

第二，互联网工作学习频率与互联网社交娱乐频率对农户生计资本具有正向影响，并且互联网工作学习频率的影响大于互联网社交娱乐频率的影响。就不同类型生计资本而言，互联网工作学习频率与互联网社交娱乐频率对农户人力资本、金融资本、社会资本与物质资本具有显著的正向影响，对自然资本具有显著的负向影响。

第三，互联网嵌入时长与农户生计资本具有倒 U 形关系，当互联网嵌入时长小于 4.785（h/d）时，互联网嵌入时长的增加能够促进农户生计资本存量的提升。就不同类型生计资本而言，互联网嵌入时长对农户人力资本、金融资本、社会资本与物质资本均具有显著的正向影响。

第四，互联网工作学习目的与互联网社交娱乐目的对农户生计资本具有正向影响。就不同类型生计资本而言，互联网工作学习目的与互联网社交娱乐目的对农户人力资本、金融资本、社会资本和物质资本具有显著的正向影响，对自然资本具有显著的负向影响。

第六章

互联网嵌入对农户生计抉择影响的实证分析

互联网技术不仅颠覆了人们对传统行业模式的认知，也深度渗透到人们的生活中。互联网技术不仅能够促进经济增长，还为劳动力市场提供新的就业岗位以及更多的就业机会（丁述磊和刘翠花，2022；戚聿东和褚席，2021；韩长根和张力，2019）。第一，本章基于新迁移经济学理论和可持续生计理论，构建分析框架；第二，采用 MNL 分析互联网嵌入对农户生计抉择的影响；第三，选取工具变量，采用 2SLS 和确保变量之间在时间上“前因后果”的方法对内生性问题进行处理；第四，通过更换核心解释变量、重新构建被解释变量以及更换计量模型等方式对相关结论进行稳健性检验；第五，采用 Bootstrap 中介检验方法和标准化系数乘积法探讨生计资本在互联网嵌入对农户生计抉择影响中的中介作用。

第一节　分析框架与研究假设

农户经济活动行为在互联网“资源共享、超越时空、实时交互”等功能的作用下正在发生改变。基于新迁移经济学理论，农户在进行经济行为决策时主要考虑的是家庭预期效用最大化。根据全信息理论，互联网在嵌入农户经济行为决策的过程中，有助于农户较好地识别风险及判断不同生计抉择之间的优劣势。此外，互联网嵌入所蕴含的丰富信息与知识有利于打破农户传统思维模式，互联网技术还能够改造传统行业，为市场带来新业态，为农户带来更多的务工及创业创新的机会，进而改变农户生计方式。

多数学者基于可持续生计理论研究发现，农户生计资本对生计抉择产生影响（周丽等，2020；涂丽，2018；伍艳，2016；赵文娟等，2015），也有学者的研究证实，互联网能够促进使用者的创业行为（宋林和何洋，2021；宋瑛等，2021；李飚，2018；谢绚丽等，2018；史晋川和王维维，2017）。借鉴宁泽逵

(2017b)、Duncombe (2006) 的研究成果，本节将互联网嵌入看成生计资本的重要外生变量，即互联网不仅对农户生计抉择具有直接影响，还可通过生计资本间接影响农户生计抉择。基于此，本节的分析框架如图 6-1 所示。

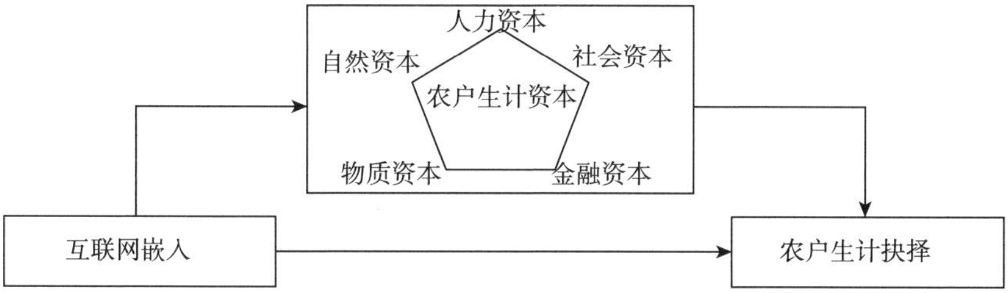

图 6-1　互联网嵌入对农户生计抉择影响的分析框架

从理论上看，互联网嵌入能够从多个方面对农户生计抉择产生影响。多位学者研究发现，从宏观层面，互联网的普及能够提升就业率（郭东杰等，2022；Isley，Low，2022；Fabritz，2013）；从微观层面，互联网使用增加了劳动者的就业机会，拓宽了劳动者的就业选择（戚聿东和褚席，2021；赵羚雅和向运华，2019；杨柠泽等，2018；马俊龙和宁光杰，2017）。互联网的出现，不仅为劳动者提供就业机会，还为其创业创新提供了良好的营商环境和机会（贺建风，2022；曾亿武等，2020）。部分学者研究发现，互联网使用能够显著提高劳动者创业的概率（贺建风，2022；周广肃和樊纲，2018；杨学儒和邹宝玲，2018；周洋和华语音，2017）。基于上述分析，本节提出研究假设如下。

假设 H_3：相对于务农主导型，互联网使用能够促进农户选择务工主导型及创业主导型生计策略。

本章进一步考察互联网嵌入频率、时长、目的如何影响农户生计抉择。

第五章的研究已经实证得出互联网嵌入对农户生计资本产生影响的结论。部分学者在分析互联网对劳动者就业选择及创业选择影响的研究中也发现，社会资本、人力资本及金融资本均是这种影响的主要途径（宋瑛等，2021；赵羚雅和向运华，2019；庄晋财和李丹，2018；王建华和李录堂，2013）。基于上述分析，本节提出研究假设如下。

假设 H_4：生计资本在互联网嵌入对农户生计抉择的影响中存在中介作用。

本章进一步讨论不同类型生计资本在其影响路径中的中介效应。

第二节　农户生计抉择的聚类分析

已有的文献主要根据农户的生计形态、劳动力从业类型以及收入结构来划分其生计抉择类型（赵微和张宁宁，2019；安士伟和樊新生，2018；李文辉和宋宁，2015）。本节借鉴 Walelign（2017）、朱建军等（2016）的研究，同时考虑数据的可获得性，运用多指标划分方法，将收入结构与劳动力从业类型作为农户生计抉择的投入指标。收入结构包括农户的农业收入、自营收入与工资性（务工）收入占总收入的比重，劳动力从业类型包括家庭成员从事农业人数、从事非农自营人数和从事非农工作（务工）人数。本节采用两步聚类分析法（Two Step Cluster）对农户生计抉择进行划分：第一步为预聚类阶段，根据数据集中所有数据点的距离进行考察归类；第二步为正式聚类阶段，以预聚类阶段的结果为基础，利用凝聚法确定最终的聚类结果。两步聚类分析的优势在于适合大型数据处理，可同时对分类变量和连续变量进行聚类，能够自动确定最佳的分类个数（张文彤和董伟，2018）。本节采用 SPSS 23.0 统计软件对农户生计抉择进行两步聚类分析，将农户划分为 3 类。SPSS 23.0 统计软件给出的凝聚和分离的轮廓测量系数超过了 0.5，说明聚类效果良好。具体结果如表 6－1 所示。

表 6－1　各指标在农户不同生计抉择中的均值及差异分析

项目	农业收入占比	自营收入占比	务工收入占比	务农人数	自营人数	务工人数
1（1 985）	0.402	0.001	0.064	1.499	0.006	0.242
2（4 306）	0.063	0.000	0.843	1.316	0.007	1.747
3（596）	0.079	0.522	0.242	1.344	1.591	0.700
F 值	1 476.748***	7 715.028***	12 816.252***	16.438***	12 094.280***	1 905.266***
卡方值	873.787***	6 374.943***	4 618.686***	73.237***	6 403.966***	3 079.500***

注：数据来源于 SPSS 23.0 软件的输出。***表示在 1%的统计水平上显著，括号中的数值为样本数量。

表 6－1 为各指标在农户不同生计抉择中的均值、方差分析及非参数检验（Kruskal-Wallis）的结果。由方差分析与非参数检验的结果可知，各投入指标在 3 类生计抉择中的分布差异均在 1%的统计水平上显著，进一步说明聚类效果良好。各指标均值的比较显示，第一类中农业收入占比和务农人数的均值最高；第二类中务工收入占比和务工人数的均值最高；第三类中自营收入占比和自营人数的均值最高。综上所述，第一类中农业收入占总收入的比重最高，家庭成员中参与农业活动的人数最多，进而将其确定为“务农主导型”生计策略，样本数量为 1 985 个；第二类中工资性收入占总收入的比重最高，家庭成员中参与非农工作的人数最多，进而将其确定为“务工主导型”生计策略，样本数量为 4 306 个；第三类中非农自营收入占总收入的比重最高，家庭成员中参与非农自营活动的人数最多，进而将其确定为“创业主导型”生计策略，样

本数量为 596 个。对比农户不同类型生计抉择的数量可以看出，务工主导型的样本数量最多，这说明农户的收入来源已经不局限于传统农业，多样化的生计抉择为农户拓宽了收入渠道。

第三节　变量选取与模型设定

本节通过建立计量模型验证互联网嵌入对农户生计抉择的影响。本部分数据主要来自 CFPS 2018 年的调查，此次 CFPS 2018 样本覆盖 31 个省（自治区、直辖市）的农村和城市，个人层面样本量为 32 669 个，家庭层面样本量为 14 241 户。根据本章的研究需要，筛选出有效样本 6 887 户①。

一、变量选取

1. 被解释变量

如表 6－2 所示，本节的被解释变量是农户生计抉择。前文已对农户生计抉择进行了两步聚类分析，结果显示，在 6 887 个样本中，生计抉择为务工主导型的农户数量最多，为 4 306（占比为 62.52%）；其次是务农主导型，农户的数量为 1 985（占比为 28.82%）；创业主导型农户的数量最少，为 596（占比为 8.65%）。农户生计抉择为分类变量，本部分对三类生计抉择进行赋值，"务农主导型"赋值为 1；"务工主导型"赋值为 2；"创业主导型"赋值为 3。

2. 解释变量

如表 6－2 所示，本节的核心解释变量为互联网嵌入，包括互联网使用、互联网嵌入频率、互联网嵌入时长和互联网嵌入目的。其中，互联网使用是指农户是否使用互联网（否＝0，是＝1）；互联网嵌入频率指农户使用互联网的频率，包括互联网学习的频率、互联网工作的频率、互联网社交的频率和互联网娱乐的频率（"几乎每天"为"非常频繁"赋值 5，"一周 1～2 次、一周 3～4 次"为"经常"赋值 4，"一月 2～3 次、一月 1 次"为"有时"赋值 3，"几个月 1 次"为"很少"赋值 2，"从不"赋值 1）；互联网嵌入时长指农户每天有多少小时用于上网；互联网嵌入目的指农户认为使用互联网时，学习、工作、社交、娱乐的重要程度（选项 1～5 表示由非常不重要到非常重要，重要的程度逐渐增强）。赋值情况如表 6－2 所示。

为更好了解农户互联网嵌入目的与嵌入频率的状况，以及解决 4 类互联网嵌入频率与嵌入目的存在的相关关系问题，本节对互联网嵌入频率与目的进行探索性因子分析（详见第五章第三节）。

① 样本选择过程已在第四章论述。

3. 控制变量

如表 6-2 所示，本节在实证过程中还加入了个人特征、家庭特征及区域特征等控制变量。个人特征变量包括户主性别、年龄、年龄平方、受教育水平、健康状况及政治面貌，家庭特征变量包括家庭规模、家庭负担比、土地流入和土地流出，区域特征变量为农户所在（省级）地区。其中，性别是指农户户主的性别（男性=1，女性=0），年龄是指农户户主的年龄（岁），受教育水平是指农户户主的受教育程度（上了几年学），健康状况是指农户户主的自评健康水平（不健康=1、一般=2、比较健康=3、很健康=4、非常健康=5），政治面貌是指农户户主的政治身份（党员=1，非党员=0），家庭规模是指农户实际家庭人口数（人），家庭负担比是指 16 岁以下与 65 岁以上的人口占家庭总人口的比重，土地流入是指农户是否租用他人土地（是=1，否=0），土地流出是指农户是否将土地出租给他人（是=1，否=0），所在地区是指农户家庭所在的省份（东部地区=1、中部地区=2、西部地区=3）。具体变量描述与赋值如表 6-2 所示。

4. 工具变量

如表 6-2 所示，参考以往学者的研究（Yang et al.，2022；周广肃和樊纲，2018；杨柠泽等，2018；马俊龙和宁光杰，2017），本节选取的工具变量包括“互联网普及率”以及“是否拥有计算机”两个变量。选择变量的原因如下：第一，一个省份的互联网普及率提高，表明使用互联网的人增多，会产生同伴效应（马俊龙和宁光杰，2017），进而影响农户互联网技术的使用。同时，（省级）互联网普及率对农户生计抉择的影响甚微。此外，互联网普及率为省级层面宏观数据，而农户生计抉择属于微观数据，两者之间不存在联立性问题。第二，农户用电脑上网的前提是拥有家用计算机，因此，农户是否拥有计算机与农户使用互联网具有较强的相关性，但不会对农户生计抉择产生影响。

5. 中介变量

如表 6-2 所示，本节将研究生计资本在互联网嵌入对农户生计抉择影响路径中的中介作用，生计资本包括综合生计资本与五类生计资本（自然资本、物质资本、金融资本、社会资本和人力资本），具体变量测度详见第五章。

表 6-2　变量赋值及描述性统计分析

变量名称	代码	变量描述与赋值	均值	标准差	最小值	最大值
被解释变量						
农户生计抉择	*Choice*	务农主导型=1；务工主导型=2；创业主导型=3	1.662	0.894	1	3

（续）

变量名称	代码	变量描述与赋值	均值	标准差	最小值	最大值
互联网嵌入						
互联网使用	*InternetU*	是否使用互联网（是=1；否=0）	0.404	0.491	0	1
互联网学习频率	*InternetLF*	一般情况下使用互联网频率（从不=1；很少=2；有时=3；经常=4；非常频繁=5）	1.484	1.152	1	5
互联年工作频率	*InternetWF*		1.414	1.146	1	5
互联网社交频率	*InternetSF*		2.264	1.742	1	5
互联年娱乐频率	*InternetPF*		2.169	1.669	1	5
工作学习频率因子	*FactorWLF*	根据因子得分计算得出	0	1	−1.119	4.255
社交娱乐频率因子	*FactorSPF*		0	1	−2.067	2.114
互联网嵌入时长	*Duration*	每天有多少小时用于上网	0.667	1.275	0	17.143
上网为了学习	*OnlineFL*	使用互联网时，学习、工作、社交、娱乐对您有多重要（非常不重要=1；不重要=2；一般=3；重要=4；非常重要=5）	1.489	1.181	1	5
上网为了工作	*OnlineFW*		1.397	1.124	1	5
上网为了社交	*OnlineFS*		1.997	1.522	1	5
上网为了娱乐	*OnlineFP*		1.791	1.309	1	5
工作学习目的因子	*FactorFWL*	根据因子得分计算得出	0	1	−1.363	4.172
社交娱乐目的因子	*FactorFSP*		0	1	−2.006	2.896
个人特征						
性别	*Gender*	性别（男性=1；女性=0）	0.547	0.497	0	1
年龄	*Age*	农户户主年龄（岁）	51.756	14.236	16	93
年龄平方	*Age^2*	户主年龄的平方	2 881.427	1 464.762	256	8 649
受教育水平	*Education*	农户户主受教育程度（年）	6.463	4.465	0	19
健康状况	*Health*	您觉得目前的身体健康状况如何（不健康=1；一般=2；比较健康=3；很健康=4；非常健康=5）	2.823	1.259	1	5

（续）

变量名称	代码	变量描述与赋值	均值	标准差	最小值	最大值
政治面貌	*Politics*	您目前的政治面貌（党员=1；非党员=0）	0.087	0.282	0	1
家庭特征						
家庭规模	*Scale*	家庭共有多少成员（人）	4.104	1.922	1	19
家庭负担比	*Burden*	家庭中16岁以下与65岁以上人口占比（%）	0.289	0.297	0	1
土地流出	*Outflow*	是否将土地出租给他人（是=1；否=0）	0.159	0.366	0	1
土地流入	*Inflow*	您家是否租用他人土地（是=1；否=0）	0.105	0.307	0	1
区域特征						
所在地区	*Region*	您所在的地区是（东部=1；中部=2；西部=3）	1.903	0.843	1	3
工具变量						
互联网普及率	*Ipr*	受访农户所在省份互联网普及率	0.553	0.092	0.43	0.78
是否拥有计算机	*Computer*	受访农户是否拥有家用计算机	0.199	0.399	0	1
中介变量						
生计资本	Ln*LC*	通过熵值法测算得出	0.073	0.086	0.001	0.505
人力资本	Ln*HC*		0.029	0.060	0	0.231
社会资本	Ln*SC*		0.017	0.029	0	0.113
金融资本	Ln*FC*		0.023	0.046	0	0.189
物质资本	Ln*PC*		0.002	0.004	0	0.075
自然资本	Ln*NC*		0.002	0.004	0	0.106

注：数据来源于作者对CFPS 2018数据的筛选和计算。

二、模型设定

由于被解释变量生计抉择包含务农主导型、务工主导型、创业主导型三种类型，且三类生计抉择之间不存在明显定序关系，参考陈强（2014）的研究，本节采用 MNL 进行实证研究。农户生计抉择模型可定义如下：

$$P(y_i = j \mid x_i) = \frac{\exp(x_i'\beta_j)}{\sum_{k=1}^{j} \exp(x_i'\beta_k)} \tag{6-1}$$

式（6-1）表示农户 i 的生计抉择 j 的概率。其中，x_i 表示影响农户 i 进行抉择的解释变量；β 表示估计系数；k 表示农户可进行生计抉择的集合，取值为｛1，2，3｝。在多分类选择模型中，无法同时识别所有的系数 β_k，需要建立参照方案进行估计。假设选取 $y_i = k$ 作为参照，将式（6-1）整理为

$$P(y = j \mid y = k \text{ or } j) = \frac{P(y = j)}{P(y = k) + P(y = j)} = \frac{\exp(x_i'\beta_j)}{1 + \exp(x_i'\beta_j)} \tag{6-2}$$

则相对风险比率为

$$\frac{P(y = j)}{P(y = k)} = \exp(x_i'\beta_j) \tag{6-3}$$

对式（6-3）两边取自然对数，即为对数概率比：

$$\ln \frac{P(y = j)}{P(y = k)} = x_i'\beta_j \tag{6-4}$$

将互联网嵌入变量与控制变量代入式（6-4），即得农户生计抉择模型为

$$\ln \frac{P_j}{P_k} = \beta_0 + \beta_1 Internet_i + \sum \beta_2 X_i + \varepsilon \tag{6-5}$$

其中，$Internet_i$ 表示互联网嵌入，包括互联网使用、互联网嵌入频率、互联网嵌入时长、互联网嵌入目的；X_i 表示控制变量；ε表示误差项。

进一步检验生计资本是否在互联网嵌入对农户生计抉择的影响中存在中介作用，本节借鉴 Zhao 等（2010）提出的中介效应检验过程，按照 Preacher 和 Hayes（2004）提出的 Bootstrap 方法进行中介检验。首先，建立解释变量（*Internet*）、中介变量（Ln*LC*）与被解释变量（*Choice*）的 3 个回归模型，具体如下：

$$Choice = i_1 + cInternet + e_1 \tag{6-6}$$

$$\mathrm{Ln}LC = i_2 + aInternet + e_2 \tag{6-7}$$

$$Choice = i_3 + c'Internet + b\mathrm{Ln}LC + e_3 \tag{6-8}$$

按照 Bootstrap 的中介效应检验程序对 ab 乘积的分布进行检验；即检验 ab 是否显著，显著则说明中介成立，不显著则说明中介不成立。

其次，确定中介成立之后，再检验 c'。如果 c'不显著，则表明中介变量是唯一的中介，即完全中介；如果 c'显著，则表明可能存在其他中介变量，需进一步探讨 $a\times b\times c'$的值。本节在程序中将 Bootstrap 抽取样本量设置为 5 000 个，Bootstrap 取样方法选择偏差校正的非参数百分位法（Bias Corrected），将置信区间的置信度设置为 95%。

第四节 互联网嵌入对农户生计抉择的直接影响

一、基准模型回归分析

本节运用 Stata 15.1 统计软件，利用 MNL 实证分析互联网嵌入对农户生计抉择的影响，以务农主导型的样本为参照对象，表 6-3 中第（1）、（3）、（5）、（7）列给出了务工主导型相对于务农主导型的估计结果，第（2）、（4）、（6）、（8）列给出了创业主导型相对于务农主导型的估计结果。具体估计结果如表 6-3 所示。农户生计抉择影响因素的分析结果如下。

第一，分析互联网使用对农户生计抉择的影响。表 6-3 中第（1）、（2）列给出了互联网使用对农户生计抉择影响的估计结果。由结果可知，互联网使用在第（1）列和第（2）列的系数均为正，并且均通过了 1%的显著性水平检验，表明相对于务农主导型，农户使用互联网增加其选择务工及创业主导型生计策略的概率。可能的解释是，由于互联网传播信息的特质，农户获取信息能够不受地点、空间与时间的约束，接触非农信息的机会也大于未使用互联网的农户；从农村劳动力培训角度来看，农户通过互联网能够轻松快捷地获取技术知识，提高人力资本存量，进而推动农户主动参与非农活动。对比第（1）和第（2）列的回归系数（0.402<1.148）可知，互联网使用对农户创业主导型的影响大于务工主导型，这是因为互联网不仅为农户提供了获取信息的便利条件，还为农户创造了营商平台，为农户提供了自主创业的机会。

第二，分析互联网嵌入频率对农户生计抉择的影响。表 6-3 中第（3）、（4）列给出了互联网嵌入频率对农户生计抉择影响的估计结果。由结果可知，互联网工作学习频率与互联网社交娱乐频率在第（3）列和第（4）列的系数均为正，并且均通过了 1%的显著性水平检验，表明农户互联网嵌入频率越高，越促进其选择务工或创业主导型生计策略。此外，对比第（3）列与第（4）列的回归系数［0.300<0.499（0.199）；0.226<0.552（0.326）］[①] 可以得出，相对于务工主导型，互联网嵌入频率促进农户选择创业主导型生计策略。此

① 括号中的数值为两列回归系数之差，也代表着创业主导型相对于务工主导型的估计结果。其中，互联网工作学习频率的回归系数为 0.199，互联网社交娱乐频率的回归系数为 0.326。

外，互联网社交娱乐频率对农户选择创业主导型生计策略的影响大于互联网工作学习频率对农户选择创业主导型生计策略的影响。可能的解释是，目前农户运用互联网更多进行网上互动、看视频、听音乐等社交娱乐活动。农户通过互联网进行社会交往，往往可以拉近农村地区亲朋好友间的距离，并且由于互联网不受空间、时间约束的特质，农户通过互联网可以更方便快捷地接触到城镇地区的亲朋好友，进而以低成本维持和扩展社会关系网络，有利于农户获取从事创新创业活动的支持。

表 6-3　农户生计抉择模型的估计结果

自变量	(1) ln (P_2/P_1)	(2) ln (P_3/P_1)	(3) ln (P_2/P_1)	(4) ln (P_3/P_1)	(5) ln (P_2/P_1)	(6) ln (P_3/P_1)	(7) ln (P_2/P_1)	(8) ln (P_3/P_1)
InternetU	0.402*** (0.082)	1.148*** (0.129)						
FactorWLF			0.300*** (0.048)	0.499*** (0.058)				
FactorSPF			0.226*** (0.041)	0.552*** (0.061)				
Duration					0.326*** (0.057)	0.698*** (0.080)		
Duration^2					−0.025*** (0.007)	−0.047*** (0.010)		
FactorFWL							0.319*** (0.049)	0.497*** (0.059)
FactorFSP							0.223*** (0.041)	0.445*** (0.058)
Gender	−0.299*** (0.065)	−0.144 (0.106)	−0.310*** (0.065)	−0.176* (0.107)	−0.294*** (0.065)	−0.124 (0.106)	−0.304*** (0.065)	−0.158 (0.106)
Age	−0.045*** (0.016)	0.041 (0.027)	−0.024 (0.016)	0.080*** (0.028)	−0.035** (0.016)	0.080*** (0.028)	−0.025 (0.016)	0.080*** (0.028)
Age^2	0.000 (0.000)	−0.000** (0.000)	0.000 (0.000)	−0.001*** (0.000)	0.000 (0.000)	−0.001*** (0.000)	0.000 (0.000)	−0.001*** (0.000)
Education	0.035*** (0.008)	0.080*** (0.013)	0.028*** (0.008)	0.062*** (0.014)	0.033*** (0.008)	0.078*** (0.013)	0.028*** (0.008)	0.067*** (0.014)
Health	0.070*** (0.024)	0.0894** (0.0425)	0.069*** (0.024)	0.086** (0.042)	0.071*** (0.024)	0.095** (0.042)	0.068*** (0.024)	0.081* (0.042)

（续）

自变量	(1) ln (P_2/P_1)	(2) ln (P_3/P_1)	(3) ln (P_2/P_1)	(4) ln (P_3/P_1)	(5) ln (P_2/P_1)	(6) ln (P_3/P_1)	(7) ln (P_2/P_1)	(8) ln (P_3/P_1)
Politics	0.255** (0.115)	0.137 (0.184)	0.212* (0.117)	0.053 (0.187)	0.276** (0.115)	0.215 (0.184)	0.213* (0.117)	0.069 (0.187)
Scale	0.377*** (0.019)	0.479*** (0.028)	0.381*** (0.019)	0.487*** (0.028)	0.379*** (0.019)	0.481*** (0.028)	0.381*** (0.019)	0.483*** (0.028)
Burden	−1.267*** (0.121)	−1.063*** (0.234)	−1.252*** (0.121)	−1.052*** (0.235)	−1.265*** (0.121)	−1.036*** (0.234)	−1.251*** (0.121)	−1.019*** (0.235)
Outflow	0.303*** (0.087)	0.580*** (0.134)	0.303*** (0.087)	0.585*** (0.135)	0.300*** (0.087)	0.571*** (0.135)	0.305*** (0.087)	0.600*** (0.134)
Inflow	−1.027*** (0.092 8)	−0.788*** (0.157)	−1.04*** (0.093)	−0.817*** (0.158)	−1.034*** (0.093)	−0.806*** (0.157)	−1.043*** (0.093)	−0.822*** (0.157)
Region	−0.212*** (0.038 1)	−0.302*** (0.062)	−0.208*** (0.038)	−0.295*** (0.062)	−0.210*** (0.038)	−0.286*** (0.062)	−0.208*** (0.038)	−0.290*** (0.062)
Constant	1.777*** (0.465)	−3.444*** (0.730)	1.414*** (0.467)	−3.900*** (0.739)	1.533*** (0.473)	−4.277*** (0.756)	1.469*** (0.465)	−3.748*** (0.742)
LR chi2 (24)	1 786.29							
LR chi2 (26)			1 834.09		1 813.89		1 817.16	
Prob>chi2	0.000 0		0.000 0		0.000 0		0.000 0	
Pseudo R^2	0.150 1		0.154 1		0.152 4		0.152 7	
样本量	6 887		6 887		6 887		6 887	

注：数据来源于 Stata 15.1 软件的输出。***、**、* 分别表示在 1%、5%、10%的统计水平上显著，括号中的数值为回归变量的标准误。

第三，分析互联网嵌入时长对农户生计抉择的影响。表 6－3 中第（5）、（6）列给出了互联网嵌入时长对农户生计抉择的估计结果。由结果可知，互联网嵌入时长在第（5）列和第（6）列的系数均为正，并且均通过了 1%的显著性水平检验，其平方项为负，表明相对于务农主导型，互联网嵌入时长与务工和创业主导型生计策略呈显著倒 U 形关系，根据其一次项和平方项的系数算出的临界值为 3.5（h/d）。农户互联网嵌入时长的平均值不足 1（h/d），表明当前农户互联网嵌入的时长不足，提升农户的互联网嵌入时长会促进其生计资本存量的提升。对比第（5）、（6）列的系数（0.326<0.698）可知，相对于务

工主导型，互联网嵌入时长的提升对农户选择创业主导型生计策略起到促进作用。可能的解释包括两个方面，一方面是农户使用互联网的时间越长，获取的信息量越大，进而提高了自身的知识储备，为农户外出打工、创新创业提供了机会；另一方面是农户使用互联网会减少做农活及工作的时间，也就是说，当农户互联网嵌入时长达到一定值时，会对农户产生负面影响，青年农户可能沉迷于网络，因此需要合理控制互联网嵌入时长。

第四，分析互联网嵌入目的对农户生计抉择的影响。表 6-3 中第（7）、（8）列给出了互联网嵌入目的对农户生计抉择的估计结果。由结果可知，互联网工作学习目的与互联网社交娱乐目的在第（7）列和第（8）列的系数均为正，并且均通过了 1%的显著性水平检验，表明相对于务农主导型，以互联网工作学习与社交娱乐为目的的农户选择务工主导型或创业主导型生计策略的概率更大。进一步对比第（7）、（8）列的回归系数［0.319＜0.497（0.178）；0.223＜0.445（0.222）］[①]可知，相对于务工主导型，互联网嵌入目的促进农户选择创业主导型生计策略；其中，以互联网社交娱乐为目的对农户选择创业主导型生计策略的影响大于以互联网学习工作为目的对农户选择创业主导型生计策略的影响。可能的解释是，以互联网社交娱乐为目的的农户占比相对较高，其中以社交为目的的农户数量更多，农户通过互联网进行社会交往可以维持原有的社会网络，并拓展更广的人脉，从中获取更多的社会支持，降低创业成本，进而促进农户开展创新创业活动。

最后，分析控制变量对农户生计抉择的影响。由于本节重点关注互联网嵌入对农户生计抉择的影响，尽管模型中其他控制变量对农户生计抉择的影响各不相同，但它们并不是本节的讨论重点，不再赘述其他控制变量的结果。

二、内生性处理

前述内容已经说明互联网嵌入与农户生计抉择可能存在反向因果关系，即非农就业增加了农户使用互联网的概率，并非互联网使用影响了农户生计抉择。为了处理基准模型中可能出现的内生性问题。本节选取“省级互联网普及率”（Ipr）和“是否拥有计算机”（$Computer$）作为农户互联网嵌入的工具变量对内生性问题进行检验与分析。

前述内容将互联网嵌入频率与嵌入目的分别降维成两个公因子，本节为了更好地处理内生性问题，将互联网嵌入频率与嵌入目的分别降维成一个公因子，即“互联网嵌入频率公因子”（Ief）与“互联网嵌入目的公因子”（Iep）

① 括号中的数值为两列回归系数之差，也代表着创业主导型相对于务工主导型的估计结果。其中，互联网工作学习目的的回归系数为 0.178，互联网社交娱乐目的的回归系数为 0.222。

代入模型中。

本节运用 Stata 15.1 统计软件，采用 2SLS 对样本数据进行回归分析，通过弱工具变量检验、过度识别检验及内生性检验来判断互联网嵌入的内生性及工具变量的有效性和外生性。表 6-4 为工具变量的回归估计结果。

表 6-4　互联网嵌入对农户生计抉择的影响：工具变量法

变量	一阶段 (1) *InternetU*	二阶段 (2) *Choice*	一阶段 (3) *Ief*	二阶段 (4) *Choice*	一阶段 (5) *Duration*	二阶段 (6) *Choice*	一阶段 (7) *Iep*	二阶段 (8) *Choice*
InternetU		0.976*** (0.103)						
Ief				0.319*** (0.031)				
Duration						0.487*** (0.067)		
Iep								0.319*** (0.031)
Ipr	0.389*** (0.075)		0.847*** (0.149)		0.554** (0.246)		0.777*** (0.155)	
Computer	0.184*** (0.013)		0.583*** (0.029)		0.383*** (0.045)		0.586*** (0.031)	
Gender	0.004 (0.009)	−0.041*** (0.015)	0.048*** (0.018)	−0.051*** (0.013)	−0.017 (0.029)	−0.027 (0.018)	0.024 (0.019)	−0.043*** (0.013)
Age	−0.019*** (0.001)	0.023*** (0.003)	−0.073*** (0.004)	0.028*** (0.003)	−0.112*** (0.009)	0.058*** (0.009)	−0.076*** (0.004)	0.028*** (0.004)
Age^2	0.000 (0.000)	−0.000*** (0.000)	0.000*** (0.000)	−0.000*** (0.000)	0.000*** (0.000)	−0.000*** (0.000)	0.000*** (0.000)	−0.000*** (0.000)
Education	0.017*** (0.001)	−0.007** (0.003)	0.046*** (0.002)	−0.005** (0.002)	0.035*** (0.003)	−0.007** (0.003)	0.046*** (0.002)	−0.005** (0.002)
Health	−0.004 (0.003)	0.017*** (0.006)	−0.003 (0.006)	0.013** (0.005)	−0.026*** (0.009)	0.025*** (0.006)	0.000 (0.006)	0.012** (0.005)
Politics	0.055*** (0.016)	−0.022 (0.027)	0.186*** (0.035)	−0.027 (0.025)	−0.013 (0.043)	0.038 (0.029)	0.180*** (0.037)	−0.025 (0.025)
Scale	−0.006*** (0.002)	0.074*** (0.003)	−0.026*** (0.004)	0.076*** (0.003)	−0.019** (0.007)	0.077*** (0.005)	−0.024*** (0.004)	0.075*** (0.003)

（续）

变量	一阶段 (1) *InternetU*	二阶段 (2) *Choice*	一阶段 (3) *Ief*	二阶段 (4) *Choice*	一阶段 (5) *Duration*	二阶段 (6) *Choice*	一阶段 (7) *Iep*	二阶段 (8) *Choice*
Burden	0.068*** (0.016)	−0.303*** (0.028)	0.116*** (0.030)	−0.274*** (0.025)	0.055 (0.051)	−0.264*** (0.033)	0.097*** (0.031)	−0.269*** (0.025)
Outflow	0.046*** (0.012)	0.034* (0.020)	0.058** (0.023)	0.060*** (0.018)	0.110*** (0.035)	0.025 (0.024)	0.056** (0.024)	0.061*** (0.018)
Inflow	−0.010 (0.015)	−0.164*** (0.027)	0.019 (0.029)	−0.181*** (0.023)	0.006 (0.038)	0.025 (0.024)	0.029 (0.030)	−0.184*** (0.024)
Region	0.046*** (0.008)	−0.042*** (0.008)	0.099*** (0.017)	−0.037*** (0.008)	0.031 (0.025)	−0.021** (0.010)	0.086*** (0.017)	−0.035*** (0.008)
Constant	0.907*** (0.081)	0.476*** (0.163)	1.613*** (0.176)	0.927*** (0.115)	3.775*** (0.315)	−0.395 (0.339)	1.647*** (0.186)	0.934*** (0.116)
R^2	0.413 1		0.491 5		0.292 2		0.453 1	
Overid 检验	P=0.200 7		P=0.719 9		P=0.800 1		P=0.883 6	
F 统计量	115.144 P=0.000 0		222.256 P=0.000 0		39.546 P=0.000 0		193.944 P=0.000 0	
Hausman 检验	92.18 P=0.000 0		68.82 P=0.000 0		102.10 P=0.000 0		75.16 P=0.000 0	
DWH 检验	93.417 P=0.000 0		69.506 P=0.000 0		103.626 P=0.000 0		75.979 P=0.000 0	
样本量	6 887		6 887		6 887		6 887	

注：数据来源于 Stata 15.1 软件的输出。***、**、* 分别表示在 1%、5%、10%的统计水平上显著，括号中的数值为回归变量的标准误。

表 6-4 中第（1）、（3）、（5）、（7）列分别以互联网使用、互联网嵌入频率、互联网嵌入时长、互联网嵌入目的作为被解释变量。由结果可知，省级互联网普及率和是否拥有计算机在第（1）、（3）、（5）、（7）列的系数均为正，并且均通过了 1%的显著性水平检验。这表明，互联网普及率提高与拥有计算机对互联网嵌入具有显著的促进作用，也能够说明本节选取的两个工具变量与互联网嵌入具有很强的相关性。首先，根据过度识别检验的 P 值（0.200 7、0.719 9、0.800 1、0.883 6），接受“所有工具变量均为外生”的原假设。其次，各模型中的 F 统计量分别为 115.144、222.256、39.546、193.944，大于 Stock 和 Yogo（2005）提供的临界值 16.38，其 P 值均为 0.000 0，表明可以

拒绝“弱工具变量”的原假设。本节进一步采用 LIML 对工具变量进行检验，LIML 的估计结果与 2SLS 非常接近，进一步说明不存在弱工具变量问题。最后，内生性 Hausman 检验 P 值均为 0.000 0，说明在 1%的显著性水平上拒绝“所有解释变量均为外生”的原假设，进一步进行异方差稳健的 Durbin-Wu-Hausman（DWH）检验，其 P 值均为 0.000 0，同样说明在 1%的显著性水平上拒绝“互联网嵌入为外生变量”的原假设，即表明互联网嵌入为内生变量。综上所述，本部分所采用的工具变量是有效的，进而证实了结果的有效性。由表 6-4 中第（2）、（4）、（6）、（8）列的估计结果可知，在通过工具变量处理内生性问题后，互联网使用、互联网嵌入频率、互联网嵌入时长、互联网嵌入目的对农户生计抉择仍然具有正向影响，并且在 1%的统计水平上显著；模型中其他控制变量对农户生计抉择的影响各不相同，但它们不是本节的讨论重点，因此不再赘述其他控制变量的结果。进一步表明，控制了内生性问题后，使用互联网的农户更倾向选择务工或创业主导型生计策略。

进一步检验内生性处理结果的稳健性，本节借鉴位秀平（2015）、乔晓春（2017）处理内生性问题的方法，即控制被解释变量与解释变量的发生时间，将解释变量取至被解释变量调查时间的前一调查时间，这样就可以得到解释变量对被解释变量的影响，不存在反向影响，进而克服了互为因果关系的内生性问题。本节依照这个思路，解释变量选取 CFPS 2016① 的数据，被解释变量选取 CFPS 2018 的数据，确保变量在时间上属于“前因后果”，排除了反向因果关系，进而保证所得的估计结果更加真实可靠。首先，本节对 CFPS 2016 数据中的互联网嵌入频率与嵌入目的进行因子分析，其 KMO 值均为 0.723，所得公因子为“互联网工作学习频率”（*FactorWLF*）、“互联网社交娱乐频率”（*FactorSPF*）、“互联网工作学习目的”（*FactorFWL*）与“互联网社交娱乐目的”（*FactorFSP*）。具体估计结果如表 6-5 所示。

表 6-5 的自变量来源于 2016 年的中国家庭追踪调查数据，同时给出了 2016 年互联网嵌入对 2018 年农户生计抉择影响的估计结果。由结果可知，相对于务农主导型，互联网使用、互联网嵌入频率、互联网嵌入时长及互联网嵌入目的均对农户选择务工及创业主导型生计策略具有显著的正向影响。模型中其他控制变量对农户生计抉择的影响各不相同，但它们不是本节的讨论重点，因此不再赘述其他控制变量的结果。对比表 6-5 的结果可知，克服了内生性问题后，互联网嵌入对农户选择务工及创业主导型生计策略起到了促进作用，这进一步证实了表 6-4 所得内生性处理结果的稳健性。

---

① 由于中国家庭追踪调查每两年开展一次实地调研，本节处理内生性问题的自变量来源于 2016 年的调查数据。

表 6-5　互联网嵌入对农户生计抉择的影响：内生性处理

自变量 CFPS 2016	(1) ln (P_2/P_1)	(2) ln (P_3/P_1)	(3) ln (P_2/P_1)	(4) ln (P_3/P_1)	(5) ln (P_2/P_1)	(6) ln (P_3/P_1)	(7) ln (P_2/P_1)	(8) ln (P_3/P_1)
InternetU	0.544*** (0.096)	1.333*** (0.137)						
FactorWLF			0.299*** (0.051)	0.308*** (0.062)				
FactorSPF			0.296*** (0.046)	0.566*** (0.061)				
Duration					0.441*** (0.070)	0.781*** (0.090)		
Duration^2					−0.038*** (0.007)	−0.062*** (0.010)		
FactorFWL							0.306*** (0.052)	0.317*** (0.062)
FactorFSP							0.254*** (0.046)	0.413*** (0.059)
Gender	−0.261*** (0.063)	−0.117 (0.105)	−0.271*** (0.063)	−0.120 (0.105)	−0.264*** (0.063)	−0.111 (0.105)	−0.266*** (0.063)	−0.109 (0.105)
Age	0.021 (0.015)	0.121*** (0.026)	0.044*** (0.016)	0.154*** (0.027)	0.030* (0.016)	0.150*** (0.027)	0.037** (0.016)	0.140*** (0.027)
Age^2	−0.000*** (0.000)	−0.001*** (0.000)	−0.000*** (0.000)	−0.001*** (0.000)	−0.000*** (0.000)	−0.001*** (0.000)	−0.000*** (0.000)	−0.001*** (0.000)
Education	0.043 9*** (0.007)	0.090*** (0.014)	0.038*** (0.007)	0.094*** (0.014)	0.044*** (0.007)	0.099*** (0.014)	0.039*** (0.007)	0.099*** (0.014)
Health	0.018 (0.024)	0.043 (0.042)	0.017 (0.024)	0.049 (0.042)	0.019 (0.024)	0.050 (0.042)	0.017 (0.024)	0.046 (0.043)
Politics	0.196* (0.117)	0.047 (0.193)	0.172 (0.118)	0.067 (0.194)	0.207* (0.116)	0.114 (0.192)	0.176 (0.117)	0.085 (0.193)
Scale	0.236*** (0.017)	0.327*** (0.025)	0.239*** (0.017)	0.327*** (0.025)	0.237*** (0.017)	0.325*** (0.025)	0.237*** (0.017)	0.322*** (0.025)
Burden	−0.290*** (0.111)	−0.267 (0.229)	−0.262** (0.111)	−0.241 (0.228)	−0.285** (0.111)	−0.234 (0.226)	−0.260** (0.111)	−0.206 (0.226)
Outflow	0.301*** (0.089)	0.631*** (0.138)	0.291*** (0.089)	0.629*** (0.138)	0.300*** (0.089)	0.639*** (0.138)	0.290*** (0.089)	0.640*** (0.138)
Inflow	−0.598*** (0.080)	−0.470*** (0.138)	−0.602*** (0.080)	−0.468*** (0.137)	−0.598*** (0.080)	−0.457*** (0.137)	−0.605*** (0.080)	−0.463*** (0.137)

（续）

自变量 CFPS 2016	(1) ln（P_2/P_1）	(2) ln（P_3/P_1）	(3) ln（P_2/P_1）	(4) ln（P_3/P_1）	(5) ln（P_2/P_1）	(6) ln（P_3/P_1）	(7) ln（P_2/P_1）	(8) ln（P_3/P_1）
Region	−0.146*** (0.037)	−0.201*** (0.062)	−0.140*** (0.037)	−0.215*** (0.062)	−0.145*** (0.037)	−0.211*** (0.062)	−0.146*** (0.036)	−0.231*** (0.061)
Constant	0.572 (0.437)	−4.842*** (0.695)	0.124 (0.445)	−5.187*** (0.707)	0.355 (0.449)	−5.331*** (0.725)	0.356 (0.439)	−4.629*** (0.702)
LR chi2（24）	1 405.68							
LR chi2（26）			1 421.13		1 398.46		1 386.52	
Prob>chi2	0.000 0		0.0 00 0		0.000 0		0.000 0	
Pseudo R^2	0.118 1		0.119 4		0.117 5		0.116 5	
样本量	6 887		6 887		6 887		6 887	

注：数据来源于 Stata 15.1 软件的输出。***、**、* 分别表示在 1%、5%、10%的统计水平上显著，括号中的数值为回归变量的标准误。

三、稳健性检验

根据已有相关研究的经验，为确保估计结果的有效性，本节将采取以下 3 种方式对样本数据进行稳健性检验：一是针对核心解释变量的稳健性检验，采用移动上网作为互联网使用的代理变量，将互联网嵌入频率的 4 个指标与互联网嵌入目的的 4 个指标直接代入模型；二是针对被解释变量的稳健性检验，按照收入来源及占比重新划分农户生计抉择变量；三是针对计量模型的稳健性检验，更换计量模型重新估计样本数据。

第一，分析更换核心解释变量后相关结论的稳健性。本节以移动上网代替互联网使用指标，以互联网学习频率、互联网工作频率、互联网社交频率、互联网娱乐频率代替互联网工作学习频率与互联网社交娱乐频率指标，以互联网学习目的、互联网工作目的、互联网社交目的、互联网娱乐目的代替互联网工作学习目的与互联网社交娱乐目的，模型设定均不变，具体估计结果如表 6-6 所示。

表 6-6　稳健性检验：更换核心解释指标

自变量	(1) ln（P_2/P_1）	(2) ln（P_3/P_1）	(3) ln（P_2/P_1）	(4) ln（P_3/P_1）	(5) ln（P_2/P_1）	(6) ln（P_3/P_1）
Mobile	0.386*** (0.082)	1.100*** (0.128)				
InternetLF			−0.034 (0.044)	−0.065 (0.057)		

（续）

自变量	(1) ln (P_2/P_1)	(2) ln (P_3/P_1)	(3) ln (P_2/P_1)	(4) ln (P_3/P_1)	(5) ln (P_2/P_1)	(6) ln (P_3/P_1)
InternetWF			0.315*** (0.054)	0.444*** (0.063)		
InternetSF			0.029 (0.035)	0.116** (0.052)		
InternetPF			0.083** (0.037)	0.195*** (0.052)		
OnlineFL					−0.040 (0.045)	−0.017 (0.058)
OnlineFW					0.331*** (0.057)	0.424*** (0.066)
OnlineFS					0.091** (0.038)	0.152*** (0.053)
OnlineFP					0.042 (0.042)	0.134** (0.056)
Gender	−0.299*** (0.065)	−0.143 (0.106)	−0.311*** (0.065)	−0.183* (0.107)	−0.304*** (0.065 8)	−0.160 (0.107)
Age	−0.046*** (0.016)	0.039 (0.027)	−0.023 (0.016)	0.079*** (0.028)	−0.026 (0.016)	0.079*** (0.028)
Age^2	0.000 (0.000)	−0.000** (0.000)	0.000 (0.000)	−0.001*** (0.000)	0.000 (0.000)	−0.001*** (0.000)
Education	0.036*** (0.008)	0.082*** (0.013)	0.028*** (0.008)	0.062*** (0.014)	0.029*** (0.008)	0.068*** (0.014)
Health	0.070*** (0.024)	0.088** (0.042)	0.068*** (0.024)	0.085** (0.042)	0.068*** (0.024)	0.080* (0.042)
Politics	0.258** (0.115)	0.142 (0.184)	0.218* (0.117)	0.051 (0.188)	0.209* (0.117)	0.059 (0.187)
Scale	0.376*** (0.019)	0.476*** (0.028)	0.381*** (0.019)	0.488*** (0.028)	0.382*** (0.019)	0.484*** (0.028)
Burden	−1.267*** (0.121)	−1.063*** (0.234)	−1.245*** (0.121)	−1.034*** (0.236)	−1.242*** (0.121)	−1.004*** (0.235)
Outflow	0.303*** (0.087)	0.580*** (0.134)	0.302*** (0.087)	0.583*** (0.135)	0.302*** (0.087)	0.596*** (0.135)
Inflow	−1.027*** (0.092)	−0.786*** (0.157)	−1.034*** (0.093)	−0.801*** (0.158)	−1.038*** (0.093)	−0.812*** (0.157)

（续）

自变量	(1) ln（P_2/P_1）	(2) ln（P_3/P_1）	(3) ln（P_2/P_1）	(4) ln（P_3/P_1）	(5) ln（P_2/P_1）	(6) ln（P_3/P_1）
Region	−0.213*** (0.038)	−0.305*** (0.062)	−0.205*** (0.038)	−0.280*** (0.062)	−0.207*** (0.038)	−0.285*** (0.062)
Constant	1.826*** (0.463)	−3.333*** (0.729)	0.753 (0.494)	−5.131*** (0.769)	0.816* (0.493)	−4.850*** (0.771)
*LR chi*2（24）	1 780.78					
*LR chi*2（30）			1 862.32		1 837.66	
Prob>*chi*2	0.000 0		0.000 0		0.000 0	
Pseudo R^2	0.149 6		0.156 5		0.154 4	
样本量	6 887		6 887		6 887	

注：数据来源于 Stata 15.1 软件的输出。***、**、* 分别表示在 1%、5%、10%的统计水平上显著，括号中的数值为回归变量的标准误。

表 6－6 给出了更换核心解释变量后互联网嵌入对农户生计抉择的估计结果。由结果可知，移动上网在第（1）、（2）列的系数为正，并且通过了1%的显著性水平检验，表明农户采用移动上网促进其选择务工及创业主导型生计策略；互联网工作、社交与娱乐频率在第（3）、（4）列的系数均为正，并且部分通过了显著性水平检验，表明互联网嵌入频率高的农户更倾向于选择务工及创业主导型生计策略；互联网工作、社交与娱乐目的在第（5）、（6）列的系数为正，并且部分通过了显著性水平检验，表明农户更倾向于选择务工及创业主导型生计策略。由于其他控制变量的回归估计结果与基准模型回归的估计结果类似，且不是本部分的研究重点，因此不再赘述其他控制变量的结果。本节更换核心解释变量所得到的估计结果表明，相关结论是稳健可靠的。

第二，分析更换被解释变量后相关结论的稳健性。本节根据农户收入来源及占比，将农户生计抉择重新分为务农主导型，样本量为 2 291 个；务工主导型，样本量为 4 168 个；创业主导型，样本量为 428 个。模型设定均不变，具体估计结果如表 6－7 所示。

表 6－7　稳健性检验：重新构建被解释指标

自变量	(1) ln (P_2/P_1)	(2) ln (P_3/P_1)	(3) ln (P_2/P_1)	(4) ln (P_3/P_1)	(5) ln (P_2/P_1)	(6) ln (P_3/P_1)	(7) ln (P_2/P_1)	(8) ln (P_3/P_1)
InternetU	0.300*** (0.076)	0.940*** (0.142)						

（续）

自变量	(1) ln (P_2/P_1)	(2) ln (P_3/P_1)	(3) ln (P_2/P_1)	(4) ln (P_3/P_1)	(5) ln (P_2/P_1)	(6) ln (P_3/P_1)	(7) ln (P_2/P_1)	(8) ln (P_3/P_1)
FactorWLF			0.213*** (0.040)	0.340*** (0.056)				
FactorSPF			0.189*** (0.038)	0.480*** (0.065)				
Duration					0.253*** (0.052)	0.609*** (0.084)		
Duration^2					−0.021*** (0.006)	−0.043*** (0.011)		
FactorFWL							0.218*** (0.040)	0.323*** (0.056)
FactorFSP							0.178*** (0.038)	0.372*** (0.061)
Gender	−0.318*** (0.061)	0.016 (0.117)	−0.328*** (0.062)	−0.000 (0.118)	−0.313*** (0.062)	0.035 (0.118)	−0.322*** (0.062)	0.0141 (0.118)
Age	−0.039** (0.015)	0.055* (0.030)	−0.021 (0.015)	0.085*** (0.031)	−0.030** (0.015)	0.091*** (0.031)	−0.023 (0.015)	0.086*** (0.031)
Age^2	0.000 (0.000)	−0.001*** (0.000)	−0.000 (0.000)	−0.001*** (0.000)	0.000 (0.000)	−0.001*** (0.000)	−0.000 (0.000)	−0.001*** (0.000)
Education	0.026*** (0.007)	0.072*** (0.015)	0.019** (0.007)	0.059*** (0.016)	0.024*** (0.007)	0.069*** (0.015)	0.019** (0.007)	0.064*** (0.016)
Health	0.059** (0.023)	0.049 (0.047)	0.058** (0.023)	0.048 (0.047)	0.060** (0.023)	0.055 (0.047)	0.057** (0.023)	0.043 (0.047)
Politics	0.337*** (0.110)	0.282 (0.198)	0.303*** (0.111)	0.232 (0.200)	0.353*** (0.110)	0.347* (0.198)	0.305*** (0.111)	0.250 (0.200)
Scale	0.302*** (0.017)	0.400*** (0.029)	0.305*** (0.017)	0.406*** (0.029)	0.303*** (0.017)	0.402*** (0.029)	0.305*** (0.017)	0.402*** (0.029)
Burden	−1.211*** (0.117)	−1.048*** (0.267)	−1.204*** (0.117)	−1.046*** (0.268)	−1.209*** (0.117)	−1.030*** (0.268)	−1.201*** (0.117)	−1.010*** (0.268)
Outflow	0.369*** (0.082)	0.491*** (0.150)	0.366*** (0.082)	0.486*** (0.150)	0.365*** (0.082)	0.475*** (0.151)	0.368*** (0.082)	0.501*** (0.150)
Inflow	−1.138*** (0.089)	−0.967*** (0.182)	−1.149*** (0.089)	−0.994*** (0.183)	−1.145*** (0.089)	−0.986*** (0.183)	−1.152*** (0.089)	−0.995*** (0.183)

（续）

自变量	(1) ln (P_2/P_1)	(2) ln (P_3/P_1)	(3) ln (P_2/P_1)	(4) ln (P_3/P_1)	(5) ln (P_2/P_1)	(6) ln (P_3/P_1)	(7) ln (P_2/P_1)	(8) ln (P_3/P_1)
Region	−0.247*** (0.036)	−0.405*** (0.069)	−0.244*** (0.036)	−0.402*** (0.069)	−0.244*** (0.036)	−0.389*** (0.069)	−0.243*** (0.036)	−0.397*** (0.069)
Constant	1.902*** (0.430)	−3.481*** (0.796)	1.572 (0.431)	−3.838 (0.802)	1.684*** (0.438)	−4.313*** (0.823)	1.636*** (0.430)	−3.706*** (0.806)
LR chi2 (24)	1 620.10							
LR chi2 (26)			1 654.49		1 648.50		1 640.01	
Prob>chi2	0.000 0		0.000 0		0.000 0		0.000 0	
Pseudo R^2	0.139 6		0.142 5		0.142 0		0.141 3	
样本量	6 887		6 887		6 887		6 887	

注：数据来源于 Stata 15.1 软件的输出。***、**、* 分别表示在 1%、5%、10%的统计水平上显著，括号中的数值为回归变量的标准误。

表 6－7 为重新划分生计抉择指标后的估计结果，由结果可知，互联网使用、互联网嵌入频率、互联网嵌入时长及互联网嵌入目的在各个模型中的系数均为正，并且均通过了显著性水平检验，表明相对于务农主导型，互联网嵌入促进农户选择务工及创业主导型生计策略，此结果与基准模型的估计结果基本一致。由于控制变量不是本节的研究重点，此处不再赘述。以上结果说明重新构建被解释变量后，相关结论仍然稳健可靠。

第三，分析更换计量模型后相关结论的稳健性。本节采用 MNP 重新估计互联网嵌入对农户生计抉择的影响。模型设定均不变，具体结果如表 6－8 所示。

表 6－8　稳健性检验：更换计量模型

自变量	(1) ln (P_2/P_1)	(2) ln (P_3/P_1)	(3) ln (P_2/P_1)	(4) ln (P_3/P_1)	(5) ln (P_2/P_1)	(6) ln (P_3/P_1)	(7) ln (P_2/P_1)	(8) ln (P_3/P_1)
InternetU	0.294*** (0.064)	0.779*** (0.084)						
FactorWLF			0.206*** (0.033)	0.340*** (0.038)				
FactorSPF			0.161*** (0.031)	0.373*** (0.040)				

（续）

自变量	(1) ln (P_2/P_1)	(2) ln (P_3/P_1)	(3) ln (P_2/P_1)	(4) ln (P_3/P_1)	(5) ln (P_2/P_1)	(6) ln (P_3/P_1)	(7) ln (P_2/P_1)	(8) ln (P_3/P_1)
Duration					0.230*** (0.042)	0.482*** (0.054)		
Duration^2					−0.019*** (0.005)	−0.034*** (0.007)		
FactorFWL							0.218*** (0.034)	0.340*** (0.038)
FactorFSP							0.157*** (0.031)	0.307*** (0.039)
Gender	−0.241*** (0.052)	−0.121* (0.071)	−0.254*** (0.052)	−0.148** (0.071)	−0.239*** (0.052)	−0.107 (0.071)	−0.248*** (0.052)	−0.132* (0.071)
Age	−0.027** (0.012)	0.023 (0.017)	−0.014 (0.012)	0.048*** (0.018)	−0.022* (0.012)	0.045** (0.018)	−0.016 (0.012)	0.047*** (0.018)
Age^2	0.000 (0.000)	−0.000** (0.000)	−0.000 (0.000)	−0.000*** (0.000)	0.000 (0.000)	−0.000*** (0.000)	0.000 (0.000)	−0.000*** (0.000)
Education	0.029*** (0.006)	0.054*** (0.009)	0.023*** (0.006)	0.043*** (0.009)	0.028*** (0.006)	0.054*** (0.009)	0.023*** (0.006)	0.046*** (0.009)
Health	0.053*** (0.019)	0.062** (0.028)	0.052*** (0.020)	0.060** (0.028)	0.053*** (0.019)	0.066** (0.028)	0.051** (0.020)	0.055** (0.028)
Politics	0.207** (0.091)	0.116 (0.124)	0.180* (0.092)	0.068 (0.126)	0.225** (0.092)	0.170 (0.124)	0.181* (0.093)	0.078 (0.126)
Scale	0.273*** (0.014)	0.310*** (0.018)	0.278*** (0.014)	0.316*** (0.018)	0.275*** (0.014)	0.312*** (0.018)	0.278*** (0.014)	0.314*** (0.018)
Burden	−1.082*** (0.097)	−0.774*** (0.151)	−1.071*** (0.097)	−0.758*** (0.152)	−1.081*** (0.097)	−0.755*** (0.151)	−1.071*** (0.097)	−0.734*** (0.151)
Outflow	0.221*** (0.069)	0.402*** (0.091)	0.218*** (0.069)	0.397*** (0.091)	0.216*** (0.069)	0.394*** (0.091)	0.218*** (0.069)	0.401*** (0.091)
Inflow	−0.821*** (0.075)	−0.574*** (0.105)	−0.829*** (0.075)	−0.593*** (0.106)	−0.826*** (0.075)	−0.585*** (0.105)	−0.831*** (0.075)	−0.598*** (0.105)
Region	−0.171*** (0.030)	−0.215*** (0.041)	−0.168*** (0.030)	−0.211*** (0.042)	−0.167*** (0.030)	−0.204*** (0.042)	−0.167*** (0.030)	−0.208*** (0.042)
Constant	1.346*** (0.351)	−2.196*** (0.478)	1.134*** (0.353)	−2.459*** (0.484)	1.231*** (0.357)	−2.653*** (0.492)	1.182*** (0.352)	−2.337*** (0.485)

（续）

自变量	(1) ln (P_2/P_1)	(2) ln (P_3/P_1)	(3) ln (P_2/P_1)	(4) ln (P_3/P_1)	(5) ln (P_2/P_1)	(6) ln (P_3/P_1)	(7) ln (P_2/P_1)	(8) ln (P_3/P_1)
LR chi2 (24)	1 435.96							
LR chi2 (26)			1 451.74		1 449.55		1 430.98	
Prob>*chi2*	0.000 0		0.000 0		0.000 0		0.000 0	
样本量	6 887		6 887		6 887		6 887	

注：数据来源于 Stata 15.1 软件的输出。***、**、* 分别表示在 1%、5%、10%的统计水平上显著，括号中的数值为回归变量的标准误。

表 6－8 为 MNP 的估计结果。由结果可知，互联网使用、互联网嵌入频率、互联网嵌入时长及互联网嵌入目的在各个模型中的系数均为正，并且均通过了显著性水平检验，表明相对于务农主导型，互联网嵌入促进农户选择务工及创业主导型生计策略，此估计结果与前述内容中基准模型的估计结果基本一致。另外，本节还对 MNL 和 MNP 的预测概率进行相关性检验，其结果显示两个模型所预测的概率高度一致，相关系数均在 99%以上，再次说明两个模型所得结果较为一致。由于其他控制变量的估计结果与基准模型的结果类似且不是本节的研究重点，不再赘述控制变量的结果。这说明更换计量模型后得到的相关结论仍然稳健可靠。

第五节　互联网嵌入对农户生计抉择的间接影响——以生计资本为中介

前述内容中的实证分析结果显示，互联网嵌入能够促进农户选择务工及创业主导型生计策略。本节将进一步探讨互联网嵌入影响农户生计抉择的机制。第五章已经论证了互联网嵌入提高了农户生计资本的存量，其中，社会资本存量的提升能够有效改善农户与亲朋好友间的关系，有利于农户社交关系网络的巩固与拓展；人力资本存量的提升能够有效加强农户自身知识与技能的储备，有助于农户选择非农就业；金融资本存量的提升能够提高农户的借贷成功率。以上优势能够增加农户选择务工及创业主导型生计策略的概率。

根据国际经验，互联网技术能够很好地解决贫困问题，成为改善人们生计的有力工具（马留赟和白钦先，2022；王静和魏晓博，2022；李琴和岳经纶，2021）。Cecchini 和 Scott（2003）的研究表明，信息通信技术能够有效改善贫困农户的教育、健康及金融服务。互联网信息通信技术还能够增加贫困农户的生计资产存量，有助于农户降低时间成本，促进农户选择新的生计策略，提高其收入（Lechman，Popowska，2022；Tan，Li，2022；Gabriels，Horn，

2014；Vong，Song，2014）。宁泽逵（2017b）、张莉等（2011）的研究也表明，信息化能够改善农户的生计。多数学者基于可持续生计理论，实证研究了生计资本对农户生计抉择的影响，不同的生计资本对生计抉择具有不同的影响（金莲和王永平，2020；周丽等，2020；李慧玲等，2017；杨怀德等，2016；伍艳，2015b；赵文娟等，2015；赵雪雁等，2011）。因此，生计资本在互联网嵌入与农户生计抉择的关系中可能存在中介作用。有鉴于此，本节进一步运用SPSS 23.0统计软件，采用Bootstrap中介效应检验方法分析生计资本在互联网嵌入对农户生计抉择影响中的作用。

一、Bootstrap中介效应检验

在进行中介效应检验前，为更好地契合模型和分析中介效果，本部分将互联网嵌入（互联网使用、互联网嵌入频率、互联网嵌入时长与互联网嵌入目的）的多个指标降维成一个因子“互联网嵌入因子”（*Internet*）代入模型。本节运用SPSS 23.0统计软件进行因子分析，结果显示，互联网嵌入得到的KMO值为0.854，Bartlett球形检验的卡方值为77 631.525（$P<0.001$），表明可以采用因子分析法，经过正交化旋转，提取出一个因子“互联网嵌入”，所得互联网嵌入因子得分越高，则表示互联网嵌入程度越高。中介效应检验结果如表6-9所示。

表6-9　互联网嵌入通过生计资本影响农户生计抉择的机制检验结果

中介效应检验	*Choice*
a	0.290***
b	0.073***
中介效应（ab）	0.021***
中介路径的作用区间	$LLCI=0.018$ $ULCI=0.025$
直接效应（c'）	0.148***
直接影响的作用区间	$LLCI=0.135$ $ULCI=0.161$
检验结果	成立

注：数据来源于SPSS 23.0软件的输出。***表示在1%的统计水平上显著。

表6-9为农户生计资本的中介效应检验结果。结果显示，a 为互联网嵌入影响生计资本的系数估计值，其系数为正，并且在1%的统计水平上显著，

表明互联网嵌入促进农户生计资本存量的提升，与第五章的结论一致。c'和b分别为互联网嵌入与生计资本共同影响农户生计抉择的系数估计值，其系数均为正，并且均在1%的统计水平上显著，表明生计资本对农户生计抉择存在显著的正向影响。由中介效应可知，生计资本的中介效应通过了1%的显著性水平检验，95%置信区间不包含0，中介效应（ab）的大小为0.021，在直接效应（c'）的占比为14.19%。由此表明，互联网嵌入能够显著促进农户选择非农（务工或创业）主导型生计策略，并且生计资本在其影响路径中起到中介作用。

二、中介效应再检验

由于生计抉择为多分类变量，本节进一步借鉴刘红云等（2013）对中介效应分析的研究思路，将MNL拓展到中介效应分析过程中，对生计资本的中介效应进行再检验。因此，重新构建解释变量（*Interent*）、中介变量（Ln*LC*）与被解释变量（*Choice*）的3个回归模型，具体如下：

$$Choice = \ln\frac{P_j}{P_k} = i_1 + cInternet + e_1 \qquad (6-9)$$

$$\mathrm{Ln}LC = i_2 + aInternet + e_2 \qquad (6-10)$$

$$Choice = \ln\frac{P_j}{P_k} = i_3 + c'Internet + b\mathrm{Ln}LC + e_3 \qquad (6-11)$$

由于被解释变量（*Choice*）为无序多分类变量，因此，式（6-9）和式（6-11）是基于MNL构建的公式；中介变量（Ln*LC*）与解释变量（*Interent*）为连续变量，因此，式（6-10）和式（6-7）基本相同。按照刘红云等（2013）的研究思路，在被解释变量为连续变量的中介效应模型中，中介效应大小为ab。但是，在MNL中介模型中，系数a与系数b不在同一个尺度上，因此，进行中介效应检验时需对回归系数进行标准化处理。参照Sobel（1982）的公式，具体如下：

$$SE(ab^{std}) = \sqrt{(a^{std})^2[SE(b^{std})]^2 + (b^{std})^2[SE(a^{std})]^2} \qquad (6-12)$$

将标准化回归系数a^{std}与b^{std}的乘积ab^{std}代入式（6-12）计算出其标准误，进一步计算出统计量为$Z=ab^{std}/SE(ab^{std})$，利用Sobel检验可以得出影响路径中是否存在中介效应。本节利用以上步骤，对生计资本的中介效应进行再次检验，应用Mplus 8.3统计软件[①]对其中介效应进行检验，其模型的标准化系数路径如图6-2所示。

① Mplus统计软件可以直接给出标准化后系数与标准误的估计值。

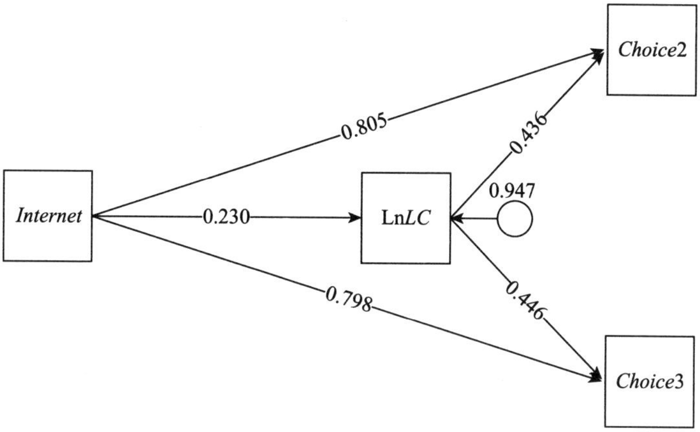

图 6-2　生计资本的中介检验（标准化系数）

图 6-2 为互联网嵌入（*Internet*）通过生计资本（Ln*LC*）对农户生计抉择（*Choice*）的影响路径（标准化系数），即务工（*Choice*2）与创业（*Choice*3）主导型相对于务农主导型（*Choice*1）的估计结果。具体中介效应检验结果如表 6-10 所示。

表 6-10　生计资本的中介检验

路径	(1) ln（P_2/P_1）		(2) ln（P_3/P_1）	
	Estimate	S. E.	Estimate	S. E.
Internet→Ln*LC*（a）	0.290***	0.015	0.290***	0.015
Ln*LC*→*Choice*（b）	0.278***	0.024	0.440***	0.041
Internet→*Choice*（c'）	0.645***	0.038	0.989***	0.051
a^{std}	0.230***	0.011	0.230***	0.011
b^{std}	0.436***	0.035	0.446***	0.036
直接效应 c'^{std}	0.805***	0.024	0.798***	0.026
中介效应 ab^{std}	0.100***	0.009	0.102***	0.010
统计量 Z	11.111		10.200	

注：数据来源于 SPSS 23.0 软件的输出。***表示在 1%的统计水平上显著。

表 6-10 为生计资本中介效应再检验的估计结果。表 6-10 中第（1）、（2）列分别表示务工主导型与创业主导型相对于务农主导型生计策略的估计结果。由结果可知，互联网嵌入在第（1）、（2）列的系数 a 为正，并且通过了显著性水平检验，表明互联网嵌入程度越高，越促进农户生计资本存量的

提升，此结论与第五章所得结论一致。根据系数 b 与 c'可知，互联网嵌入与生计资本均显著促进农户选择务工与创业主导型生计策略。按照上文思路，利用 Sobel 检验统计量 Z①（11.111 与 10.200 均大于 2.58）可以得出，生计资本的中介效应显著，其中介效应标准化系数 ab^{std} 分别为 0.100 与 0.102，直接效应标准化系数 c'^{std} 分别为 0.805 与 0.798，并且均通过了显著性水平检验，表明在其他条件不变的情况下，互联网嵌入每提高 1 个单位，农户选择务工与创业主导型生计策略的可能性将间接提高 0.100 与 0.102 个单位，换言之，互联网嵌入通过中介变量生计资本对农户生计抉择具有显著的中介作用。

三、不同类型生计资本的中介效应检验

本节进一步探讨互联网嵌入通过不同类型生计资本如何影响农户生计抉择，借鉴刘云红等（2013）的研究思路，应用 Mplus 8.3 统计软件对其进行多重中介效应检验，其模型的标准化系数路径如图 6－3 所示。

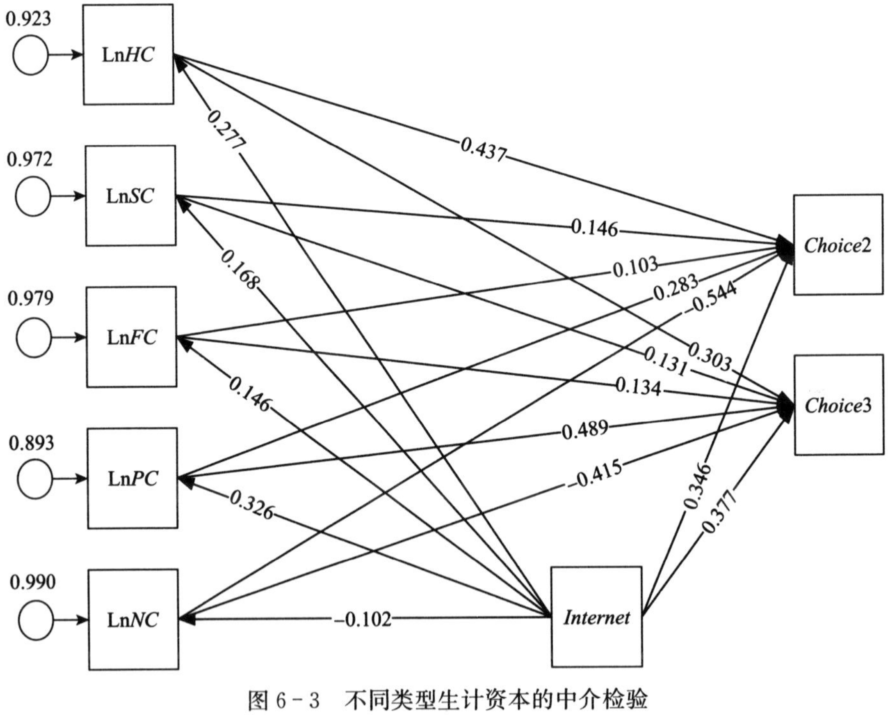

图 6－3　不同类型生计资本的中介检验

① Z 值与 P 值的关系：$|Z|\geqslant 2.58$，则 $P\leqslant 0.01$；$|Z|\geqslant 1.96$，则 $P\leqslant 0.05$。

图 6－3 给出了互联网嵌入（*Internet*）通过人力资本（Ln*HC*）、社会资本（Ln*SC*）、金融资本（Ln*FC*）、物质资本（Ln*PC*）及自然资本（Ln*NC*）对农户生计抉择（*Choice*）的影响路径（标准化系数），即务工（*Choice*2）与创业（*Choice*3）主导型相对于务农主导型（*Choice*1）的估计结果。具体中介效应检验结果如表 6－11 所示。

表 6－11　不同类型生计资本的中介效应检验

路径	(1) $\ln(P_2/P_1)$			(2) $\ln(P_3/P_1)$		
	Estimate	S. E.	统计量 Z	Estimate	S. E.	统计量 Z
Internet→Ln*HC*（a_1）	0.321***	0.013		0.321***	0.013	
Internet→Ln*SC*（a_2）	0.284***	0.020		0.284***	0.020	
Internet→Ln*FC*（a_3）	0.339***	0.028		0.339***	0.028	
Internet→Ln*PC*（a_4）	0.357***	0.012		0.357***	0.012	
Internet→Ln*NC*（a_5）	−0.117***	0.014		−0.117***	0.014	
Ln*HC*→*Choice*（b_1）	0.504***	0.035		0.481***	0.052	
Ln*SC*→*Choice*（b_2）	0.116***	0.019		0.142***	0.033	
Ln*FC*→*Choice*（b_3）	0.059***	0.014		0.106***	0.022	
Ln*PC*→*Choice*（b_4）	0.346***	0.036		0.822***	0.052	
Ln*NC*→*Choice*（b_5）	−0.633***	0.029		−0.664***	0.045	
Internet→*Choice*（c'）	0.463***	0.042		0.693***	0.056	
直接效应 c'^{std}	0.346***	0.028		0.377***	0.027	
中介效应 *Internet*→Ln*HC*→*Choice*（$a_1b_1{}^{std}$）	0.121***	0.009	13.444	0.083***	0.009	9.112
中介效应 *Internet*→Ln*SC*→*Choice*（$a_2b_2{}^{std}$）	0.025***	0.004	6.250	0.022***	0.005	4.400
中介效应 *Internet*→Ln*FC*→*Choice*（$a_3b_3{}^{std}$）	0.015***	0.003	5.000	0.019***	0.004	3.800
中介效应 *Internet*→Ln*PC*→*Choice*（$a_4b_4{}^{std}$）	0.092***	0.010	9.200	0.162***	0.010	16.200
中介效应 *Internet*→Ln*NC*→*Choice*（$a_5b_5{}^{std}$）	0.055***	0.007	7.857	0.042***	0.006	7.000

注：数据来源于 SPSS 23.0 软件的输出。***表示在 1%的统计水平上显著。

表 6-11 给出了农户不同类型生计资本的中介效应检验结果。表 6-11 中第（1）、（2）列表示务工主导型与创业主导型相对于务农主导型生计策略的估计结果。由结果可知，互联网嵌入在第（1）、（2）列的系数 a_1、a_2、a_3、a_4 为正，系数 a_5 为负，并且通过了显著性水平检验，表明互联网嵌入促进农户人力资本、社会资本、金融资本与物质资本存量的提升，对自然资本具有负向影响，该结论与第五章所得结论一致。由系数 b 可知，人力资本、社会资本、金融资本与物质资本显著促进农户选择务工及创业主导型生计策略；自然资本对农户选择务工及创业主导型生计策略具有负向影响。由系数 c' 可知，互联网嵌入显著促进农户选择务工及创业主导型生计策略。不同类型生计资本的中介效应检验结果具体如下。

第一，分析人力资本的中介效应。由 Sobel 检验统计量 Z（13.444 与 9.112 均大于 2.58）可知，人力资本的中介效应显著，其中介效应标准化系数 $a_1b_1^{std}$ 分别为 0.121 与 0.083，其直接效应标准化系数 c'^{std} 分别为 0.346 与 0.377，表明在其他条件不变的情况下，互联网嵌入每提高 1 个单位，农户选择务工与创业主导型生计策略的可能性将间接提高 0.121 与 0.083 个单位，并且中介效应小于直接效应，表明互联网嵌入通过中介变量人力资本对农户生计抉择具有显著的中介作用。可能的解释是，互联网技术能够改变传统的教育与培训模式，农户能够通过网站提高自身技术技能，进一步提升农户的培训效果；农户还可以通过互联网在线看病，以及搜索关于健康一类的信息，改善自身的健康状况。人力资本的提高有助于农户接受新事物，有利于农户接受更高的挑战，有益于提高农户的创新能力，进而促进农户选择务工，甚至是创业主导型生计策略。

第二，分析社会资本的中介效应。由 Sobel 检验统计量 Z（6.250 与 4.400 均大于 2.58）可知，社会资本的中介效应显著，其中介效应标准化系数 $a_2b_2^{std}$ 分别为 0.025 与 0.022，其直接效应标准化系数 c'^{std} 分别为 0.346 与 0.377，表明在其他条件不变的情况下，互联网嵌入每提高 1 个单位，农户选择务工与创业主导型生计策略的可能性将间接提高 0.025 与 0.022 个单位，并且中介效应小于直接效应，表明互联网嵌入通过中介变量社会资本对农户生计抉择具有显著的中介作用。可能的解释是，互联网技术具有虚拟社交的功能，新的技术为农户提供了新的社交渠道，有利于农户维持和拓展社会关系网络，农户能够通过强大的关系网络获取外出务工或是自主创业的相关信息，促进农户选择务工和创业主导型生计策略。

第三，分析金融资本的中介效应。由 Sobel 检验统计量 Z（5.000 与 3.800 均大于 2.58）可知，金融资本的中介效应显著，其中介效应标准化系数 $a_3b_3^{std}$ 分别为 0.015 与 0.019，其直接效应标准化系数 c'^{std} 分别为 0.346 与

0.377，表明在其他条件不变的情况下，互联网嵌入每提高1个单位，农户选择务工与创业主导型生计策略的可能性将间接提高0.015与0.019个单位，并且中介效应小于直接效应，表明互联网嵌入通过中介变量金融资本对农户生计抉择具有显著的中介作用。可能的解释是，数字金融在当今社会已相对普遍，农户可以通过网贷平台进行贷款，并且一些电商平台提供信用贷服务，如支付宝的借呗、京东金融等。农户也能够通过互联网获取贷款信息、贷款流程，促使农户更容易从银行进行贷款。非正规的借贷行为在农户中比较普遍，以互联网技术为基础的微信转账、支付宝转账已普及，农户运用互联网进行虚拟社交的同时，也可运用互联网进行民间借贷行为。由于民间借贷的金额较少，现阶段农户对于数字金融还较为陌生，从长远来看，互联网的普及及农村数字金融服务的完善，必将为农户提供正规的金融服务，有利于农户合理地进行生计抉择。

第四，分析物质资本的中介效应。由 Sobel 检验统计量 Z（9.200与16.200均大于2.58）可知，物质资本的中介效应显著，其中介效应标准化系数 $a_4b_4^{std}$ 分别为0.092与0.162，其直接效应标准化系数 c'^{std} 分别为0.346与0.377，表明在其他条件不变的情况下，互联网嵌入每提高1个单位，农户选择务工与创业主导型生计策略的可能性将间接提高0.092与0.162个单位，并且中介效应小于直接效应，表明互联网嵌入通过中介变量物质资本对农户生计抉择具有显著的中介作用。可能的解释是，各大电商平台兴起，网购行为已成为人们购物的主流选择。相比传统购物形式，互联网电商平台可打破空间与时间上的限制，农户通过互联网促进物质资本的累积。由表5-1可知，非农经营资产与净房产合起来在物质资本中占比较大，物质资本存量的增加能够促进农户选择非农活动。

第五，分析自然资本的中介效应。由 Sobel 检验统计量 Z（7.857与7.000均大于2.58）可知，自然资本的中介效应显著，其中介效应标准化系数 $a_5b_5^{std}$ 分别为0.055与0.042，其直接效应标准化系数 c'^{std} 分别为0.346与0.377，表明在其他条件不变的情况下，互联网嵌入每提高1个单位，农户选择务工与创业主导型生计策略的可能性将间接提高0.055与0.042个单位，并且中介效应小于直接效应，表明互联网嵌入通过中介变量自然资本对农户生计抉择具有显著的中介作用。可能的解释是，互联网打破了信息传播的空间与距离的限制，使农户能够轻松与外界联系，获取大量的信息，提升自身的知识储备，拥有少量土地的农户将进行土地流转，进而减少自身的自然资本，促进其选择务工与创业主导型生计策略。

第六节 本章小结

本章在已有研究的基础上，首先，采用多指标划分法和两步聚类分析法对农户生计抉择进行划分；其次，运用MNL分析了互联网嵌入对农户生计抉择的影响；再次，运用2SLS和确保变量之间在时间上“前因后果”的方法解决了内生性问题；最后，采用Bootstrap中介效应检验方法和标准化系数乘积法分析生计资本在互联网嵌入对农户生计抉择影响路径中的作用，研究得出如下结论。

第一，相对于务农主导型，农户使用互联网增加了其选择务工及创业主导型生计策略的概率。相对于务工主导型，使用互联网的农户更倾向于选择创业主导型生计策略。

第二，相对于务农主导型，互联网嵌入频率越高，越促进农户选择务工及创业主导型生计策略。相对于务工主导型，互联网嵌入频率提高促进农户选择创业主导型生计策略，并且互联网社交娱乐频率对农户选择创业主导型生计策略的影响大于互联网工作学习频率对农户选择创业主导型生计策略的影响。

第三，相对于务农主导型，互联网嵌入时长与务工和创业主导型生计策略呈显著倒U形关系，表明当互联网嵌入时长小于3.5（h/d）时，农户选择务工或创业主导型生计策略的概率更大。相对于务工主导型，互联网嵌入时长对农户选择创业主导型生计策略起到促进作用。

第四，相对于务农主导型，以互联网工作学习与社交娱乐为目的的农户选择务工主导型或创业主导型生计策略的概率更大。相对于务工主导型，互联网嵌入目的对农户选择创业主导型生计策略起到促进作用。其中，以互联网社交娱乐为目的对农户选择创业主导型生计策略的影响大于以互联网工作学习为目的对农户选择创业主导型生计策略的影响。

第五，中介效应检验结果显示，生计资本在互联网嵌入对农户选择务工及创业主导型生计策略的影响中起到中介作用。其中，人力资本、社会资本、金融资本、物质资本与自然资本均在其影响路径中起到了中介作用。

第七章

不同生计抉择下农户收入效应的实证分析

互联网普及所产生的数字红利，促进使用互联网的家庭或个体获取更高的经济收入。第一，本章基于职业最优搜寻理论和可持续生计理论构建本部分的分析框架；第二，采用 PSM 和 OLS 分析互联网嵌入对农户家庭总收入及不同生计抉择下农户收入的影响；第三，选取工具变量，采用 2SLS 和确保变量之间在时间上“前因后果”的方法对内生性问题进行处理；第四，通过更换核心解释变量、更换被解释变量以及更换计量模型等方式对相关结论进行稳健性检验；第五，采用 Bootstrap 中介检验方法探讨生计资本在互联网嵌入对农户收入影响中的中介作用。

第一节　分析框架与研究假设

职业最优搜寻理论，通常假设劳动力市场的信息是不对称的，然而互联网的出现能够改善市场信息不对称的情况。使用互联网与未使用互联网的农村劳动力所处的信息环境不同，前者身处互联网信息环境，后者身处传统信息环境。使用互联网的农户能够降低工作搜寻成本进而提高了工作收益，未使用互联网的农户还需要通过亲友介绍及人才市场等传统渠道获取信息，其信息的获取能力较弱，导致工作搜寻成本增加，收益降低。邱泽奇等（2016）也指出，互联网的普及使社会经济产生数字红利[①]。数字红利指不同社会群体或个人因使用互联网技术而带来的社会经济结果（邱泽奇等，2016），主要表现为经济上的收益，即收入的增长，表明互联网嵌入程度所带来的差异存在收入效应；邱泽奇等（2016）进一步提出互联网资本概念，即农户可以通过互联网将自身拥有的资产转化成资本，换言之，农户的资本存量得到提升。根据可持续生计理

① “数字红利”是世界银行 2016 年推广的概念。

论，农户自身所拥有的生计资本通过不同组合将会产生不同的生计结果，其中包括提高收入和增强幸福感等（Department for International Development，2000）。因此，互联网嵌入能够通过生计资本影响农户收入。基于此，本节的分析框架如图 7-1 所示。

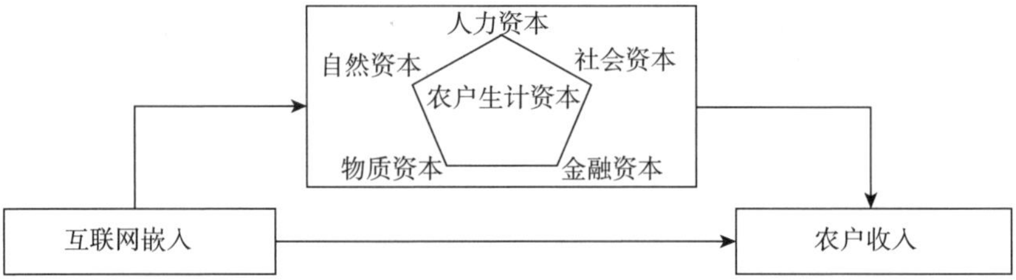

图 7-1　互联网嵌入对农户收入影响的分析框架

学者较早关注的是计算机对工资收入水平的影响，研究发现，计算机能够提升劳动者的工资收入水平（刘志龙等，2015；陈玉宇和吴玉立，2008；Krueger，1993）。随着互联网技术的发展，越来越多的学者关注互联网技术对劳动者收入水平的影响。多位学者研究发现，互联网使用能够提升劳动者收入水平（朱秋博等，2022；冯喜良等，2021；华昱，2018；蒋琪等，2018；卜茂亮等，2011），尤其是提升工资收入。Goss 和 Phillips（2002）利用 1998 年美国人口普查数据，在控制自选择偏差后发现，使用互联网的职工能够获得额外的工资回报。部分学者也得到了相似的结论，即互联网使用能够提高劳动者的工资收入（Chen et al.，2020；Gao et al.，2018；Navarro，2010；Lee，Kim，2004）。周冬（2016）研究发现，互联网使用不仅能够提高农民非农就业率，还可以提高农户的收入水平；杨柠泽和周静（2019）、韩长根和张力（2017）的研究也得到了相似的结论。周洋和华语音（2017）的研究发现，互联网使用显著提高了农户的创业收入。互联网技术的优势能够给劳动者带来丰富的信息资源，极大地降低了信息成本，消除了信息不对称，进而提高了劳动者的工作效率，改善了劳动者的收入状况（张永丽和李青原，2022；朱秋博等，2022）。部分学者也指出，互联网技术是一种便捷和低成本的获取信息的手段，使用互联网的农户比未使用互联网的农户具有更强的信息获取能力，进而影响农户的收入水平（张永丽和李青原，2022；姚柱等，2020；何学松和孔荣，2019；胡伦和陆迁，2019；周冬，2016）。基于上述分析，本节提出假设如下。

假设 H_5：互联网使用对农户总收入水平具有显著的正向影响。

假设 H_6：互联网使用促进务农收入水平的提升。

假设 H_7：互联网使用促进务工收入水平的提升。

假设 H_8：互联网使用促进创业收入水平的提升。

本章进一步考察互联网嵌入频率、嵌入时长与嵌入目的对农户收入产生的影响。

第五章的研究已经实证得出了互联网嵌入会对农户生计资本产生影响的结论。部分学者在分析互联网技术对劳动者收入水平影响的研究中也发现，劳动者使用互联网能够打破距离与时间的障碍，使人与人之间的沟通更加简单快捷，进而促进劳动者社会资源与社会网络的积累，进一步提高劳动者的就业、自主创业机会及劳动者收入水平（丁述磊和刘翠花，2022；宋林和何洋，2021；殷俊和刘一伟，2018；周洋和华语音，2017）。根据信息技术型人力资本理论，劳动者能够通过信息技术收集、处理及传播信息，劳动者将所获取的知识技能与自身的传统人力资本相融合，提升人力资本总量，能够进一步促进增收（王建华和李录堂，2012）。殷俊和刘一伟（2018）的研究发现，互联网使用能够提高借贷水平，进而改善农户的贫困状况。基于上述分析，本节提出假设如下。

假设 H_9：生计资本在互联网嵌入对农户收入水平的影响中存在中介作用。

本章进一步分析不同生计资本在互联网嵌入对不同类型农户收入水平的影响中存在的中介作用。

第二节　变量选取与模型设定

本节通过建立计量模型探讨互联网嵌入是否对农户收入存在影响。本节的数据主要来自 CFPS 2018 的调查，此次 CFPS 2018 样本覆盖 31 个省（自治区、直辖市）的农村和城市，个人层面样本量为 32 669 个，家庭层面样本量为 14 241 户。根据本章的研究需要，筛选出有效样本 6 887 户①。

一、变量选取

1. 被解释变量

本节研究的被解释变量为农户收入，农户收入是指农户家庭总收入，采用家庭全年总收入②（元）来衡量，取自然对数；务农收入是指务农主导型农户家庭全年纯收入（元）取自然对数；务工收入是指务工主导型农户家庭全年纯收入（元）取自然对数；创业收入是指创业主导型农户家庭全年纯收入（元）取自然对数。具体变量描述如表 7－1。

① 样本选择过程已在第四章论述。

② 家庭总收入是指家庭全年的全部所得，包括工资、奖金、补贴、分红、股息、馈赠、租金、利息、经营性纯收入等。

表 7-1　变量赋值及描述性统计分析

变量名称	代码	变量描述与赋值	均值	标准差	最小值	最大值
农户收入						
农户总收入	*Income*	家庭全年纯收入（元）取对数值	10.603	1.053	4.430	15.009
务农收入	*Arincome*	务农主导型农户家庭全年纯收入（元）取对数值	9.816	1.165	4.431	13.902
务工收入	*Wage*	务工主导型农户家庭全年纯收入（元）取对数值	10.872	0.781	6.684	14.712
创业收入	*Profit*	创业主导型农户家庭全年纯收入（元）取对数值	11.275	0.921	7.901	15.009
互联网嵌入						
互联网使用	*InternetU*	是否使用互联网（是=1；否=0）	0.404	0.491	0	1
工作学习频率因子	*FactorWLF*	根据因子得分计算得出	0	1	−1.119	4.255
社交娱乐频率因子	*FactorSPF*		0	1	−2.067	2.114
互联网嵌入时长	*Duration*	每天有多少小时用于上网	0.667	1.275	0	17.143
工作学习目的因子	*FactorFWL*	根据因子得分计算得出	0	1	−1.363	4.172
社交娱乐目的因子	*FactorFSP*		0	1	−2.006	2.896
个人特征						
性别	*Gender*	性别（男性=1；女性=0）	0.547	0.497	0	1
年龄	*Age*	农户户主年龄（岁）	51.756	14.236	16	93
年龄平方	*Age^2*	户主年龄的平方	2 881.427	1 464.762	256	8 649
受教育水平	*Education*	农户户主受教育程度（年）	6.463	4.465	0	19
健康状况	*Health*	您觉得您目前的身体健康状况如何（不健康=1；一般=2；比较健康=3；很健康=4；非常健康=5）	2.823	1.259	1	5

（续）

变量名称	代码	变量描述与赋值	均值	标准差	最小值	最大值
政治面貌	*Politics*	您目前的政治面貌（党员=1；非党员=0）	0.087	0.282	0	1
家庭特征						
家庭规模	*Scale*	家庭共有多少成员（人）	4.104	1.922	1	19
家庭负担比	*Burden*	家庭中16岁以下与65岁以上人口占比	0.289	0.297	0	1
土地流出	*Outflow*	是否将土地出租给他人（是=1；否=0）	0.159	0.366	0	1
土地流入	*Inflow*	您家是否租用他人土地（是=1；否=0）	0.105	0.307	0	1
区域特征						
所在地区	*Region*	您所在的地区是（东部=1；中部=2；西部=3）	1.903	0.843	1	3
工具变量						
互联网普及率	*Ipr*	受访农户所在省份互联网普及率	0.553	0.092	0.43	0.78
中介变量						
生计资本	Ln*LC*	通过熵值法测算得出	0.073	0.086	0.001	0.505
人力资本	Ln*HC*		0.029	0.060	0	0.231
社会资本	Ln*SC*		0.017	0.029	0	0.113
金融资本	Ln*FC*		0.023	0.046	0	0.189
物质资本	Ln*PC*		0.002	0.004	0	0.075
自然资本	Ln*NC*		0.002	0.004	0	0.106

注：数据来源于作者对CFPS 2018数据的筛选和计算。

2. 解释变量

本节的核心解释变量为互联网嵌入。互联网嵌入包括互联网使用、互联网嵌入频率、互联网嵌入时长及互联网嵌入目的。其中，互联网使用指农户是否使用互联网（是=1，否=0）。互联网嵌入频率指农户使用互联网的频率，包括互联网学习的频率、互联网工作的频率、互联网社交的频率和互联网娱乐的频率（“几乎每天”为“非常频繁”赋值 5，“一周 1～2 次、一周 3～4 次”为“经常”赋值 4，“一月 2～3 次、一月 1 次”为“有时”赋值 3，“几个月 1 次”为“很少”赋值 2，“从不”赋值 1）。互联网嵌入时长指农户每天有多少小时用于上网。互联网嵌入目的指农户认为使用互联网时，学习、工作、社交、娱乐的重要程度（1～5 表示由非常不重要到非常重要，重要的程度逐渐增强）。变量描述具体如表 7－1 所示。

为更好了解农户互联网嵌入目的与嵌入频率的状况，以及探讨 4 类互联网嵌入频率与嵌入目的存在的相关关系问题，本节对互联网嵌入频率与目的指标进行探索性因子分析（详见第五章第三节）。

3. 控制变量

如表 7－1 所示，本节在实证过程中还加入了个人特征、家庭特征及区域特征等控制变量。个人特征变量包括户主性别、年龄、年龄平方、受教育水平、健康状况及政治面貌，家庭特征变量包括家庭规模、家庭负担比、土地流入和土地流出，区域特征变量为农户所在（省级）地区。其中，性别是指农户户主的性别（男性＝1，女性＝0），年龄是指农户户主的年龄（岁），受教育水平是指农户户主的受教育程度（上了几年学），健康状况是指农户户主的自评健康水平（不健康＝1、一般＝2、比较健康＝3、很健康＝4、非常健康＝5），政治面貌是指农户户主的政治身份（党员＝1，非党员＝0），家庭规模是指农户实际家庭人口数（人），家庭负担比是指 16 岁以下与 65 岁以上的人口占家庭总人口的比重，土地流入是指农户是否租用他人土地（是＝1，否＝0），土地流出是指农户是否将土地出租给他人（是＝1，否＝0），所在地区是指农户家庭所在的省份（东部地区＝1、中部地区＝2、西部地区＝3）。具体变量描述与赋值如表 7－1 所示。

4. 工具变量

如表 7－1 所示，根据以往学者的研究（杨柠泽等，2018；马俊龙和宁光杰，2017），本节选取的工具变量为互联网普及率。选择变量的原因如下：一方面一个省份的互联网普及率提高，表明使用互联网的人增多，会产生同伴效应（马俊龙和宁光杰，2017），进而影响农户互联网技术的使用。另一方面，（省级）互联网普及率对农户收入的影响甚微。此外，互联网普及率为省级层面宏观数据，而农户收入属于微观数据，两者之间不存在联立性问题。

5. 中介变量

本节将研究生计资本在互联网嵌入对农户收入影响路径中的中介作用。生计资本包括综合生计资本与 5 类生计资本（自然资本、物质资本、金融资本、社会资本和人力资本），具体变量测度详见第五章。

二、模型设定

本节主要考察互联网嵌入对农户收入的影响。首先，由于本节所用数据不是随机对照数据，并且农户是否使用互联网可能由户主特征和家庭特征等因素决定，即这些特征也会对农户收入造成影响。因此，针对互联网嵌入中的互联网使用变量（二分变量），本节借鉴杨柠泽和周静（2019）的研究，采用 PSM 处理样本自选择偏差的内生性问题，这种方法基于反事实推断（Rosenbaum，Rubin，1983），使用互联网农户（处理组）的平均处理效应（Average Treatment Effect of the Treated，ATT）为

$$ATT = E(\ln Y_1 \mid T=1) - E(\ln Y_0 \mid T=1) = E(\ln Y_1 - \ln Y_0 \mid T=1) \tag{7-1}$$

其中，$\ln Y_1$ 为农户使用互联网的收入水平；$\ln Y_0$ 为农户不使用互联网的收入水平。为了消除其他因素的干扰，ATT 将样本限定为使用互联网的农户（$T=1$），同时测算出农户使用或不使用互联网的收入差值，即互联网使用对农户收入的净影响。式（7－1）可以观测到 $E(\ln Y_1 \mid T=1)$ 的结果，$E(\ln Y_0 \mid T=1)$ 是不可观测的反事实结果。PSM 能够处理样本的自选择性偏差问题，通过匹配让配对的农户在是否使用互联网方面保持不同，在其他特征方面保持相似，这样就可以用“未使用互联网”的数据模拟“使用互联网”农户的“反事实结果”。其具体分析过程如下：第一，在特征变量 X 与互联网使用变量 $InternetU$ 给定的条件下，农户使用互联网的条件概率（倾向得分）为

$$P(X_i) = \Pr(InternetU_i = 1 \mid X_i) \tag{7-2}$$

其中，$InternetU_i$ 是一个二元虚拟变量，表示农户 i 是否使用互联网，使用互联网的个体设为 1，未使用的设为 0；X_i 表示农户 i 的特征控制变量，包括户主个人特征变量（性别、年龄及受教育水平等）、家庭特征变量（家庭规模、家庭负担比、土地流转）；$P(X_i)$ 为概率值即倾向得分，可通过构建 Logit 或 Probit 模型进行估计。第二，根据 PSM 进行匹配平衡性检验，考察处理组与对照组在匹配上是否存在显著偏差，若存在则说明匹配效果不好。第三，本节采用 3 种常见的匹配方法将处理组与对照组进行配对，即最邻近匹配（将倾向得分相近的使用互联网与未使用互联网的农户进行匹配）、半径匹配（以使用互联网的农户的倾向得分为中心，设置某个数值为半径，在这个范围内的所有未使用互联网的农户与使用互联网的农户匹配）与核匹配（将未使用互联网的农户的收入值加权平均起来，权重即为核心方程的取值）（胡安宁，2012）。最后，估计出互联网使用的 ATT，即

$$ATT = E(\ln Y_{1i} - \ln Y_{0i} \mid InternetU_i = 1)$$
$$= E\left\{\begin{matrix} E[\ln Y_{1i} \mid InternetU_i = 1, P(X_i)] \\ - E[\ln Y_{0i} \mid InternetU_i = 0, P(X_i)] \mid InternetU_i = 1 \end{matrix}\right\} \quad (7-3)$$

其中，Y_{0i} 和 Y_{1i} 分别表示同一个农户未使用互联网和使用互联网的收入水平。

其次，参考 Krueger（1993）的形式，建立含有互联网嵌入变量的扩展 Mincer 收入决定方程，用于估计互联网嵌入对农户收入的影响，设定农户收入的回归方程为

$$\ln Y_i = \alpha + \beta Interent_i + \lambda X_i + \varepsilon_i \quad (7-4)$$

其中，被解释变量 $\ln Y_i$ 代表农户收入的对数形式，包括农户总收入、农业收入、务工收入及创业收入；$Interent_i$ 代表互联网嵌入，包括互联网嵌入频率、互联网嵌入时长及互联网嵌入目的；X_i 表示控制变量，包括农户个人特征、家庭特征及区域特征等；β 为本部分所关注的变量系数；ε_i 为误差项。

最后，进一步检验生计资本是否在互联网嵌入对农户收入水平的影响中存在中介效应。本节借鉴 Zhao 等（2010）提出的中介效应检验，按照 Preacher 和 Hayes（2004）提出的 Bootstrap 方法进行中介检验，建立解释变量（*Internet*）、中介变量（Ln*LC*）与被解释变量（*Income*）的 3 个回归模型，具体如下：

$$Income = i_1 + cInternet + e_1 \quad (7-5)$$

$$\mathrm{Ln}LC = i_2 + aInternet + e_2 \quad (7-6)$$

$$Income = i_3 + c'Internet + b\mathrm{Ln}LC + e_3 \quad (7-7)$$

本节按照 Bootstrap 的中介效应检验程序首先对 ab 乘积的实际分布进行检验；即检验 ab 乘积是否显著，显著则说明中介成立，不显著则说明中介不成立。其次，确定中介成立后，再检验 c'。如果 c' 不显著，则表明中介变量是唯一的中介，即完全中介；如果 c' 显著，则表明可能存在其他中介变量。本节在程序中将 Bootstrap 抽取样本量设置为 5 000 个，Bootstrap 取样方法选择偏差校正的非参数百分位法（Bias Corrected），将置信区间的置信度设置为 95%。

第三节　实证结果与分析

本节运用 Stata 15.1 统计软件和 PSM 分析互联网使用对农户收入的影响。PSM 能够克服样本自选择所产生的偏差，进而解决农户收入模型中可能存在的内生性问题。首先，需要通过 Logit 模型或 Probit 模型获取倾向得分。表 7-2 为 Logit 概率模型和 Probit 概率模型的估计结果。可通过比较调整 R^2 和

AUC 值来确定（Lian et al.，2011）最佳的概率模型。由结果可知，Logit 概率模型的调整 R^2 及 *AUC* 值大于 Probit 概率模型的调整 R^2 和 *AUC* 值（0.358 2>0.355 8，0.874 5>0.874 2），因此本节将采用 Logit 概率模型获取倾向得分。由调整 R^2 的数值（超过 35%）也可以看出，该模型中的变量能够较好预测农户是否使用互联网。

表 7-2 概率模型估计

变量	(1) Logit	(2) Probit
Gender	0.059 (0.067)	0.036 (0.039)
Age	−0.033 (0.024)	−0.028** (0.012)
Age^2	−0.001*** (0.000)	−0.000*** (0.000)
Education	0.155*** (0.008)	0.087*** (0.005)
Health	−0.040 (0.026)	−0.022 (0.015)
Politics	0.522*** (0.120)	0.291*** (0.068)
Scale	−0.025 (0.018)	−0.011 (0.010)
Burden	−0.064 (0.160)	0.024 (0.086)
Outflow	0.298*** (0.089)	0.166*** (0.051)
Inflow	−0.094 (0.098)	−0.054 (0.057)
Region	−0.003 (0.039)	−0.005 (0.022)
调整 R^2	0.358 2	0.355 8
AUC	0.874 5	0.874 2
样本量	6 887	6 887

注：数据来源于 Stata 15.1 软件的输出。***、**、* 分别表示在 1%、5%、10%的统计水平上显著，括号中的数值为回归变量的标准误。

其次，获得倾向得分后，需选择匹配方法将使用互联网和未使用互联网的农户配对，进而得出处理组（使用互联网）与对照组（未使用互联网）的 *ATT*。本节将采用 3 种常用的匹配方法，即最邻近匹配法、半径匹配法和核匹配法。最后，经过 PSM 后，需要对使用互联网和未使用互联网两组样本进行平衡性检验，考察解释变量之间是否还存在系统差异。

限于篇幅，表 7－3 仅给出半径匹配法的平衡性检验结果。匹配后大多数变量的标准偏差绝对值小于 10％。同时，两组差异 *T* 值表明，大多数变量均不拒绝处理组与对照组无系统差异的原假设。这说明数据匹配后，使用互联网的农户与未使用互联网的农户之间的差异在统计上并不显著。总体来看，匹配效果较好。

表 7－3　解释变量间的平衡性检验（半径匹配法）

变量	匹配类型	均值		标准偏差（％）	偏误降低比例（％）	两组差异 *T* 值
		使用互联网	未使用互联网			
Gender	匹配前	0.534	0.557	−4.7	86.0	−1.90*
	匹配后	0.533	0.536	−0.7		−0.24
Age	匹配前	41.508	58.694	−149.6	96.6	−61.00***
	匹配后	41.674	41.085	5.1		1.85
Age^2	匹配前	1 857	3 574.8	−147.1	98.0	−58.38***
	匹配后	1 869.3	1 834.3	3.0		1.29
Education	匹配前	8.700	4.949	92.8	89.4	37.53***
	匹配后	8.624	8.225	9.9		4.07***
Health	匹配前	3.050	2.670	30.8	97.2	12.40***
	匹配后	3.045	3.056	−0.9		−0.33
Politics	匹配前	0.097	0.080	6.0	21.6	2.47**
	匹配后	0.090	0.103	−4.7		−1.68*
Scale	匹配前	4.027	3.764	13.4	70.5	5.43***
	匹配后	4.045	3.967	4.0		1.51
Burden	匹配前	0.218	0.337	−42.6	96.4	−16.71***
	匹配后	0.219	0.224	−1.5		−0.73
Outflow	匹配前	0.156	0.161	−1.3	63.9	−0.51***
	匹配后	0.157	0.155	0.5		0.17
Inflow	匹配前	0.103	0.107	−1.3	−131.5	−0.53
	匹配后	0.104	0.094	3.0		1.15
Region	匹配前	1.904	1.903	0.2	−8 169.8	0.06
	匹配后	1.908	2.019	−13.1		−4.77***

注：数据来源于 Stata 15.1 软件的输出。***、**、* 分别表示在 1％、5％、10％的统计水平上显著。

表 7－4 进一步给出了 PSM 的总体检验结果，结果显示，匹配后的调整 R^2 和似然比检验的绝对值与匹配前相比减小很多。综上可知，样本能够通过平衡性检验，说明使用倾向得分匹配法能够解决或削弱样本自选择偏差问题。

表 7-4 倾向得分匹配模型的总检验

匹配类型	调整 R^2	似然比检验	标准偏误		B	R
			均值	中位数		
匹配前	0.356	3 305.76***	44.5	13.4	162.4*	0.83
匹配后	0.009	65.47***	4.2	3.0	21.9	0.99

注：数据来源于 Stata 15.1 软件的输出。***、**、* 分别表示在 1%、5%、10%的统计水平上显著。

表 7-5 为农户家庭总收入的 *ATT* 值。估计结果显示，由最邻近匹配法计算的匹配前使用互联网与未使用互联网的收入对数值分别为 10.992 与 10.339，两者差值（*ATT*）为 0.653，并且在 1%的统计水平上显著；匹配后的使用互联网与未使用互联网的收入对数值为 10.990 与 10.592，*ATT* 值为 0.398，并且在 1%的统计水平上显著。同时，由半径匹配法与核匹配法的结果可知，匹配后的 *ATT* 值分别为 0.342 和 0.323，且均在 1%的统计水平上显著。因此，在修正了样本自选择偏差后，仍能得出互联网使用提高农户家庭总收入水平的研究结论。

表 7-5 农户家庭总收入的 *ATT* 估计结果

匹配方式	匹配类型	使用互联网	未使用互联网	ATT	标准误	T 值
最邻近匹配	匹配前	10.992	10.339	0.653	0.025	26.49***
	匹配后	10.990	10.592	0.398	0.056	7.10***
半径匹配	匹配前	10.992	10.339	0.653	0.025	26.49***
	匹配后	10.989	10.647	0.342	0.052	6.55***
核匹配	匹配前	10.992	10.339	0.653	0.025	26.49***
	匹配后	10.990	10.667	0.323	0.048	6.69***

注：数据来源于 Stata 15.1 软件的输出；最邻近匹配中邻近元数设定为 1；半径匹配中半径设定为 0.01；核匹配中的带宽为 0.06。***、**、* 分别表示在 1%、5%、10%的统计水平上显著。

进一步对不同类型生计抉择下农户收入效应进行分析。本节采用 Logit 概率模型获取 3 种类型生计抉择的农户收入倾向得分。由平衡性检验结果可知，匹配后的绝大多数变量标准差绝对值小于 10%，均值差异并不显著；同时由 PSM 的总体检验可知，匹配后的调整 R^2 和似然比检验的绝对值与匹配前相比减小很多。综上可知，样本能够通过平衡性检验，说明使用倾向得分匹配法能够削弱样本自选择偏差问题。限于篇幅，概率模型及平衡性检验结果未在书中详述。具体结果如表 7-6 所示。

表 7-6 不同类型生计抉择下农户收入的 *ATT* 估计结果

匹配方式	匹配类型	*Arincome*		*Wage*		*Profit*	
		ATT	T 值	ATT	T 值	ATT	T 值
	匹配前	0.804 (0.062)	13.00***	0.278 (0.024)	11.84***	0.366 (0.078)	4.67***

（续）

匹配方式	匹配类型	*Arincome*		*Wage*		*Profit*	
		ATT	*T* 值	*ATT*	*T* 值	*ATT*	*T* 值
最邻近匹配	匹配后	0.308 (0.106)	2.91***	0.389 (0.056)	6.89***	0.117 (0.137)	0.86
半径匹配	匹配后	0.326 (0.088)	3.67***	0.296 (0.050)	5.90***	0.134 (0.132)	1.02
核匹配	匹配后	0.281 (0.083)	3.38***	0.271 (0.406)	8.83***	0.162 (0.132)	1.23

注：数据来源于 Stata 15.1 软件的输出；最邻近匹配中邻近元数设定为 1；半径匹配中半径设定为 0.01；核匹配中的带宽为 0.06。***、**、* 分别表示在 1%、5%、10%的统计水平上显著，括号中的数值为回归变量的标准误。

表 7-6 为不同类型生计抉择下农户收入的 *ATT* 值。由结果可知，匹配前，务农、务工和创业收入的 *ATT* 值分别为 0.804、0.278 和 0.366，并且均在 1%的统计水平上显著。基于最邻近匹配法，匹配后，务农与务工收入的 *ATT* 值分别为 0.308 和 0.389，并且均在 1%的统计水平上显著；创业收入的 *ATT* 值为 0.117，没有通过显著性水平检验。这表明互联网使用对务农和务工水平的促进作用更明显。由 *ATT* 估计结果（0.389>0.308>0.117）可以看出，互联网使用对务工收入水平的影响更大。可能的解释是，使用互联网不仅拓展了农户获取信息的渠道，还增加了亲朋好友间的交流机会。由于互联网的特性，农户能够更快捷、更有效地获取非农就业信息，通过互联网，农户更容易学习到新技能、新知识，促进外出务工就业意愿和务工效率的提升，进而提高其收入。对于务农主导型的农户来说，一方面互联网能够推动传统农业生产的转型升级，提高农业生产效率；另一方面互联网能够为信息缺乏的农户提供大量的市场信息，使其提高市场意识，促进其市场参与，提高其收入。创业主导型的农户本身具有丰富的社会资源和较高的信息获取能力，相比较来说，互联网使用对其收入的影响较小。由生计抉择与互联网使用两个变量的交互分析可以看出，务农与务工主导型农户的互联网使用比例相对较低。因此，应鼓励与引导务农与务工主导型农户使用互联网。

本节进一步分析互联网嵌入频率、嵌入时长与嵌入目的对农户收入的影响。表 7-7 给出了互联网嵌入对农户收入影响的 OLS 估计结果。表 7-7 中第（1）至（3）列的被解释变量为农户家庭总收入，第（4）至（6）列的被解释变量为务农主导型农户的收入（务农收入），第（7）至（9）列的被解释变量为务工主导型农户的收入（务工收入），第（10）至（12）列的被解释变量为创业主导型农户的收入（创业收入）。互联网嵌入对农户收入影响的分析如下。

第一，分析互联网嵌入频率对农户收入的影响。由表 7-7 中第（1）列的估计结果可知，互联网工作学习频率与互联网社交娱乐频率对农户家庭总收入的影响为正，并且在 1%的统计水平上显著。这说明农户使用互联网频率越高，越能够提高农户家庭内的总收入水平。对比互联网工作学习频率与社交娱乐频率的回归系数（0.102<0.149）可知，互联网社交娱乐频率的影响高于互联网工作学习频率的影响。由表 7－7 中第（4）、（7）和（10）列的估计结果可知，互联网工作学习频率对农户务农收入、务工收入以及创业收入均具有正向影响，并且分别在 5%、1%和 1%的统计水平上显著，这表明互联网工作学习频率对农户务工收入与创业收入的影响更显著，进一步对比系数（0.077>0.093）可知，互联网工作学习频率对农户创业收入的影响更大。互联网社交娱乐频率对农户务农收入、务工收入及创业收入均具有正向影响，并且分别在 1%、1%和 5%的统计水平上显著，表明互联网社交娱乐频率对务农收入与务工收入影响更显著，进一步对比系数（0.179>0.108）可知，互联网社交娱乐频率对农户务农收入的影响更大。可能的解释是，农户互联网嵌入频率越高，越容易获取信息资源，尤其是运用互联网学习频率较高的农户，会提高自身的技术技能水平，所以互联网工作学习频率对务工和创业主导型农户的收入影响更大。互联网社交娱乐频率较高的农户，其社会网络更丰富，换言之，互联网社交娱乐频率的提高会拓宽务农主导型农户的销售渠道和增加务工主导型农户搜寻更高工资工作的机会，进而对务农和务工收入的影响更明显。然而，从整体来看，目前多数农户运用互联网仍以社交与娱乐为主，因此互联网社交娱乐频率对农户的影响要大于互联网工作学习频率对农户的影响。

第二，分析互联网嵌入时长对农户收入的影响。由表 7－7 中第（2）列的估计结果可知，互联网嵌入时长对农户家庭总收入的影响为正，并且在 1%的统计水平上显著，其平方项系数显著为负。这表明互联网嵌入时长与农户家庭总收入之间存在显著倒 U 形关系，即当互联网嵌入时长小于某一特定值时，增加互联网嵌入时长会促进农户总收入的提升；而当互联网嵌入时长大于某一特定值时，进一步增加互联网嵌入时长则会抑制农户总收入的提升。根据互联网嵌入时长的一次项与平方项的系数可以计算出该特定值为 7.7（h/d）。由表 7－7 中第（5）、（8）和（11）列的估计结果可知，互联网嵌入时长对农户务农收入、务工收入和创业收入的影响为正，并且分别在 1%、1%和 5%的统计水平上显著，其平方项系数均为负，但互联网嵌入时长的平方项对农户务农与创业收入的影响分别在 1%和 10%的统计水平上显著，表明互联网嵌入时长对农户务农收入的影响更大。然而，根据互联网嵌入时长的平均值（0.667h/d）可知，现阶段农户的互联网嵌入时长还远远不够，增加互联网嵌入时长会促进农户收入的提升。可能的解释是，当前农户还没有充分利用互联网，增加农户的互联网嵌入时长，能够促进其获取信息资源，拓宽收入渠道，进而会提高其收入水平。

表 7-7 互联网嵌入对农户收入的影响

变量	(1)	(2)	(3)	(4)	(5)	(6)	(7)	(8)	(9)	(10)	(11)	(12)
FactorWLF	0.102*** (0.0110)			0.114** (0.046)			0.077*** (0.011)			0.093*** (0.030)		
FactorSPF	0.149*** (0.012)			0.179*** (0.035)			0.108*** (0.012)			0.095** (0.040)		
Duration		0.153*** (0.022)			0.251*** (0.047)			0.085*** (0.017)			0.119** (0.051)	
Duration^2		−0.010*** (0.003)			−0.020*** (0.005)			−0.002 (0.002)			−0.013* (0.007)	
FactorFWL			0.095*** (0.011)			0.137** (0.056)			0.067*** (0.010)			0.100*** (0.029)
FactorFSP			0.132*** (0.011)			0.159*** (0.035)			0.099*** (0.011)			0.082** (0.037)
Gender	−0.040* (0.022)	−0.033 (0.022)	−0.036 (0.022)	0.043 (0.050)	0.051 (0.050)	0.046 (0.050)	−0.031 (0.022)	−0.029 (0.022)	−0.029 (0.020)	−0.044 (0.075)	−0.025 (0.075)	−0.036 (0.076)
Age	0.021*** (0.005)	0.018*** (0.005)	0.020*** (0.005)	0.012 (0.013)	0.009 (0.013)	0.008 (0.013)	0.006 (0.005)	0.004 (0.005)	0.005 (0.005)	0.020 (0.021)	0.018 (0.021)	0.023 (0.021)
Age^2	−0.000*** (0.000)	−0.000*** (0.000)	−0.000*** (0.000)	−0.000 (0.000)	−0.000 (0.000)	−0.000 (0.000)	−0.000 (0.000)	−0.000 (0.000)	−0.000 (0.000)	−0.000 (0.000)	−0.000 (0.000)	−0.000 (0.000)
Education	0.042*** (0.002)	0.046*** (0.002)	0.043*** (0.002)	0.041*** (0.006)	0.042*** (0.006)	0.042*** (0.006)	0.037*** (0.002)	0.042*** (0.002)	0.038*** (0.002)	0.022* (0.012)	0.027** (0.012)	0.022* (0.012)

（续）

变量	(1)	(2)	(3)	(4)	(5)	(6)	(7)	(8)	(9)	(10)	(11)	(12)
Health	0.052***	0.053***	0.051***	0.061***	0.060***	0.059***	0.033***	0.035***	0.033***	0.072**	0.073**	0.071**
	(0.009)	(0.009)	(0.009)	(0.018)	(0.018)	(0.018)	(0.009)	(0.009)	(0.009)	(0.033)	(0.033)	(0.033)
Politics	0.114***	0.145***	0.119***	0.221***	0.236***	0.222***	0.052	0.082**	0.059	0.034	0.059	0.024
	(0.038)	(0.037)	(0.038)	(0.084)	(0.083)	(0.084)	(0.037)	(0.037)	(0.037)	(0.135)	(0.132)	(0.134)
Scale	0.183***	0.182***	0.183***	0.135***	0.134***	0.135***	0.132***	0.131***	0.131***	0.117***	0.114***	0.116***
	(0.006)	(0.006)	(0.006)	(0.017)	(0.017)	(0.017)	(0.006)	(0.006)	(0.006)	(0.018)	(0.018)	(0.018)
Burden	−0.495***	−0.487***	−0.489***	−0.189**	−0.189**	−0.188**	−0.261***	−0.256***	−0.258***	−0.463**	−0.453**	−0.442**
	(0.047)	(0.047)	(0.047)	(0.082)	(0.081)	(0.082)	(0.053)	(0.053)	(0.053)	(0.187)	(0.189)	(0.188)
Outflow	0.078***	0.079***	0.080***	−0.027	−0.029	−0.029	0.084***	0.082***	0.085***	0.009	0.008	−0.002
	(0.028)	(0.028)	(0.028)	(0.065)	(0.065)	(0.065)	(0.028)	(0.028)	(0.028)	(0.084)	(0.083)	(0.084)
Inflow	0.077**	0.076**	0.075**	0.407***	0.411***	0.406***	0.002	−0.001	0.002	0.184	0.199	0.184
	(0.034)	(0.033)	(0.033)	(0.061)	(0.061)	(0.061)	(0.040)	(0.040)	(0.040)	(0.124)	(0.122)	(0.123)
Region	−0.156***	−0.155***	−0.155***	−0.096***	−0.091***	−0.093***	−0.143***	−0.141***	−0.141***	−0.231***	−0.236***	−0.235***
	(0.013)	(0.013)	(0.013)	(0.031)	(0.030)	(0.030)	(0.013)	(0.013)	(0.013)	(0.044)	(0.044)	(0.044)
Constant	9.493***	9.506***	9.538***	9.280***	9.241***	9.398***	10.030***	10.020***	10.05***	10.390***	10.430***	10.340***
	(0.139)	(0.145)	(0.140)	(0.388)	(0.395)	(0.390)	(0.140)	(0.144)	(0.140)	(0.570)	(0.577)	(0.574)
R^2	0.3156	0.310 1	0.313 6	0.240 1	0.239 5	0.238 8	0.204 4	0.197 8	0.202 6	0.178 8	0.169 2	0.180 9
样本量	6 887	6 887	6 887	1 985	1 985	1 985	4 306	4 306	4 306	596	596	596

注：数据来源于 Stata 15.1 软件的输出。***、**、*分别表示在 1%、5%、10%的统计水平上显著，括号中的数值为回归变量的稳健标准误。

第三，分析互联网嵌入目的对农户收入的影响。由表 7-7 中第（3）列的估计结果可知，以互联网工作学习为目的和以互联网社交娱乐为目的对农户家庭总收入的影响为正，并且在 1%的统计水平上显著。对比互联网嵌入目的的回归系数（0.095<0.132）可知，互联网社交娱乐目的的回归系数大于互联网工作学习目的的回归系数，说明互联网社交娱乐目的的影响更大。由表 7-7 中第（6）、（9）和（12）列的估计结果可知，互联网嵌入目的对农户务农收入、务工收入及创业收入均具有正向影响，其中互联网工作学习目的分别通过了 5%、1%和 1%的显著性水平检验；互联网社交娱乐目的分别通过了 1%、1%和 5%的显著性水平检验。这表明互联网工作学习目的对农户务工收入与创业收入的影响更大，互联网社交娱乐目的对农户务农与务工收入的影响更大。可能的解释是，创业主导型的农户能够通过电商平台进行自主创业，务工主导型的农户能通过互联网有针对性地获取技术技能，因此创业主导型与务工主导型的农户更多为了工作和学习进行上网，进而对其收入的影响更大；然而务农主导型的农户主要销售农产品，需要丰富的社会网络，因此以社交娱乐为目的对其收入的影响更大。

第四节　内生性处理

互联网嵌入与农户收入之间可能存在互为因果的内生性问题。虽然各大运营商推出宽带流量优惠套餐，但收入较低的农户无法负担较贵的网费及计算机、智能手机等上网设备，高收入的农户更有财力去购买和安装上网设备。因此，为了使实证结论更加可靠，本节将选取“省级互联网普及率”（Ipr）作为农户互联网嵌入的工具变量处理模型中可能存在的内生性问题。为了更好地处理内生性问题，本节按照第六章的思路，将互联网嵌入频率与嵌入目的分别降维成一个公因子，即“互联网嵌入频率公因子”（Ief）与“互联网嵌入目的公因子”（Iep），代入模型中。

本节运用 Stata 15.1 统计软件，采用 2SLS 进行分析，通过弱工具变量检验和内生性检验判断互联网嵌入的内生性及工具变量的有效性。表 7-8 为工具变量的估计结果。表 7-8 中第（1）、（3）、（5）和（7）列分别是以互联网使用、互联网嵌入频率、互联网嵌入时长、互联网嵌入目的作为被解释变量，由该阶段结果可知，省级互联网普及率在一阶段的系数均为正，并且均通过了显著性水平检验。这表明互联网普及率对互联网嵌入具有显著的促进作用，也说明本节选取的工具变量与互联网嵌入具有很强的相关性。首先，各模型中的 F 统计量分别为 31.046、38.393、6.631、30.714，除互联网嵌入时长外，均大于 Stock 和 Yogo（2005）提供的临界值 16.38，互联网嵌入时长的 P 值为

0.010 0，其他的 P 值均为 0.000 0，表明可以在 1%的显著性水平上拒绝“弱工具变量”的原假设。其次，本节采用 LIML 对工具变量进行检验，LIML 的估计结果与 2SLS 非常接近，进一步说明不存在弱工具变量问题。最后，内生性 Hausman 检验 P 值均为 0.000 0，说明在 1%的显著性水平上拒绝“所有解释变量均为外生”的原假设，进一步进行异方差稳健的 DWH 检验，其 P 值均为 0.000 0，同样说明在 1%的显著性水平上拒绝“互联网嵌入为外生变量”的原假设，即认为互联网嵌入为内生变量。综上所述，本节所采用的工具变量是有效的，进而证实了结果的有效性。由表 7-8 中的二阶段估计结果可知，在通过工具变量处理内生性问题后，互联网使用、互联网嵌入频率、互联网嵌入时长、互联网嵌入目的对农户家庭总收入仍然具有正向影响，并且在 1%的统计水平上显著；其他控制变量不是本部分的讨论重点，因此不再赘述其结果。以上结论进一步表明，控制内生性问题后，互联网嵌入仍然能够提高农户家庭总收入水平。

表 7-8 互联网嵌入对农户家庭总收入的影响：工具变量法

变量	一阶段 (1) *InternetU*	二阶段 (2) *Income*	一阶段 (3) *Ief*	二阶段 (4) *Income*	一阶段 (5) *Duration*	二阶段 (6) *Income*	一阶段 (7) *Iep*	二阶段 (8) *Income*
InternetU		4.891*** (0.934)						
Ief				2.152*** (0.372)				
Duration						3.287*** (1.275)		
Iep								2.314*** (0.439)
Ipr	0.430*** (0.077)		0.977*** (0.158)		0.639** (0.248)		0.908*** (0.164)	
Gender	0.000 (0.009)	−0.046 (0.050)	0.034* (0.018)	−0.118*** (0.045)	−0.026 (0.029)	0.043 (0.104)	0.010 (0.019)	−0.068 (0.048)
Age	−0.022*** (0.001)	0.120*** (0.024)	−0.082 4*** (0.004)	0.189*** (0.033)	−0.117*** (0.008)	0.397*** (0.152)	−0.084*** (0.004)	0.207*** (0.040)

（续）

变量	一阶段 (1) *InternetU*	二阶段 (2) *Income*	一阶段 (3) *Ief*	二阶段 (4) *Income*	一阶段 (5) *Duration*	二阶段 (6) *Income*	一阶段 (7) *Iep*	二阶段 (8) *Income*
Age^2	0.000* (0.000)	−0.000*** (0.000)	0.000*** (0.000)	−0.001*** (0.000)	0.000*** (0.000)	−0.002*** (0.000)	0.000*** (0.000)	−0.001*** (0.000)
Education	0.021*** (0.001)	−0.053** (0.021)	0.058*** (0.002)	−0.072*** (0.022)	0.043*** (0.003)	−0.088 (0.056)	0.058*** (0.002)	−0.081*** (0.025)
Health	−0.003 (0.003)	0.076*** (0.020)	0.000 (0.006)	0.057*** (0.016)	−0.023** (0.009)	0.136*** (0.045)	0.004 (0.007)	0.048*** (0.017)
Politics	0.064*** (0.017)	−0.174 (0.108)	0.215*** (0.038)	−0.322*** (0.119)	0.005 (0.043)	0.122 (0.145)	0.209*** (0.039)	−0.342** (0.133)
Scale	−0.002 (0.002)	0.193*** (0.012)	−0.014*** (0.004)	0.210*** (0.012)	−0.011 (0.007)	0.216*** (0.028)	−0.012*** (0.004 7)	0.208*** (0.013)
Burden	0.060*** (0.016)	−0.738*** (0.104)	0.088*** (0.032)	−0.636*** (0.083)	0.037 (0.051)	−0.569*** (0.177)	0.070 5** (0.032)	−0.608*** (0.088)
Outflow	0.052*** (0.012)	−0.147* (0.079)	0.077*** (0.023)	−0.058 (0.062)	0.123*** (0.036)	−0.295 (0.189)	0.075 4*** (0.0252)	−0.065 (0.069)
Inflow	−0.015 (0.016)	0.162* (0.085)	0.003 (0.030)	0.079 (0.070)	−0.003 (0.039)	0.098 (0.128)	0.013 (0.031)	0.056 (0.077)
Region	0.035*** (0.008)	−0.153*** (0.029)	0.066*** (0.017)	−0.122*** (0.027)	0.010 (0.026)	−0.011 (0.076)	0.053*** (0.018)	−0.102*** (0.031)
Constant	0.990*** (0.082)	3.478*** (1.283)	1.878*** (0.184)	4.278*** (1.041)	3.949*** (0.314)	−4.661 (5.676)	1.914*** (0.192)	3.890*** (1.215)
R^2	0.394 8		0.447 0		0.280 5		0.408 1	
F 统计量	31.046 *P*=0.000 0		38.393 *P*=0.000 0		6.631 *P*=0.010 0		30.714 *P*=0.000 0	
Hausman 检验	115.15 *P*=0.000 0		109.86 *P*=0.000 0		121.49 *P*=0.000 0		112.57 *P*=0.000 0	

（续）

变量	一阶段 (1) *InternetU*	二阶段 (2) *Income*	一阶段 (3) *Ief*	二阶段 (4) *Income*	一阶段 (5) *Duration*	二阶段 (6) *Income*	一阶段 (7) *Iep*	二阶段 (8) *Income*
DWH 检验	117.097 P=0.000 0		111.63 P=0.000 0		123.653 P=0.000 0		114.428 P=0.000 0	
样本量	6 887		6 887		6 887		6 887	

注：数据来源于 Stata 15.1 软件的输出。***、**、*分别表示在1%、5%、10%的统计水平上显著，括号中的数值为回归变量的标准误。

本节进一步处理不同类型收入的内生性问题，同时检验上述内容中内生性处理结果的稳健性，本节借鉴乔晓春（2017）和位秀平（2015）处理内生性问题的方法，即控制被解释变量与解释变量的发生时间，将解释变量取至被解释变量调查时间的前一调查时间，这样就可以得到解释变量对被解释变量的影响，不存在反向影响，进而克服互为因果关系的内生性问题。本节依照这个思路，采用 CFPS 2016 的数据作为解释变量，被解释变量依然为 CFPS 2018 的数据，确保变量在时间上属于“前因后果”，排除反向因果关系，进而保证所得的结果更加可靠。首先，本节对 CFPS 2016 数据中的互联网嵌入频率与嵌入目的进行因子分析，其 KMO 值均为 0.723，所得公因子为“互联网工作学习频率”（*FactorWLF*）、“互联网社交娱乐频率”（*FactorSPF*）、“互联网工作学习目的”（*FactorFWL*）与“互联网社交娱乐目的”（*FactorFSP*）。具体估计结果如表 7－9 所示。

表 7－9 的自变量来源于 CFPS 2016，并且给出了 2016 年互联网嵌入对 2018 年农户收入的估计结果。对于创业收入，表 7－9 中仅给出了互联网使用对其的影响，由于互联网嵌入其他指标对创业收入的影响系数均显著为正，限于篇幅，不再进行详述。表 7－9 中第（1）至（4）列的被解释变量为农户家庭总收入，第（5）至（8）列的被解释变量为务农主导型农户的收入（务农收入），第（9）至（12）列的被解释变量为务工主导型农户的收入（务工收入），第（13）列的被解释变量为创业主导型农户的收入（创业收入）。由第（1）至（4）列的结果可知，互联网嵌入各指标对农户家庭总收入均具有显著的正向影响，也进一步证实了表 7－8 所得内生性处理结果的稳健性。由第（5）至（13）列的结果可知，互联网嵌入各指标对不同生计抉择下农户收入的影响均显著为正。模型中其他控制变量不是本节的讨论重点，不再赘述其结果。对比前述内容的相关结果可知，克服了内生性问题后，互联网嵌入仍然能够提高农户收入水平。

表 7-9　互联网嵌入对农户收入的影响：内生性处理

变量	(1)	(2)	(3)	(4)	(5)	(6)	(7)	(8)	(9)	(10)	(11)	(12)	(13)
InternetU	0.324***				0.320***				0.240***				0.235**
	(0.028)				(0.087)				(0.029)				(0.092)
FactorWLF		0.097***				0.143***				0.090***			
		(0.010)				(0.046)				(0.010)			
FactorSPF		0.134***				0.130***				0.109***			
		(0.012)				(0.041)				(0.012)			
Duration			0.161***				0.224***				0.114***		
			(0.017)				(0.067)				(0.017)		
Duration^2			−0.012***				−0.020**				−0.007***		
			(0.002)				(0.009)				(0.001)		
FactorFWL				0.089***				0.104**				0.085***	
				(0.010)				(0.052)				(0.010)	
FactorFSP				0.107***				0.090**				0.095***	
				(0.011)				(0.040)				(0.011)	
Gender	−0.028	−0.033	−0.028	−0.028	0.063	0.057	0.063	0.059	−0.031	−0.036	−0.032	−0.030	−0.011
	(0.023)	(0.023)	(0.023)	(0.023)	(0.051)	(0.051)	(0.051)	(0.052)	(0.022)	(0.022)	(0.023)	(0.022)	(0.077)
Age	0.040***	0.048***	0.042***	0.045***	−0.005	−0.006	−0.008	−0.010	0.016***	0.026***	0.020***	0.023***	0.031
	(0.005)	(0.005)	(0.005)	(0.005)	(0.013)	(0.013)	(0.012)	(0.013)	(0.005)	(0.005)	(0.005)	(0.005)	(0.022)
Age^2	−0.000***	−0.000***	−0.000***	−0.000***	−0.000	−0.000	−0.000	−0.000	−0.000	−0.000	−0.000	−0.000	−0.000
	(0.000)	(0.000)	(0.000)	(0.000)	(0.000)	(0.000)	(0.000)	(0.000)	(0.000)	(0.000)	(0.000)	(0.000)	(0.000)

（续）

变量	(1)	(2)	(3)	(4)	(5)	(6)	(7)	(8)	(9)	(10)	(11)	(12)	(13)
Education	0.048***	0.046***	0.051***	0.048***	0.046***	0.046***	0.047***	0.047***	0.040***	0.037***	0.042***	0.037***	0.021*
	(0.003)	(0.003)	(0.003)	(0.003)	(0.006)	(0.006)	(0.006)	(0.006)	(0.003)	(0.003)	(0.003)	(0.003)	(0.012)
Health	0.041***	0.042***	0.043***	0.041***	0.057***	0.058***	0.058***	0.057***	0.027***	0.027***	0.029***	0.027***	0.061*
	(0.009)	(0.009)	(0.009)	(0.009)	(0.019)	(0.019)	(0.019)	(0.019)	(0.009)	(0.009)	(0.009)	(0.009)	(0.032)
Politics	0.129***	0.119***	0.144***	0.127***	0.205**	0.205**	0.205**	0.209**	0.067*	0.052	0.081**	0.057	0.101
	(0.041)	(0.041)	(0.041)	(0.041)	(0.086)	(0.086)	(0.086)	(0.087)	(0.040)	(0.040)	(0.040)	(0.040)	(0.149)
Scale	0.119***	0.120***	0.118***	0.119***	0.073***	0.074***	0.073***	0.074***	0.077***	0.078***	0.077***	0.077***	0.073***
	(0.006)	(0.006)	(0.006)	(0.006)	(0.013)	(0.013)	(0.013)	(0.013)	(0.006)	(0.006)	(0.006)	(0.006)	(0.018)
Burden	−0.220***	−0.206***	−0.210***	−0.201***	−0.218***	−0.220***	−0.223***	−0.218***	−0.047	−0.027	−0.037	−0.021	−0.308
	(0.050)	(0.050)	(0.050)	(0.050)	(0.080)	(0.081)	(0.081)	(0.081)	(0.049)	(0.049)	(0.049)	(0.049)	(0.216)
Outflow	0.019	0.017	0.022	0.017	−0.155**	−0.160**	−0.156**	−0.152**	0.030	0.029	0.030	0.025	−0.029
	(0.033)	(0.033)	(0.033)	(0.033)	(0.076)	(0.076)	(0.077)	(0.076)	(0.031)	(0.031)	(0.031)	(0.031)	(0.091)
Inflow	−0.013	−0.013	−0.012	−0.014	0.300***	0.304***	0.310***	0.308***	−0.092***	−0.096***	−0.096***	−0.100***	0.042
	(0.030)	(0.030)	(0.030)	(0.030)	(0.058)	(0.058)	(0.058)	(0.058)	(0.032)	(0.032)	(0.032)	(0.032)	(0.124)
Region	−0.123***	−0.123***	−0.126***	−0.126***	−0.063**	−0.065**	−0.063**	−0.067**	−0.116***	−0.113***	−0.118***	−0.116***	−0.214***
	(0.013)	(0.014)	(0.014)	(0.014)	(0.031)	(0.031)	(0.031)	(0.031)	(0.013)	(0.013)	(0.013)	(0.013)	(0.044)
Constant	9.219***	9.123***	9.222***	9.243***	9.910***	10.050***	10.020***	10.150***	9.905***	9.742***	9.853***	9.819***	10.350***
	(0.138)	(0.142)	(0.146)	(0.142)	(0.378)	(0.373)	(0.368)	(0.377)	(0.138)	(0.140)	(0.145)	(0.140)	(0.581)
R^2	0.246 3	0.247 7	0.242 7	0.244 9	0.211 5	0.212 3	0.210 7	0.209 2	0.143 3	0.150 5	0.139 8	0.148 8	0.133 5
样本量	6 887	6 887	6 887	6 887	1 985	1 985	1 985	1 985	4 306	4 306	4 306	4 306	596

注：数据来源于 Stata 15.1 软件的输出。***、**、* 分别表示在 1%、5%、10%的统计水平上显著，括号中的数值为回归变量的稳健标准误。

第五节　稳健性检验

根据已有相关研究的经验，为确保估计结果的有效性，本节将采取以下3种方式对样本数据进行稳健性检验：一是针对核心解释变量的稳健性检验，采用移动上网作为互联网使用的代理变量，将互联网嵌入频率的4个指标与互联网嵌入目的的4个指标直接代入模型；二是针对被解释变量的稳健性检验，采用农户家庭人均收入代替农户家庭总收入；三是针对计量模型的稳健性检验，更换计量模型对样本数据重新估计。

第一，分析更换核心解释变量后相关结论的稳健性。本节采用移动上网指标（*Mobile*）代替互联网使用指标进行回归分析，按照前述内容研究思路，先采用倾向得分匹配法分析移动上网对农户收入的影响。对比Logit概率模型和Probit概率模型的调整 R^2 及 *AUC* 值可知，Logit概率模型的调整 R^2 及AUC值更大，因此本节均采用Logit概率模型获取倾向得分。平衡性检验的结果表明，匹配后的大多数变量的标准偏差绝对值均小于10%，并且大多数变量匹配后的均值差异均不显著。由PSM的总体检验结果可知，匹配后的调整 R^2 和似然比检验的绝对值与匹配前相比减小很多。综上所述，样本均通过了平衡性检验。模型设定均不变，限于篇幅，未给出概率模型估计与平衡性检验结果。具体结果如表7-10所示。

表7-10　稳健性检验：更换互联网使用指标

匹配方式	类型	*Income*		*Arincome*		*Wage*		*Probit*	
		ATT	*T* 值	*ATT*	*T* 值	*ATT*	*T* 值	*ATT*	*T* 值
	前	0.645 (0.245)	20.08***	0.794 (0.062)	12.73***	0.276 (0.024)	11.73***	0.349 (0.078)	4.48***
最邻近匹配	后	0.305 (0.051)	5.96***	0.253 (0.103)	2.45**	0.318 (0.052)	6.16***	0.184 (0.148)	1.24
半径匹配	后	0.298 (0.047)	6.33***	0.270 (0.091)	2.97***	0.270 (0.045)	5.93***	0.172 (0.125)	1.37
核匹配	后	0.301 (0.045)	6.64***	0.271 (0.083)	3.26***	0.268 (0.044)	6.10***	0.126 (0.121)	1.04

注：数据来源于Stata 15.1软件的输出。***、**、*分别表示在1%、5%、10%的统计水平上显著，括号中的数值为回归变量的标准误。

表7-10为更换核心解释指标后移动上网对农户收入的PSM估计结果。由结果可知，农户总收入匹配前的 *ATT* 值为0.645，并且在1%的统计水平上显著，3种匹配法匹配后的农户总收入 *ATT* 值分别为0.305、0.298和

0.301，并且均在1%的统计水平上显著。务农收入与务工收入匹配后的 *ATT* 值表明，移动上网对务农收入和务工收入均具有显著的正向影响；创业收入匹配后的 *ATT* 值没有通过显著性水平检验。无论移动上网对农户总收入还是对务农收入、务工收入和创业收入的估计结果都与前述基准模型回归的估计结果基本一致。进一步检验互联网嵌入其他指标估计结果的稳健性。具体结果如表7-11所示。

表7-11　稳健性检验：更换互联网嵌入频率与目的指标

变量	(1)	(2)	(3)	(4)	(5)	(6)	(7)	(8)
InternetLF	-0.006 (0.010)		-0.020 (0.035)		-0.010 (0.010)		0.044 (0.032)	
InternetWF	0.067*** (0.009)		0.113** (0.049)		0.057*** (0.009)		0.030 (0.027)	
InternetSF	0.014 (0.010)		0.004 2 (0.032)		0.008 (0.010)		0.012 (0.037)	
InternetPF	0.073*** (0.010)		0.107*** (0.033)		0.055*** (0.010)		0.032 (0.033)	
OnlineFL		-0.009 (0.010)		0.016 (0.037)		-0.015 (0.010)		0.012 (0.030)
OnlineFW		0.064*** (0.010)		0.097 (0.059)		0.051*** (0.010)		0.063** (0.030)
OnlineFS		0.044*** (0.010)		0.038 (0.035)		0.032*** (0.010)		0.032 (0.037)
OnlineFP		0.052*** (0.011)		0.070* (0.037)		0.042*** (0.011)		0.016 (0.033)
Gender	-0.042* (0.022)	-0.037* (0.022)	0.042 (0.051)	0.048 (0.050)	-0.035 (0.022)	-0.031 (0.022)	-0.044 (0.076)	-0.035 (0.076)
Age	0.021*** (0.005)	0.020*** (0.005)	0.010 (0.013)	0.009 (0.013)	0.006 (0.005)	0.005 (0.005)	0.020 (0.021)	0.022 (0.021)
Age^2	-0.000*** (0.000)	-0.000*** (0.000)	-0.000 (0.000)	-0.000 (0.000)	-0.000 (0.000)	-0.000 (0.000)	-0.000 (0.000)	-0.000 (0.000)
Education	0.042*** (0.002)	0.043*** (0.002)	0.040*** (0.006)	0.042*** (0.006)	0.037*** (0.002)	0.038*** (0.002)	0.022* (0.012)	0.022* (0.012)
Health	0.052*** (0.009)	0.051*** (0.009)	0.060*** (0.018)	0.059*** (0.018)	0.033*** (0.009)	0.033*** (0.009)	0.072** (0.033)	0.071** (0.033)
Politics	0.115*** (0.038)	0.115*** (0.038)	0.224*** (0.083)	0.225*** (0.083)	0.053 (0.037)	0.055 (0.037)	0.036 (0.135)	0.018 (0.13)

（续）

变量	(1)	(2)	(3)	(4)	(5)	(6)	(7)	(8)
Scale	0.184***	0.183***	0.134***	0.135***	0.132***	0.131***	0.116***	0.117***
	(0.006)	(0.006)	(0.017)	(0.017)	(0.006)	(0.006)	(0.018)	(0.018)
Burden	−0.492***	−0.487***	−0.192**	−0.188**	−0.255***	−0.253***	−0.466**	−0.443**
	(0.047)	(0.047)	(0.081)	(0.082)	(0.053)	(0.054)	(0.188)	(0.187)
Outflow	0.077***	0.079***	−0.026	−0.029	0.083***	0.086***	0.010	−0.001
	(0.028)	(0.028)	(0.065)	(0.065)	(0.028)	(0.028)	(0.084)	(0.084)
Inflow	0.078**	0.077**	0.403***	0.405***	0.005	0.005	0.182	0.187
	(0.033)	(0.034)	(0.061)	(0.061)	(0.040)	(0.040)	(0.124)	(0.123)
Region	−0.153***	−0.153***	−0.095***	−0.092***	−0.139***	−0.139***	−0.233***	−0.235***
	(0.013)	(0.013)	(0.030)	(0.030)	(0.013)	(0.013)	(0.044)	(0.044)
Constant	9.215***	9.281***	8.983***	9.029***	9.811***	9.865***	10.190***	10.180***
	(0.144)	(0.146)	(0.400)	(0.408)	(0.147)	(0.147)	(0.585)	(0.598)
R^2	0.317 7	0.314 9	0.242 4	0.239 4	0.207 7	0.204 8	0.179 1	0.182 1
样本量	6 887	6 887	1 985	1 985	4 306	4 306	596	596

注：数据来源于 Stata 15.1 软件的输出。***、**、* 分别表示在1%、5%、10%的统计水平上显著，括号中的数值为回归变量的稳健标准误。

表 7－11 为更换核心解释变量后互联网嵌入对农户收入影响的估计结果。表 7－11 中第（1）、（2）列的被解释变量为农户总收入，第（3）、（4）列的被解释变量为务农主导型农户的收入（务农收入），第（5）、（6）列的被解释变量为务工主导型农户的收入（务工收入），第（7）、（8）列的被解释变量为创业主导型农户的收入（创业收入）。由结果可知，互联网工作、社交与娱乐频率对农户家庭总收入、务农收入、务工收入和创业收入均具有正向影响，并且部分变量通过了显著性水平检验；互联网工作、社交与娱乐目的对农户家庭总收入、务农收入、务工收入和创业收入均具有正向影响，并且部分变量通过了显著性水平检验。由于其他控制变量的估计结果与基准模型回归的结果类似，且不是本部分的研究重点，不再赘述。综上所述，本节通过更换核心解释变量所得到的估计结果表明，相关结论是稳健可靠的。

第二，分析更换被解释变量后相关结论的稳健性。采用农户家庭人均收入代替农户家庭总收入，农户家庭人均收入包括农户人均总收入（*PCincome*）、人均务农收入（*PCarincome*）、人均务工收入（*PCwage*）和人均创业收入（*PCprofit*）。按照前述内容研究思路，先采用 PSM 分析互联网使用对农户家庭人均收入的影响。前述内容已给出概率模型估计与平衡性检验结果，因此本节采用 Logit 概率模型获取倾向得分，并且均通过了平衡性检验。模型设定均不变，具体估计结果如表 7－12 所示。

表 7 - 12　稳健性检验：更换被解释指标

匹配方式	类型	PCincome		PCarincome		PCwage		PCprofit	
		ATT	T 值	ATT	T 值	ATT	T 值	ATT	T 值
	前	0.581 (0.023)	24.85***	0.493 (0.060)	8.27***	0.392 (0.025)	15.78***	0.381 (0.080)	4.75***
最邻近匹配	后	0.402 (0.056)	7.22***	0.293 (0.101)	2.91***	0.386 (0.059)	6.59***	0.181 (0.135)	1.33
半径匹配	后	0.333 (0.048)	6.89***	0.338 (0.088)	3.86***	0.267 (0.051)	5.26***	0.237 (0.136)	1.74*
核匹配	后	0.329 (0.045)	7.36***	0.294 (0.082)	3.60***	0.252 (0.047)	5.36***	0.227 (0.128)	1.77*

注：数据来源于 Stata 15.1 软件的输出。***、**、* 分别表示在 1%、5%、10%的统计水平上显著，括号中的数值为回归变量的标准误。

表 7 - 12 为互联网使用对农户人均收入影响的 PSM 估计结果。由结果可知，农户总人均收入匹配前的 *ATT* 值为 0.581，并且在 1%的统计水平上显著；3 种匹配法匹配后的农户人均总收入 *ATT* 值分别为 0.402、0.333 和 0.329，并且均在 1%的统计水平上显著。人均务农收入、人均务工收入和人均创业收入匹配后的 *ATT* 值表明，互联网使用对其均具有显著的正向影响；无论互联网使用对农户人均总收入还是对人均务农收入、人均务工收入和人均创业收入的估计结果都与前述基准模型回归的结果基本一致。进一步检验互联网嵌入其他指标的估计结果的稳健性。由于人均务工收入和人均创业收入的估计结果与基准模型估计结果相类似，限于篇幅，未对其进行详述。具体结果如 7 - 13 所示。

表 7 - 13　稳健性再检验：更换被解释指标

变量	(1)	(2)	(3)	(4)	(5)	(6)
FactorWLF	0.116*** (0.011)			0.128*** (0.047)		
FactorSPF	0.149*** (0.012)			0.172*** (0.035)		
Duration		0.152*** (0.022)			0.241*** (0.048)	
Duration^2		−0.009** (0.003)			−0.019*** (0.005)	
FactorFWL			0.108*** (0.011)			0.150*** (0.055)

（续）

变量	(1)	(2)	(3)	(4)	(5)	(6)
FactorFSP			0.132*** (0.011)			0.153*** (0.035)
Gender	−0.013 (0.022)	−0.004 (0.022)	−0.008 (0.022)	0.032 (0.050)	0.041 (0.050)	0.035 (0.050)
Age	−0.005 (0.005)	−0.008 (0.005)	−0.006 (0.005)	−0.004 (0.013)	−0.007 (0.013)	−0.008 (0.013)
Age^2	0.000 (0.000)	0.000 (0.000)	0.000 (0.000)	−0.000 (0.000)	−0.000 (0.000)	0.000 (0.000)
Education	0.040*** (0.002)	0.045*** (0.002)	0.041*** (0.002)	0.038*** (0.006)	0.039*** (0.006)	0.039*** (0.006)
Health	0.050*** (0.008)	0.052*** (0.009)	0.049*** (0.008)	0.060*** (0.017)	0.060*** (0.017)	0.059*** (0.017)
Politics	0.112*** (0.037)	0.148*** (0.037)	0.117*** (0.037)	0.207** (0.081)	0.223*** (0.081)	0.209** (0.081)
Scale	−0.060*** (0.005)	−0.061*** (0.005)	−0.061*** (0.005)	−0.134*** (0.014)	−0.136*** (0.014)	−0.134*** (0.014)
Burden	−0.600*** (0.047)	−0.592*** (0.047)	−0.595*** (0.047)	−0.200** (0.082)	−0.200** (0.082)	−0.199** (0.082)
Outflow	0.087*** (0.028)	0.087*** (0.028)	0.088*** (0.028)	−0.011 (0.064)	−0.013 (0.064)	−0.013 (0.064)
Inflow	0.058* (0.034)	0.057* (0.034)	0.056 (0.034)	0.381*** (0.061)	0.383*** (0.061)	0.380*** (0.061)
Region	−0.169*** (0.013)	−0.168*** (0.013)	−0.168*** (0.013)	−0.103*** (0.030)	−0.098*** (0.030)	−0.100*** (0.030)
Constant	9.865*** (0.143)	9.882*** (0.149)	9.914*** (0.144)	9.517*** (0.387)	9.475*** (0.396)	9.632*** (0.390)
R^2	0.227 9	0.220 7	0.225 4	0.143 5	0.142 4	0.142 4
样本量	6 887	6 887	6 887	1 985	1 985	1 985

注：数据来源于 Stata 15.1 软件的输出。***、**、* 分别表示在 1%、5%、10%的统计水平上显著，括号中的数值为回归变量的稳健标准误。

表 7－13 为更换被解释变量后互联网嵌入对农户人均收入影响的估计结果。表 7－13 中第（1）至（3）列的被解释变量为农户家庭人均收入，第（4）至（6）列的被解释变量为农户人均务农收入。由结果可知，互联网工作学习频率与社交娱乐频率对农户人均收入和人均务农收入具有显著的正向影响；互联网嵌入时长对农户人均收入和人均务农收入具有显著的正向影响，并且其平方项系数为负；互联网工作学习目的与社交娱乐目的对农户人均收入和人均务农收入具有显

著的正向影响；其他控制变量的估计结果与基准模型回归的估计结果类似且不是本节的研究重点，因此不再赘述其他控制变量的结果。综上所述，更换被解释变量后得到的估计结果表明，相关结论是稳健可靠的。

第三，分析更换计量模型后相关结论的稳健性。前述实证分析中采用的模型是 PSM，本节将采用 CEM 重新估计互联网使用对农户收入的影响效果。CEM 的优势在于不需要以处理组与对照组的共同区域为基础进行匹配，满足一致性原则；CEM 匹配后的处理组与对照组的数量可以不等，最大限度保留原有样本；CEM 能够根据协变量的理论分布进行匹配，减少对模型的依赖（Lacus et al.，2012）。匹配前需要根据每个协变量进行分层，然后运用精确匹配对使用互联网与未使用互联网的农户进行匹配；为确保匹配的有效性，需对匹配前后的数据进行不平衡性测量（Multivariate Imbalance Measure），得到 $L1$ 值，检查 $L1$ 的取值范围 [0，1]，越接近 1 则说明不平衡程度越大，越接近 0 则说明不平衡程度越小，比较匹配前后的 $L1$ 取值，如下降则说明匹配效果较好。为保证匹配质量与估计效果，本节进一步对匹配前后的样本进行不平衡性检测，进行匹配的协变量与前述内容中设定的变量一样，匹配前的 $L1$ 值为 0.961 8，第一次 CEM 匹配后的 $L1$ 值为 0.667 7，尽管有所下降，但样本还不够平衡，因此，本节将年龄与受教育水平变量进行分组处理，第二次 CEM 匹配后的 $L1$ 值为 0.189 0，非常接近 0，表明样本匹配效果较好。进一步对不同类型生计抉择下的样本数据进行不平衡性测量，务农、务工及创业收入的 CEM 匹配后的 $L1$ 值分别为 0.282 5、0.073 7 和 0.000 1，表明样本匹配效果较好。具体结果如表 7-14 所示。

表 7-14　稳健性检验：更换计量模型

被解释变量	匹配类型	使用互联网	未使用互联网	*ATT*	标准误	*T* 值
Income	匹配前	10.992	10.339	0.653	0.025	26.49***
	匹配后	10.836	10.485	0.351	0.037	9.44***
Arincome	匹配前	10.452	9.648	0.804	0.062	13.00***
	匹配后	10.213	9.761	0.452	0.105	4.29***
Wage	匹配前	11.024	10.745	0.278	0.024	11.84***
	匹配后	10.929	10.666	0.263	0.042	6.27***
Profit	匹配前	11.399	11.032	0.366	0.078	4.67***
	匹配后	11.443	11.136	0.307	0.236	1.30

注：数据来源于 Stata 15.1 软件的输出。***表示在 1%的统计水平上显著。

表 7-14 为互联网使用对农户收入的 CEM 回归估计结果。由结果可知，经过 CEM 匹配后，农户家庭总收入、务农收入、务工收入和创业收入的

ATT 值分别为 0.351、0.452、0.263 和 0.307，除了创业收入，均在 1%的统计水平上显著。这表明互联网使用仍然对农户总收入、务农收入与务工收入具有显著的正向影响；对创业收入具有正向影响，但并不显著。综上所述，本节通过更换计量模型所得到的相关结论仍然是稳健可靠的。

第六节　基于生计资本的中介效应检验

前述实证分析结果显示，互联网嵌入能够促进农户收入水平的提升。本节将进一步探讨互联网嵌入影响农户收入水平的机制。可能的机制如下：通过生计资本影响农户收入水平。第五章已经论证了互联网嵌入能够提升农户生计资本的存量。因此，本节进一步分析生计资本是否在互联网嵌入对农户收入影响的路径中存在中介效应，将运用 SPSS 23.0 统计软件，采用 Bootstrap 中介效应检验方法分析生计资本的中介效应。

在进行中介效应检验前，为了更好地契合模型和分析中介效果，本节将互联网嵌入的多个指标降维成一个因子"互联网嵌入"（*Internet*）代入模型，本节运用 SPSS 23.0 统计软件进行因子分析，结果显示，互联网嵌入得到的 KMO 值为 0.854，Bartlett 球形检验的卡方值为 77 631.525（$P<0.001$），表明可以采用因子分析法，经过正交化旋转，提取出一个因子"互联网嵌入"，所得互联网嵌入因子得分越高，则表示互联网嵌入程度越高。中介效应检验结果如表 7－15 所示。

表 7－15　互联网嵌入通过生计资本影响农户收入的机制检验结果

中介效应检验	(1)	(2)	(3)	(4)
a	0.290***	0.451***	0.200***	0.146***
b	0.243***	0.292***	0.123***	0.203***
中介效应（ab）	0.071***	0.132***	0.025***	0.030***
中介路径的作用区间	$LLCI=0.062$ $ULCI=0.080$	$LLCI=0.105$ $ULCI=0.162$	$LLCI=0.019$ $ULCI=0.031$	$LLCI=0.012$ $ULCI=0.055$
直接效应（c'）	0.276***	0.377***	0.145***	0.157***
直接影响的作用区间	$LLCI=0.253$ $ULCI=0.299$	$LLCI=0.305$ $ULCI=0.448$	$LLCI=0.124$ $ULCI=0.167$	$LLCI=-0.093$ $ULCI=-0.221$
样本量	6 887	1 985	4 306	596
检验结果	成立	成立	成立	成立

注：数据来源于 SPSS 23.0 软件的输出。***表示在 1%的统计水平上显著。

表 7 - 15 第（1）至（4）列分别给出了农户家庭总收入、务农收入、务工收入和创业收入作为被解释变量的估计结果。由结果可知，a 为互联网嵌入影响生计资本的系数估计值，其系数为正，并且在 1%的统计水平上显著，表明互联网嵌入促进农户生计资本存量的提升，与第五章的结论一致。b 为生计资本影响农户收入的系数估计值，在第（1）至（4）列中，其系数均为正，并且均在 1%的统计水平上显著，表明生计资本存量越高的农户，收入水平越高。由第（1）列结果可知，生计资本的中介效应（ab）的大小为 0.071，互联网嵌入对农户家庭总收入的直接效应 c'的大小为 0.276，并且均在 1%的统计水平上显著，95%的置信区间均不包含 0，在直接效应 c'的占比为 25.72%。由第（2）列结果可知，生计资本的中介效应 ab 大小为 0.132，互联网嵌入对农户务农收入的直接效应 c'的大小为 0.377，并且在 1%的统计水平上显著，95%的置信区间均不包含 0，在直接效应 c'的占比为 35.01%。由第（3）列结果可知，生计资本的中介效应 ab 大小为 0.025，互联网嵌入对农户务工收入的直接效应 c'的大小为 0.145，并且均在 1%的统计水平上显著，95%的置信区间均不包含 0，在直接效应 c'的占比为 17.24%。由第（4）列结果可知，生计资本的中介效应 ab 大小为 0.030，互联网嵌入对农户创业收入的直接效应 c'的大小为 0.157，并且均在 1%的统计水平上显著，95%的置信区间均不包含 0，在直接效应 c'的占比为 19.11%。综上所述，互联网嵌入通过中介变量生计资本对农户家庭总收入、务农收入、务工收入和创业收入具有显著的促进作用，生计资本的中介成立。

本节进一步考察互联网嵌入通过不同类型生计资本如何影响农户收入，将运用 SPSS 23.0 统计软件，采用 Bootstrap 中介效应检验方法分析不同生计资本的中介效应。具体结果如表 7 - 16 所示。

表 7 - 16 为农户不同类型生计资本的中介效应检验结果。第（1）至（5）行的被解释变量为农户家庭总收入，第（6）至（10）行的被解释变量为务农主导型农户的收入（务农收入），第（11）至（15）行的被解释变量为务工主导型农户的收入（务工收入），第（16）至（20）行的被解释变量为创业主导型农户的收入（创业收入）。a 为互联网嵌入影响不同类型生计资本的估计系数，b 为不同类型生计资本对农户收入影响的估计系数。由第（1）至（5）行的结果可知，互联网嵌入对人力资本、社会资本、金融资本和物质资本影响的估计系数均为正，对自然资本影响的估计系数为负，并且均通过了显著性水平检验，与第五章所得结论一致。人力资本、社会资本、金融资本与物质资本的增加能够提升农户家庭总收入水平，自然资本对其起到抑制作用。由第（6）至（10）行的结果可知，估计系数 a 均为正，并且均通过了显著性水平检验。这说明在务农主导型的生计抉择下，互联网嵌入对不同类型生计资本均具有促

进作用。估计系数 b 均为正，并且均通过了显著性水平检验。这说明，不同类型生计资本对务农收入均具有促进作用。由第（11）至（20）行的估计系数 a 可知，在务工与创业主导型生计抉择下，互联网嵌入对农户人力资本、社会资本、金融资本与物质资本均具有显著的正向影响，对自然资本具有显著的负向影响。由估计系数 b 可知，对于务工收入，人力资本、社会资本与物质资本对其具有显著的正向影响，自然资本对其具有显著的负向影响；对于创业收入，人力资本、社会资本、金融资本与物质资本对其具有显著的正向影响，自然资本对其具有显著的负向影响。不同类型生计资本的中介效应检验结果具体如下：

第一，分析人力资本的中介效应。由表 7－16 中第（1）、（6）、（11）和（16）行的结果可知，人力资本中介效应系数 ab 的大小分别为 0.051、0.055、0.020、0.009，直接效应系数 c' 的大小分别为 0.120、0.141、0.055 和 0.062，并且均通过了显著性水平检验，95%的置信区间均不包含 0，说明在互联网嵌入对农户总收入、务农收入、务工收入和创业收入的作用上，人力资本的中介成立。进一步表明互联网嵌入能够通过提高人力资本存量，进而提高农户收入水平。可能的解释是，人力资本的积累对农户收入的增长具有重要的作用（程名望等，2016），互联网嵌入程度越高，越有利于农户获取知识和提高自身技术技能，进而促进人力资本存量的提升，有助于提高农户收入水平。

第二，分析社会资本的中介效应。由表 7－16 中第（2）、（7）、（12）和（17）行的结果可知，社会资本中介效应系数 ab 的大小分别为 0.029、0.047、0.013 和 0.007，直接效应系数 c' 的大小分别为 0.120、0.141、0.055 和 0.062，并且均通过了显著性水平检验，95%的置信区间均不包含 0，说明在互联网嵌入对农户家庭总收入、务农收入、务工收入和创业收入的作用上，社会资本的中介成立。可能的解释是，“人情世故”在农户的社会交往中尤为重要，多位学者研究论证了社会资本对提高农户收入、改善农户贫困现状具有重要的作用（韦艳和汤宝民，2022；殷俊和刘一伟，2018；王春超和周先波，2013）。互联网技术所构建的虚拟环境，为农户提供了新的交流平台，农户能够通过互联网与亲朋好友联系得更紧密，维持以及扩展社会网络，从而最终影响其收入。

第三，分析金融资本的中介效应。由表 7－16 中第（3）、（8）、（18）行的结果可知，金融资本中介效应系数 ab 的大小分别为 0.006、0.011 和 0.014，直接效应系数 c' 的大小分别为 0.120、0.141 和 0.062，并且均通过了显著性水平检验，95%的置信区间均不包含 0，说明在互联网嵌入对农户家庭总收入、务农收入和创业收入的作用上，金融资本中介成立。由第（13）行的结果可知，金融资本中介效应未通过显著性水平检验，中介路径的作用区间包含0，说明在互联网嵌入对农户务工收入的作用上，金融资本的中介不成立。可能的解释是，信贷约束抑制了农村地区的金融发展，正规金融借贷与非正规金融借贷都有助于改善农户的收入状况（黄志刚等，2021；武丽娟和李定，2019；闫啸和牛荣，2017）。一方面，以互联网技术为基础的金融平台能够为农户提供正规的信贷服务。但农户获取资金支持的途径还是以非正规借贷为主，农户通过互联网与人沟通更加方便，也促使农户通过互联网发生民间借贷行为，进而促进农户收入水平的提升。另一方面，务农与创业主导型农户的借贷需求比务工主导型农户的借贷需求更大，所以金融资本在互联网嵌入对务农收入及创业收入影响中的中介作用更明显。

第四，分析物质资本的中介效应。由表7-16中第（4）、（9）、（14）和（19）行的结果可知，物质资本中介效应系数 ab 的大小分别为0.136、0.184、0.076和0.090，直接效应系数 c' 的大小分别为0.120、0.141、0.055和0.062，并且均通过了显著性水平检验，95%的置信区间均不包含0，说明在互联网嵌入对农户家庭总收入、务农收入、务工收入和创业收入的作用上，物质资本的中介成立。可能的解释是，国家大力发展农村电子商务，鼓励“电商下乡”，不仅推动了农产品进城，还促进了工业品下乡。互联网嵌入不仅使农户可以便捷地购买日常用品及农用器具，还降低了其购买成本，进而提升了农户的物质资本存量，对农户收入产生了积极的影响。

第五，分析自然资本的中介效应。由表7-16中第（5）、（15）行的结果可知，自然资本中介效应系数 ab 的大小分别为0.003和0.006，直接效应系数 c' 的大小分别为0.120和0.055，并且均通过了显著性水平检验，95%的置信区间均不包含0，说明在互联网嵌入对农户家庭总收入和务工收入的作用上，自然资本的中介成立。另外，估计系数 a 与 b 的符号为负，说明对于务工主导型的农户，互联网嵌入通过降低农户自然资本存量提升农户务工收入水平。由表7-16中第（10）列的结果可知，自然资本中介效应系数 ab 的大小为0.072，直接效应系数 c' 的大小为0.141，并且均通过了显著性水平检验，95%的置信区间均不包含0，说明在互联网嵌入对农户务农收入的作用上，自然资本的中介成立。另外，估计系数 a 与 b 的符号为正，说明对于务农主导型的农户，互联网嵌入通过提高自然资本存量促进农户务农收入水平的提升。可能的解释是，一方面，在信息化的背景下，农村劳动力向城镇流动，推动了土地流转，务工主导型农户的自然资本降低，促进了其务工收入的提高；另一方面，务农主导型农户的土地流入到务农农户手中，进而提高了相关农户的务农收入。

表 7-16 不同生计资本的 Bootstrap 的中介效应检验

项目	中介效应检验	*a*	*b*	中介效应（*ab*）	中介路径的作用区间	直接效应（*c*′）	直接影响的作用区间	样本量	检验结果
(1)	*Internet*→Ln*HC*→*Income*	0.321***	0.160***	0.051***	*LLCI*=0.044；*ULCI*=0.060	0.120***	*LLCI*=0.099；*ULCI*=0.142	6 887	成立
(2)	*Internet*→Ln*SC*→*Income*	0.284***	0.103***	0.029***	*LLCI*=0.024；*ULCI*=0.035	0.120***	*LLCI*=0.099；*ULCI*=0.142	6 887	成立
(3)	*Internet*→Ln*FC*→*Income*	0.339***	0.018***	0.006***	*LLCI*=0.003；*ULCI*=0.009	0.120***	*LLCI*=0.099；*ULCI*=0.142	6 887	成立
(4)	*Internet*→Ln*PC*→*Income*	0.357***	0.382***	0.136***	*LLCI*=0.124；*ULCI*=0.148	0.120***	*LLCI*=0.099；*ULCI*=0.142	6 887	成立
(5)	*Internet*→Ln*NC*→*Income*	−0.117***	−0.025***	0.003***	*LLCI*=0.001；*ULCI*=0.005	0.120***	*LLCI*=0.099；*ULCI*=0.142	6 887	成立
(6)	*Internet*→Ln*HC*→*Arincome*	0.412***	0.134***	0.055***	*LLCI*=0.039；*ULCI*=0.075	0.141***	*LLCI*=0.075；*ULCI*=0.206	1 985	成立
(7)	*Internet*→Ln*SC*→*Arincome*	0.394***	0.118***	0.047***	*LLCI*=0.032；*ULCI*=0.065	0.141***	*LLCI*=0.075；*ULCI*=0.206	1 985	成立
(8)	*Internet*→Ln*FC*→*Arincome*	0.548***	0.019***	0.011*	*LLCI*=0.001；*ULCI*=0.023	0.141***	*LLCI*=0.075；*ULCI*=0.206	1 985	成立
(9)	*Internet*→Ln*PC*→*Arincome*	0.429***	0.428***	0.184***	*LLCI*=0.152；*ULCI*=0.222	0.141***	*LLCI*=0.075；*ULCI*=0.206	1 985	成立
(10)	*Internet*→Ln*NC*→*Arincome*	0.449***	0.160***	0.072***	*LLCI*=0.050；*ULCI*=0.099	0.141***	*LLCI*=0.075；*ULCI*=0.206	1 985	成立
(11)	*Internet*→Ln*HC*→*Wage*	0.243***	0.082***	0.020***	*LLCI*=0.015；*ULCI*=0.026	0.055***	*LLCI*=0.035；*ULCI*=0.075	4 306	成立
(12)	*Internet*→Ln*SC*→*Wage*	0.184***	0.071***	0.013***	*LLCI*=0.009；*ULCI*=0.018	0.055***	*LLCI*=0.035；*ULCI*=0.075	4 306	成立
(13)	*Internet*→Ln*FC*→*Wage*	0.217***	−0.002	−0.001	*LLCI*=−0.002；*ULCI*=0.001	0.055***	*LLCI*=0.035；*ULCI*=0.075	4 306	不成立
(14)	*Internet*→Ln*PC*→*Wage*	0.261***	0.292***	0.076***	*LLCI*=0.066；*ULCI*=0.087	0.055***	*LLCI*=0.035；*ULCI*=0.075	4 306	成立
(15)	*Internet*→Ln*NC*→*Wage*	−0.130***	−0.049***	0.006***	*LLCI*= 0.004；*ULCI*=0.010	0.055***	*LLCI*=0.035；*ULCI*=0.075	4 306	成立
(16)	*Internet*→Ln*HC*→*Profit*	0.135***	0.069**	0.009*	*LLCI*=0.001；*ULCI*=0.024	0.062**	*LLCI*=0.005；*ULCI*=0.119	596	成立
(17)	*Internet*→Ln*SC*→*Profit*	0.157***	0.045**	0.007*	*LLCI*=0.001；*ULCI*=0.019	0.062**	*LLCI*=0.005；*ULCI*=0.119	596	成立
(18)	*Internet*→Ln*FC*→*Profit*	0.332***	0.043***	0.014**	*LLCI*=0.005；*ULCI*=0.028	0.062**	*LLCI*=0.005；*ULCI*=0.119	596	成立
(19)	*Internet*→Ln*PC*→*Profit*	0.238***	0.378***	0.090***	*LLCI*=0.058；*ULCI*=0.125	0.062**	*LLCI*=0.005；*ULCI*=0.119	596	成立
(20)	*Internet*→Ln*NC*→*Profit*	−0.114**	−0.036	0.004	*LLCI*=−0.001；*ULCI*=0.015	0.062**	*LLCI*=0.005；*ULCI*=0.119	596	不成立

注：数据来源于 SPSS 23.0 软件的输出。***、**、*分别表示在1%、5%、10%的统计水平上显著。

第七节　本章小结

本章探讨了互联网嵌入对农户收入水平的影响，以及生计资本在互联网嵌入对农户收入水平影响中的中介作用。首先，运用 PSM 和 OLS 分析了互联网嵌入对农户总收入、务农收入、务工收入和创业收入的影响；其次，采用 2SLS 和确保变量之间在时间上“前因后果”的方法解决了内生性问题；最后，采用 Bootstrap 中介效应检验方法分析生计资本在互联网嵌入对农户收入影响路径中的作用。研究结论如下。

第一，在修正了样本自选择偏差后，互联网使用能够显著地促进农户家庭总收入、务农收入和务工收入的提高。

第二，互联网工作学习频率与互联网社交娱乐频率越高越能够提高农户家庭总收入、务农收入、务工收入及创业收入。互联网工作学习频率对农户创业收入的影响更大。互联网社交娱乐频率对农户务农收入的影响更大。

第三，互联网嵌入时长与农户家庭总收入、务农收入、务工收入及创业收入之间存在显著倒 U 形关系，对比测算出的特定值与互联网嵌入时长的平均值可知，互联网嵌入时长的增加会显著促进农户家庭总收入、务农收入、务工收入及创业收入的提升。

第四，以互联网工作学习和社交娱乐为目的能够显著提高农户家庭总收入、务农收入、务工收入及创业收入。互联网工作学习目的对农户务工收入与创业收入的影响更大，互联网社交娱乐目的对农户务农收入与务工收入的影响更大。

第五，生计资本在互联网嵌入对农户家庭总收入、务农收入、务工收入及创业收入的影响中起到中介作用。其中，人力资本、社会资本与物质资本在互联网嵌入对农户家庭总收入、务农收入、务工收入和创业收入的影响中起到中介作用；金融资本在互联网嵌入对农户家庭总收入、务农收入和创业收入的影响中起到中介作用；自然资本在互联网嵌入对农户家庭总收入、务农收入和务工收入的影响中起到中介作用。

第八章

研究结论、政策建议与研究展望

第一节　研究结论

本书深入研究了互联网嵌入对农户生计抉择及其收入的影响，讨论了生计资本在其影响路径中的中介作用。首先，本书基于全信息理论、信息沟理论、新迁移经济学理论、可持续生计理论和职业最优搜寻理论等相关理论，从理论层面分析了互联网嵌入对农户生计抉择及其收入影响的作用机制，构建了互联网嵌入对农户生计抉择及其收入影响的理论框架。其次，基于可持续生计理论从自然资本、物质资本、金融资本、社会资本和人力资本五个方面对农户生计资本进行测度。借鉴国内外学者的相关研究，采用多指标划分法和两步聚类分析法对农户生计抉择进行划分。再次，基于 CFPS 2018 年的 6 887 户数据，分析了互联网嵌入对农户生计资本、生计抉择及其收入的影响。最后，探讨了生计资本在互联网嵌入对农户生计抉择及其收入影响路径中的中介作用。本书的理论分析、统计分析及实证分析，得出以下结论。

第一，从全部样本农户使用互联网的情况来看，未使用互联网的农户数量较多，达到 4 107 人，占比为 59.63%。从互联网嵌入频率的情况来看，超过 30%的农户对互联网的使用还是以社交娱乐为主，仅有 10%的农户经常通过互联网学习和工作。从互联网嵌入时长的情况来看，农户每天的上网时间相对较少，上网时间超过 3.5h/d 的农户仅有 259 人。从互联网嵌入目的的情况来看，更多的农户认为使用互联网进行社交与娱乐更为重要。

第二，从农户生计资本测度的角度看，全部样本农户综合生计资本指数均值为 0.072 6，整体水平较低。人力资本在五类生计资本中均值最高，为 0.028 5；其次的排序是金融资本（0.023 1）、社会资本（0.017 3）、物质资本（0.002 0）；最后是自然资本（0.001 7）。对比未使用互联网的农户可以发现，使用互联网农户的生计资本、物质资本、金融资本与人力资本指数均值更高，自然资本指数均值基本一致。从生计抉择的聚类分析来看，务工主导型的农户数量最多，为 4 306 人；其次是务农主导型，为 1 985 人；创业主导型农户数量最少，为 596 人。这说明农户的收入来源已经不局限于传统农业，多样化的生计抉择为农户拓宽了收入渠道。

第三，关于互联网嵌入对农户生计资本的影响方面。实证结果显示，农户使用互联网能够提升其生计资本存量。就不同类型生计资本而言，农户使用互联网对人力资本、金融资本、社会资本与物质资本具有显著的正向影响，对自然资本具有显著的负向影响。互联网工作学习频率与互联网社交娱乐频率对农户生计资本具有正向影响，并且互联网工作学习频率的影响大于互联网社交娱乐频率的影响。就不同类型生计资本而言，互联网工作学习频率与互联网社交娱乐频率对农户人力资本、金融资本、社会资本与物质资本具有显著的正向影响，对自然资本具有显著的负向影响。互联网嵌入时长与农户生计资本具有倒U形关系，当互联网嵌入时长小于 4.785h/d 时，互联网嵌入时长的增加会促进农户生计资本存量的提升。就不同类型生计资本而言，互联网嵌入时长对农户人力资本、金融资本、社会资本与物质资本均具有显著的正向影响。互联网工作学习目的与互联网社交娱乐目的对农户生计资本具有正向影响。就不同类型生计资本而言，互联网工作学习目的与互联网社交娱乐目的对农户人力资本、金融资本、社会资本和物质资本具有显著的正向影响，对自然资本具有显著的负向影响。

第四，关于互联网嵌入对农户生计抉择的影响方面。相对于务农主导型，农户使用互联网增加了其选择务工及创业主导型生计策略的概率。相对于务工主导型，使用互联网的农户更倾向于选择创业主导型生计策略。相对于务农主导型，互联网嵌入频率越高，越促进农户选择务工及创业主导型生计策略。相对于务工主导型，互联网嵌入频率提高促进农户选择创业主导型生计策略，并且互联网社交娱乐频率对农户选择创业主导型生计策略的影响大于互联网工作学习频率对农户选择创业主导型生计策略的影响。相对于务农主导型，互联网嵌入时长与务工和创业主导型生计策略呈显著倒 U 形关系，表明当互联网嵌入时长小于 3.5h/d 时，农户选择务工或创业主导型生计策略的概率更大。相对于务工主导型，互联网嵌入时长对农户选择创业主导型生计策略起到促进作用。相对于务农主导型，以互联网工作学习与社交娱乐为目的的农户选择务工主导型或创业主导型生计策略的概率更大。相对于务工主导型，互联网嵌入目的对农户选择创业主导型生计策略起到促进作用。其中，以互联网社交娱乐为目的对农户选择创业主导型生计策略的影响大于以互联网工作学习为目的对农户选择创业主导型生计策略的影响。中介效应检验结果显示，互联网嵌入通过提升生计资本存量进而促进农户选择务工及创业主导型生计策略，其中介作用成立。其中，人力资本、社会资本、金融资本、物质资本与自然资本均在其影响路径中起到了中介作用。

第五，关于不同生计抉择下农户收入效应的影响方面。在修正了样本自选择偏差后，互联网使用能够显著地促进农户家庭总收入、务农收入和务工收入的提高。互联网工作学习频率与互联网社交娱乐频率越高越能够提高农户家庭总收入、务农收入、务工收入及创业收入。互联网工作学习频率对农户创业收入的影响更大。互联网社交娱乐频率对农户务农收入的影响更大。互联网嵌入时长与农户家庭总收入、务农收入、务工收入以及创业收入之间存在显著倒U形关系，对比测算出的特定值与互联网嵌入时长的平均值可知，互联网嵌入时长的增加会显著促进农户家庭总收入、务农收入、务工收入及创业收入的提升。以互联网工作学习和社交娱乐为目的能够显著提高农户家庭总收入、务农收入、务工收入及创业收入。互联网工作学习目的对农户务工收入与创业收入的影响更大，互联网社交娱乐目的对农户务农收入与务工收入的影响更大。生计资本在互联网嵌入对农户家庭总收入、务农收入、务工收入及创业收入的影响中起到中介作用。其中，人力资本、社会资本与物质资本在互联网嵌入对农户家庭总收入、务农收入、务工收入和创业收入的影响中起到中介作用；金融资本在互联网嵌入对农户家庭总收入、务农收入和创业收入的影响中起到中介作用；自然资本在互联网嵌入对农户家庭总收入、务农收入和务工收入的影响中起到中介作用。

第二节　政策建议

综合上述研究结论，本书将从提升农户互联网嵌入程度、增加农户生计资本存量、促进农户增收和加快推进数字乡村建设等角度提出以下五点政策建议。

第一，充分利用互联网嵌入的连通性，开发“互联网＋三农”应用程序，为农户生计资本存量提供保障。政府应重视互联网的连通性，需联合互联网企业开发针对“三农”的互联网应用程序，并开展应用程序讲座，有针对性地为农户进行讲解答疑。就人力资本而言，农户通过互联网可有效获得村务、财务和商务等惠农政策信息，也可从互联网获取更多的知识，有助于提高其人力资本存量。就社会资本而言，政府应引导农户正确利用互联网进行社会交往，举办网络安全讲座，进而维持和拓展农户的社会网络资源。就金融资本而言，政府相关部门应加强对互联网贷款平台的监管，出台利率减免政策，引导农户科学和正确地利用互联网进行借贷活动。就物质资本而言，政府应引导农户通过互联网购物平台选购家庭耐用品，大力发展乡村快递物流，支持快递下乡、计算机下乡和智能手机下乡。就自然资本而言，尽管农户使用互联网对自然资本存在负向影响，但从长远来看，农户通过互联网获取农业方面的信息能够降低农业经营风险，改变种植结构或种植面积，进而促进土地流转并保障农业适度规模经营。整体而言，政府应充分利用互联网的连通性，提升农户互联网嵌入程度，有效地增加农户生计资本。

第二，引导农户合理地运用互联网，充分发挥互联网嵌入对优化农户生计抉择和促进农户增收的重要作用。针对劳动力市场与劳动力需求方，政府、企业应利用互联网和移动互联网的高效性、时效性、低成本性、公平性与互动性等优势，进行招聘工作的宣传、政策制度的推广和解读，为务工或想要务工的农户提供有效的信息来源，为创业或想要创业的农户提供真实的政策信息，为务农的农户及时提供惠农政策。政府还需依托互联网技术建立线上益农平台、线下益农服务站，整合信息服务资源，加快建立农村地区互联网服务平台及开发农村地区互联网信息系统，切实有效地为使用互联网的农户提供技术支持，加强互联网技能的培训，帮助农户运用电子商务进行涉农或非农创业，换言之，互联网技术可以为“大众创业、万众创新”提供更为灵活的创业环境和平台。互联网技术在一定程度上也能够降低农户与市场之间的交易成本，促进农户家庭收入水平的提升。与此同时，互联网技能培训一方面可以唤醒农户对于互联网需求的意识，提高农户基本的信息处理能力和信息搜寻效率；另一方面能够使农户认识到互联网在当今社会经济中的重要性。从长远来看，互联网技术在农村地区快速发展普及必然能够促进农户合理地进行生计抉择，拓宽农户的收入渠道，达到增收的目的。

第三，重视生计资本在互联网嵌入对农户生计抉择及其收入影响中的中介作用。一方面，政府应出台惠农政策帮助农户提高生计资本存量；另一方面，政府应加大互联网宣传力度，使农户了解互联网不仅可以用于娱乐，还是一个学习和解决问题的工具，避免农户家庭成员沉迷网络。政府应继续加大培训力度帮助农户利用互联网在积累人力资本、维持和拓展社会资本、获取金融资本和增加物质资本等方面发挥更大的作用，尤其是在创业实践中的作用，务工信息搜寻中的作用和互联网营销中的作用，降低交易成本，增加农户家庭收入。通过互联网技术人员、村干部等的指导和示范带动作用，引导农户了解和使用互联网，从而提高农户进行生计抉择时的生计资本存量，促进农户提升收入。从长远来看，互联网技术在农村地区快速发展普及必然能够促进农户合理地进行生计抉择，包括非农或涉农的创业，农业的规模化生产及外出务工。

第四，加强互联网基础设施的建设，重视农村地区网络建设质量。数字乡村是“互联网＋三农”的升级，是将信息化、数字化和网络化深度应用到农业、农村、农民的经济生活中，是实现乡村振兴与建设数字中国的重要组成部分。互联网是实现农业农村数字化与信息化的基础，互联网基础设施是互联网普及与发展的前提。农村地区地广人稀，造成互联网设施建设成本过高，并且相关设施落后。因此，政府应为农村地区互联网基础设施建设提供资金支持，强化政策制度作用，督促农村地区加快互联网基础设施的建设。由于农户使用移动互联网的比重较高，需重点关注移动互联网信号塔的建设。

第五，完善互联网信息服务体系，出台互联网技术的财政补贴政策。政府应重视农村互联网信息服务平台的建设和整合，为农村构建统一的互联网信息服务体系，搭建易于操作的互联网系统，依托已完成的益农信息社宣传互联网信息服务平台，增强农户对于互联网系统的感知易用性和感知有用性。益农信息社不仅可以为农户提供信息服务，还可为农户提供互联网技术支持。在互联网技术补贴政策上，政府还要加大力度，继续推进“提速降费”的宽带政策。在此基础上，政府应为购买计算机、智能手机和智能电视等网络设备的农户提供财政补贴政策，提升农户购买智能设备的能力。同时，政府可针对使用移动互联网的农户提供流量减免政策，进而提高农户互联网嵌入程度。

第三节　研究展望

由于时间、样本数据及研究经费的限制，本书在研究互联网嵌入对农户生计抉择及收入的影响时，存在一定的局限性，以下三点是今后进一步的研究方向。

第一，遗漏变量问题。尽管本书在分析过程中，尽可能地加入控制变量，以降低遗漏变量对估计结果准确性产生的影响，以及采用相关模型解决遗漏变量的内生性问题，但样本数据的可获得性不可避免地会造成遗漏变量问题。因此，未来的研究有必要进一步优化和补充变量，以提高估计结果的准确性。

第二，研究内容方面。由于数据的局限性，本书仅研究了互联网嵌入对农户生计抉择及其收入的影响，对于互联网嵌入的测量，也仅考察了是否使用、嵌入频率、时长与目的。在未来的研究中，作者计划进一步探究农户对互联网技术的认知、影响互联网嵌入的因素，以及深入挖掘互联网技术对农户生计抉择及其收入的影响。目前国家大力开发第五代通信技术（5th Generation Mobile Communication Technology，5G），5G的性能使得移动网络更快速便捷，数据显示，农户对于移动互联网的应用更为广泛，不同类型的手机软件（App）给农户的经济活动带来了一定的影响。因此，未来的研究有必要对互联网嵌入指标重新量化，从移动互联网技术等多视角，深入研究互联网嵌入与农户生计抉择及其收入之间的关系。

第三，研究视角方面。本书在研究互联网嵌入对农户生计抉择及其收入影响的路径中，仅考察了农户生计资本的传导作用。然而互联网嵌入的信息效应也是非常重要的影响机制，因此未来需进一步研究互联网嵌入对农户生计抉择及其收入影响路径中的信息效应。

参考文献

REFERENCES

安士伟，樊新生，2018. 基于收入源的农户生计策略及其影响因素分析：以河南省为例［J］. 经济经纬，35（1）：29-34.

边燕杰，缪晓雷，2019. 论社会网络虚实转换的双重动力［J］. 社会，39（6）：1-22.

卜茂亮，罗华江，周耿，2011. Internet 对劳动力市场的影响：基于中国家庭动态跟踪调查（CFPS）数据的实证研究［J］. 南方人口（5）：1-10.

蔡洁，马红玉，夏显力，2017. 集中连片特困区农地转出户生计策略选择研究：基于六盘山的微观实证分析［J］. 资源科学，39（11）：2083-2093.

蔡文聪，霍学喜，杨海钰，2022. 互联网使用能否促进农户农地转入？基于交易成本的考察［J］. 农村经济（7）：28-36.

蔡跃洲，张钧南，2015. 信息通信技术对中国经济增长的替代效应与渗透效应［J］. 经济研究，50（12）：100-114.

曾亿武，蔡谨静，郭红东，2020. 中国"淘宝村"研究：一个文献综述［J］. 农业经济问题（3）：102-111.

陈方，阎建忠，李惠莲，2017. 基于农户生计活动的生计策略类型划分：以重庆市典型区为例［J］. 西南大学学报（自然科学版），39（11）：113-119.

陈建伟，陈银娥，2017. 普惠金融助推精准脱贫的理论与政策思考［J］. 当代经济研究（5）：85-90.

陈良敏，丁士军，陈玉萍，2020. 农户家庭生计策略变动及其影响因素研究：基于 CFPS 微观数据［J］. 财经论丛（3）：12-21.

陈亮，陶冶，2017. 中国农村二元金融发展对农民收入影响的再考察：基于正规金融与非正规金融视角［J］. 财经理论与实践，38（1）：42-48.

陈培彬，朱朝枝，2022. 互联网使用、社会资本与农户健康［J］. 统计与信息论坛，37（4）：99-109.

陈强，2014. 高级计量经济学及 Stata 应用［M］. 北京：高等教育出版社 .

陈怡，陶晓莹，2022. 电子商务对中国家庭减贫效应研究：基于多维相对贫困的视角［J］. 经济与管理评论，38（5）：97-111.

陈银蓉，张蓓，朱庆莹，2022. 农户生计资本异质对农地流转决策的影响：以江汉平原和鄂西生态文化旅游圈为例［J］. 长江流域资源与环境，31（9）：2073-2085.

陈玉宇，吴玉立，2008. 信息化对劳动力市场的影响：个人电脑使用回报率的估计［J］. 经济学（季刊）（4）：1149-1165.

程名望，盖庆恩，Jin Yanhong，等，2016. 人力资本积累与农户收入增长［J］. 经济研究，51（1）：168-181.
程名望，张家平，李礼连，2020. 互联网发展、劳动力转移和劳动生产率提升［J］. 世界经济文汇（5）：1-17.
程名望，张家平，2019. 互联网普及与城乡收入差距：理论与实证［J］. 中国农村经济（2）：19-41.
褚翠翠，佟孟华，李洋，等，2021. 中国数字普惠金融与省域经济增长：基于空间计量模型的实证研究［J］. 经济问题探索（6）：179-190.
崔恒瑜，王雪，马九杰，2021. 数字金融发展能否在农村金融市场发挥“鲶鱼效应”：来自中国农信机构的证据［J］. 经济理论与经济管理，41（12）：30-41.
代富强，吕志强，周启刚，等，2015. 农户生计策略选择及其影响因素的计量经济分析［J］. 江苏农业科学，43（4）：418-421.
戴维德，2012. 过度互联：互联网的奇迹与威胁［M］. 李利军，译．北京：中信出版社．
丁杰，袁也，符号亮，2022. 金融减贫：数字金融与传统金融的互动关系及相对重要性分析［J］. 国际金融研究（9）：14-24.
丁士军，张银银，马志雄，2016. 被征地农户生计能力变化研究：基于可持续生计框架的改进［J］. 农业经济问题，37（6）：25-34.
丁述磊，刘翠花，2022. 数字经济时代互联网使用对就业质量的影响研究：基于社会网络的视角［J］. 经济与管理研究，43（7）：97-114.
丁晓蔚，2021. 从互联网金融到数字金融：发展态势、特征与理念［J］. 南京大学学报（哲学·人文科学·社会科学），58（6）：28-44.
董晓林，孙楠，吴文琪，2019. 人力资本、家庭融资与农户创业决策：基于 CFPS 7981 个有效样本的实证分析［J］. 中国农村观察（3）：109-123
樊新生，李小建，2008. 欠发达地区农户收入的地理影响分析［J］. 中国农村经济（3）：16-23.
冯喜良，高盼盼，罗荣波，2021. 互联网使用对农民工性别工资收入差距的影响［J］. 人口与经济（5）：111-124.
高博发，李聪，李树茁，2022. 后续扶持政策、资源禀赋与易地搬迁农户生计风险：来自陕西省的经验证据［J］. 经济地理，42（4）：168-177.
高静，贺昌政，2015. 信息能力影响农户创业机会识别：基于 456 份调研问卷的分析［J］. 软科学，29（3）：140-144.
高梦滔，颜明，毕岚岚，2009. 计算机使用对青年人工资率的影响：来自云南的经验证据［J］. 中国人口科学（1）：59-67.
高梦滔，姚洋，2006. 农户收入差距的微观基础：物质资本还是人力资本？［J］. 经济研究（12）：71-80.
龚维进，倪鹏飞，徐海东，等，2021. 互联网驱动中国区域经济增长：时空效应与复合机制［J］. 管理科学学报，24（11）：1-25.
郭东杰，周立宏，陈林，2022. 数字经济对产业升级与就业调整的影响［J］. 中国人口科学

(03): 99-110.
郭家堂，骆品亮，2016. 互联网对中国全要素生产率有促进作用吗？[J]. 管理世界，277 (10): 34-49.
韩先锋，宋文飞，李勃昕，2019. 互联网能成为中国区域创新效率提升的新动能吗？[J]. 中国工业经济 (7): 119-136.
韩长根，张力，2017. 互联网普及对于城乡收入分配的影响：基于我国省际面板数据的系统 GMM 分析 [J]. 经济问题探索 (8): 18-27.
何大安，2018. 互联网应用扩张与微观经济学基础：基于未来“数据与数据对话”的理论解说 [J]. 经济研究，53 (8): 177-192.
何晓斌，柳建坤，2021. 返乡创业者的外出经历与电商创业：基于全国返乡创业调查数据的分析 [J]. 北京工商大学学报（社会科学版），36 (2): 105-116.
何学松，孔荣，2019. 互联网使用、市场意识与农民收入：来自陕西 908 户农户调查的经验证据 [J]. 干旱区资源与环境，33 (4): 55-60.
贺建风，2022. 受教育水平、互联网使用与农村家庭创业决策 [J]. 吉首大学学报（社会科学版），43 (3): 113-124.
贺娅萍，徐康宁，2019. 互联网对城乡收入差距的影响：基于中国事实的检验 [J]. 经济经纬，36 (2): 25-32.
侯建昀，霍学喜，2017. 信息化能促进农户的市场参与吗？来自中国苹果主产区的微观证据 [J]. 财经研究，43 (1): 134-144.
胡晗，司亚飞，王立剑，2018. 产业扶贫政策对贫困户生计策略和收入的影响：来自陕西省的经验证据 [J]. 中国农村经济 (1): 78-89.
胡伦，陆迁，2019. 贫困地区农户互联网技术使用的增收效应 [J]. 改革 (2): 74-86.
华怡婷，石宝峰，2022. 互联网使用对农村家庭金融市场参与行为的影响 [J]. 西北农林科技大学学报（社会科学版），22 (5): 130-141.
华昱，2018. 互联网使用的收入增长效应：理论机理与实证检验 [J]. 江海学刊 (3): 219-224.
黄国庆，刘钇，时朋飞，2021. 民族地区脱贫户返贫风险评估与预警机制构建 [J]. 华中农业大学学报（社会科学版）(4): 79-88.
黄浩，2018. 数字金融生态系统的形成与挑战：来自中国的经验 [J]. 经济学家 (4): 80-85.
黄志刚，陈晓楠，2018. 生计资本对农户移民满意度影响分析：以陕西南部地区为例 [J]. 干旱区资源与环境，32 (11): 47-52.
黄志刚，黎洁，王静，2021. 贫困区农户生计资本组合对收入影响的优化效应分析：基于陕西 778 份农户调查数据 [J]. 农业技术经济 (7): 79-91.
金莲，王永平，2020. 生态移民生计风险与生计策略选择研究：基于城镇集中安置移民家庭生计资本的视角 [J]. 贵州财经大学学报 (1): 94-102.
金梅，申云，2017. 易地扶贫搬迁模式与农户生计资本变动：基于准实验的政策评估 [J]. 广东财经大学学报，32 (5): 70-81.

李飚，2018. 互联网与创业：基于北京市青年创业数据的实证研究 [J]. 经济与管理研究，39 (5)：114-129.
李飚，2019. 互联网使用、技能异质性与劳动收入 [J]. 北京工商大学学报（社会科学版），34 (5)：104-113.
李聪，柳玮，冯伟林，等，2013. 移民搬迁对农户生计策略的影响：基于陕南安康地区的调查 [J]. 中国农村观察（6）：31-44.
李慧玲，马海霞，杨睿，2017. 棉花主产区棉农生计资本对生计策略的影响分析：基于新疆玛纳斯县和阿瓦提县的调查数据 [J]. 干旱区资源与环境（5）：57-63.
李佳宁，李敏，冀昊，2022. 生态补偿政策、收入影响与牧户生活质量：来自青海省河南蒙古自治县的实证证据 [J]. 干旱区资源与环境，36 (9)：63-71.
李京蓉，申云，杨晶，等，2021. 互联网金融使用对农户多维减贫的影响研究 [J]. 统计与信息论坛，36 (5)：104-118.
李鎏，蔡键，李怡，2021. 电子商务平台对农产品经营的影响机理：技术创新驱动与市场渠道拓宽 [J]. 农村经济（6）：120-128.
李明月，陈凯，2020. 精准扶贫对提升农户生计的效果评价 [J]. 华南农业大学学报（社会科学版），19 (1)：10-20.
李琴，岳经纶，2021. 信息技术应用如何影响社会福利权的实现？基于贫困治理的实证研究 [J]. 公共行政评论，14 (3)：79-97.
李文辉，宋宇，2015. 黄土丘陵区农户生计模式选择研究 [J]. 经济科学（5）：118-128.
李小云，董强，饶小龙，等，2007. 农户脆弱性分析方法及其本土化应用 [J]. 中国农村经济（4）：32-39.
李鑫，杨新军，陈佳，等，2015. 基于农户生计的乡村能源消费模式研究：以陕南金丝峡乡村旅游地为例 [J]. 自然资源学报，30 (3)：384-396.
刘诚，夏杰长，2021. 商事制度改革、人力资本与创业选择 [J]. 财贸经济，42 (8)：113-129.
刘恩来，徐定德，谢芳婷，等，2015. 基于农户生计策略选择影响因素的生计资本度量：以四川省402户农户为例 [J]. 西南师范大学学报（自然科学版），40 (12)：59-65.
刘红云，骆方，张玉，等，2013. 因变量为等级变量的中介效应分析 [J]. 心理学报，45 (12)：1431-1442.
刘玲，王朝举，2018. 乡村旅游聚落农户最优生计策略选择分析：基于贵州西江苗寨的调研 [J]. 贵州民族研究，39 (2)：54-57.
刘倩，蒋金秀，杨星，等，2022. 农户贫困脆弱性测度及其影响因素：基于秦巴山区的实证分析 [J]. 地理研究，41 (2)：307-324.
刘晓倩，韩青，2018. 农村居民互联网使用对收入的影响及其机理：基于中国家庭追踪调查（CFPS）数据 [J]. 农业技术经济（9）：123-134.
刘运材，罗能生，2022. 互联网发展对城市绿色全要素生产率的影响：基于全要素生产率分解视角 [J]. 软科学，36 (7)：46-52.
刘志龙，靳文杰，2015. 计算机网络的工资收入溢价效应分析：基于 CFPS 2010 基线调查数据［J］. 产业经济评论（1）：67-78.
罗文斌，孟贝，唐沛，等，2019. 土地整理、旅游发展与农户生计的影响机理研究：一个乡村旅游发展的实证检验［J］. 旅游学刊，34（11）：96-106.
罗序斌，2022. 互联网发展与制造业生产率增长：基于市场化进程的机制研究［J］. 当代财经（5）：113-123.
马红旗，黄桂田，王韧，2017. 物质资本的积累对我国城乡收入差距的影响：基于资本—技能互补视角［J］. 管理世界，283（4）：32-46.
马红玉，陈梦妍，夏显力，2020. 社会资本、心理资本与新生代农民工创业绩效［J］. 科研管理，41（11）：193-201.
马俊龙，宁光杰，2017. 互联网与中国农村劳动力非农就业［J］. 财经科学（7）：50-63.
马留赟，白钦先，2022. 数字经济如何缓解相对贫困［J］. 财经科学（7）：92-105.
马明，陈绍军，陶思吉，等，2021. 易地扶贫搬迁移民生计策略、生计资本与家庭收入影响研究：以云南少数民族深度贫困地区为例［J］. 干旱区资源与环境，35（8）：1-10.
马艳梅，吴玉鸣，吴柏钧，2015. 长三角地区城镇化可持续发展综合评价：基于熵值法和象限图法［J］. 经济地理，35（6）：47-53.
麦克卢汉，2000. 理解媒介：论人的延伸［M］. 何道宽，译. 北京：商务印书馆.
毛宇飞，曾湘泉，祝慧琳，2019. 互联网使用、就业决策与就业质量：基于 CGSS 数据的经验证据［J］. 经济理论与经济管理（1）：72-85.
尼葛洛庞帝，1997. 数字化生存［M］. 胡泳，范海燕，译. 海口：海南出版社.
宁泽逵，宁攸凉，2017. 丝绸之路经济带国家（地区）信息通讯技术对经济增长的影响分析：基于变系数面板数据模型［J］. 统计与信息论坛，32（9）：98-106.
宁泽逵，2017a. 农户可持续生计资本与精准扶贫［J］. 华南农业大学学报（社会科学版），16（1）：86-94.
宁泽逵，2017b. 信息化对集中连片特困区农户可持续生计的影响［J］. 西北农林科技大学学报（社会科学版），17（2）：123-133.
潘传快，2017. 农业经济调查数据的缺失值处理：模型、方法及应用［D］. 武汉：华中农业大学.
潘毛毛，赵玉林，2020. 互联网融合、人力资本结构与制造业全要素生产率［J］. 科学学研究，38（12）：2171-2182.
庞洁，徐珂，靳乐山，2021. 湿地生态补偿对农户生计策略和收入的影响研究：以鄱阳湖区调研数据为例［J］. 中国土地科学，35（4）：72-80.
彭玮，2017. 精准扶贫视阈下插花地区贫困户生计状况与生计行为研究［J］. 江汉论坛（7）：129-134.
戚聿东，褚席，2021. 数字生活的就业效应：内在机制与微观证据［J］. 财贸经济，42（4）：98-114.
钱龙，洪名勇，2016. 非农就业、土地流转与农业生产效率变化：基于 CFPS 的实证分析［J］. 中国农村经济（12）：2-16.
乔蕻强，程文仕，岑国璋，等，2017. 黑河-石羊河流域不同生计类型的农户生计资产研究

[J]. 干旱区资源与环境，31（2）：32-37
乔晓春，2017. 中国社会科学离科学还有多远？[M]. 北京：北京大学出版社.
邱泽奇，张樹沁，刘世定，等，2016. 从数字鸿沟到红利差异：互联网资本的视角 [J]. 中国社会科学（10）：93-115.
全磊，陈玉萍，2018. 农地转出户的生计资本流动及其影响因素分析 [J]. 华中农业大学学报（社会科学版）（2）：127-135.
任立，张苗，陈银蓉，2022. 生计资本、耕地多功能价值感知与农户土地转出意愿：脱贫攻坚与乡村振兴衔接期的典型地区观察 [J]. 中国土地科学，36（6）：56-65.
任林静，黎洁，2020. 生态补偿政策的减贫路径研究综述 [J]. 农业经济问题（7）：94-107.
申云，2016. 社会资本、二元金融与农户借贷行为 [J]. 经济评论（1）：80-90.
史晋川，王维维，2017. 互联网使用对创业行为的影响：基于微观数据的实证研究 [J]. 浙江大学学报（人文社会科学版），47（4）：159-175.
史玉丁，李建军，刘红梅，2019. 提升旅游生计资本的生态补偿机制 [J]. 西北农林科技大学学报（社会科学版），19（5）：98-106.
世界环境与发展委员会，1997. 我们共同的未来 [M]. 王之佳等，译. 长春：吉林人民出版社.
世界银行，2016.《2016 年世界发展报告：数字红利》（中文版概述）[R]. 华盛顿：世界银行.
司瑞石，陆迁，张淑霞，等，2019. 畜禽禁养政策对替代生计策略与养殖户收入的影响 [J]. 资源科学，41（4）：643-654.
宋林，何洋，2021. 互联网使用对中国城乡家庭创业的影响研究 [J]. 科学学研究，39（3）：489-498.
宋瑛，杨露，宋帅，2021. 互联网嵌入、社会资本与农户电商创业渠道选择：基于黔渝 350 份农户微观调查数据 [J]. 宁夏社会科学（6）：169-179.
苏芳，蒲欣冬，徐中民，等，2009. 生计资本与生计策略关系研究：以张掖市甘州区为例 [J]. 中国人口·资源与环境，19（6）：119-125.
苏芳，尚海洋，2012. 农户生计资本对其风险应对策略的影响：以黑河流域张掖市为例 [J]. 中国农村经济（8）：79-87，96.
苏芳，尚海洋，2013. 生态补偿方式对农户生计策略的影响 [J]. 干旱区资源与环境，27（2）：58-63.
苏芳，周亚雄，2017. 新型城镇化背景下劳动力转移对农户生计策略选择的影响分析 [J]. 数理统计与管理，36（3）：391-401.
苏岚岚，孔荣，2020. 互联网使用促进农户创业增益了吗？基于内生转换回归模型的实证分析 [J]. 中国农村经济（2）：62-80.
苏岚岚，彭艳玲，孔荣，2017. 社会网络对农户创业绩效的影响研究：基于创业资源可得性的中介效应分析 [J]. 财贸研究，28（9）：27-38.
孙敬水，于思源，2014. 物质资本、人力资本、政治资本与农村居民收入不平等：基于全国 31 个省份 2852 份农户问卷调查的数据分析 [J]. 中南财经政法大学学报（5）：

141-149.
孙利娟，邢小军，周德群，2010. 熵值赋权法的改进［J］. 统计与决策（21）：153-154.
孙鹏飞，张仁慧，赵凯，等，2022. 人力资本对农户宅基地退出行为的影响［J］. 经济经纬，39（4）：41-50.
孙欣，毕如田，刘慧芳，等，2018. 贫困山区耕地细碎化对农户生计策略的影响：以左权县清漳河流域 87 个村为例［J］. 中国土地科学，32（2）：40-47.
谭燕芝，李云仲，胡万俊，2017. 数字鸿沟还是信息红利：信息化对城乡收入回报率的差异研究［J］. 现代经济探讨（10）：88-95
唐红涛，李胜楠，2020. 电子商务、脱贫攻坚与乡村振兴：作用及其路径［J］. 广东财经大学学报，35（6）：65-77.
滕磊，马德功，2020. 数字金融能够促进高质量发展吗？［J］. 统计研究，37（11）：80-92.
田红宇，王媛名，祝志勇，2022. 数字化赋能：互联网使用对农户信贷的影响及其异质性研究：基于选择实验方法的检验和分析［J］. 农业技术经济（4）：82-102.
涂丽，2018. 生计资本、生计指数与农户的生计策略：基于 CLDS 家户数据的实证分析［J］. 农村经济（8）：76-83.
万宝瑞，2015. 我国农村又将面临一次重大变革："互联网＋三农"调研与思考［J］. 农业经济问题，36（8）：4-7.
王昌海，刘新波，2021. 自然保护、环境收入与农户生计提升［J］. 上海经济研究（4）：28-42.
王春超，周先波，2013. 社会资本能影响农民工收入吗？基于有序响应收入模型的估计和检验［J］. 管理世界，240（9）：55-68.
王辉，王金杰，周云波，2022. 电子商务是否改变农村居民社会资本的构成：基于中国农村电子商务发展调查数据的实证分析［J］. 现代财经（天津财经大学学报），42（8）：54-69.
王建，2019. 村庄非农化、社会资本与农民家庭收入［J］. 华南农业大学学报（社会科学版），18（2）：71-83.
王建华，李录堂，2012. 信息技术型人力资本集成能力演进的动力机制研究［J］. 科技进步与对策（9）：135-138.
王建华，李录堂，2013. 信息手段对人力资本和农户经济增长的影响研究：以固定电话和电脑网络数据为例的实证分析［J］. 华东经济管理，27（3）：119-122.
王晶，吕新业，吕开宇，2021. 数字金融使用对农户生计多样化的影响研究［J］. 农村经济（8）：62-71.
王静，魏晓博，2022. 农户相对贫困测度及互联网的减贫效应［J］. 农村经济（5）：60-68.
王娟，吴海涛，丁士军，2014. 山区农户最优生计策略选择分析：基于滇西南农户的调查［J］. 农业技术经济（9）：97-107.
王沛沛，许佳君，2013. 生计资本对水库移民创业的影响分析［J］. 中国人口·资源与环境，23（2）：150-156.
王蓉，欧阳红，代美玲，等，2022. 旅游地可持续生计：国际研究进展评述及其对中国的启示［J］. 人文地理，37（4）：10-21.
王胜，屈阳，王琳，等，2021. 集中连片贫困山区电商扶贫的探索及启示：以重庆秦巴山区、武陵山区国家级贫困区县为例［J］. 管理世界，37（2）：95-106.
王伟军，赵雪雁，李花，2022. 易地扶贫搬迁对贫困山区农户生计空间的影响机理：以陇南山区为例［J］. 经济地理，42（5）：165-174.
王轶，王香媚，冯科，2021. “互联网＋”对返乡创业企业经营业绩的影响：基于全国返乡创业企业的调查数据［J］. 中国科技论坛（7）：137-147.
王振振，王立剑，2019. 精准扶贫可以提升农村贫困户可持续生计吗？基于陕西省 70 个县（区）的调查［J］. 农业经济问题（4）：71-87.
韦艳，汤宝民，2022. 健康冲击、社会资本与农村家庭贫困脆弱性［J］. 统计与信息论坛，37（10）：103-116.
位秀平，2015. 中国老年人社会参与和健康的关系及影响因子研究［D］. 上海：华东师范大学.
乌云花，苏日娜，许黎莉，等，2017. 牧民生计资本与生计策略关系研究：以内蒙古锡林浩特市和西乌珠穆沁旗为例［J］. 农业技术经济（7）：71-77.
吴佳璇，闵师，王晓兵，等，2022. 互联网使用与偏远地区农户家庭生产要素配置：基于西南山区农户面板数据［J］. 中国农村经济（8）：93-113.
吴孔森，刘倩，张戬，等，2019. 干旱环境胁迫下民勤绿洲农户生计脆弱性与适应模式［J］. 经济地理，39（12）：157-167.
吴孔森，杨新军，尹莎，2016. 环境变化影响下农户生计选择与可持续性研究：以民勤绿洲社区为例［J］. 经济地理，36（9）：141-149.
吴乐，靳乐山，2018. 生态补偿扶贫背景下农户生计资本影响因素研究［J］. 华中农业大学学报（社会科学版）（6）：55-61.
吴雨，李成顺，李晓，等，2020. 数字金融发展对传统私人借贷市场的影响及机制研究［J］. 管理世界，36（10）：53-64.
伍艳，2015a. 贫困地区农户生计脆弱性的测度：基于秦巴山片区的实证分析［J］. 西南民族大学学报（人文社科版），36（5）：128-133.
伍艳，2015b. 农户生计资本与生计策略的选择［J］. 华南农业大学学报（社会科学版）（2）：57-66.
伍艳，2016. 贫困山区农户生计资本对生计策略的影响研究：基于四川省平武县和南江县的调查数据［J］. 农业经济问题，37（3）：88-94.
武丽娟，李定，2019. 精准扶贫背景下金融资本对农户增收的影响研究：基于内部收入分层与区域差异的视角［J］. 农业技术经济（2）：61-72.
席建超，张楠，2016. 乡村旅游聚落农户生计模式演化研究：野三坡旅游区苟各庄村案例实证［J］. 旅游学刊，31（7）：65-75.
谢家智，姚领，2021. 社会资本变迁与农户贫困脆弱性：基于“乡土中国”向“城乡中国”转型的视角［J］. 人口与经济（4）：1-21.
谢金华，杨钢桥，许玉光，2018. 不同农地整治模式对农户生计策略的影响研究：以江汉平原和鄂西南山区部分县市为例［J］. 中国农村经济（11）：96-111.
谢先雄，赵敏娟，蔡瑜，2019. 生计资本对牧民减畜意愿的影响分析：基于内蒙古372户牧民的微观实证［J］. 干旱区资源与环境，33（6）：55-62.
谢绚丽，沈艳，张皓星，等，2018. 数字金融能促进创业吗？来自中国的证据［J］. 经济学（季刊），17（4）：1557-1580.
谢宇，胡婧炜，张春泥，2014. 中国家庭追踪调查：理念与实践［J］. 社会，34（2）：1-32.
谢宇，张晓波，李建新，等，2017. 中国民生发展报告2016［D］. 北京：北京大学出版社.
许源源，徐圳，2020. 公共服务供给、生计资本转换与相对贫困的形成：基于CGSS2015数据的实证分析［J］. 公共管理学报，17（4）：140-151.
闫啸，牛荣，2017. 农户借贷对收入增长的影响：1771个农户样本［J］. 改革（10）：105-113.
严登才，2011. 搬迁前后水库移民生计资本的实证对比分析［J］. 现代经济探讨（6）：59-63.
杨东，2015. 互联网金融的法律规制：基于信息工具的视［J］. 中国社会科学（4）：107-126.
杨怀德，李勇进，冯起，等，2016. 石羊河流域不同区域农户生计多样性分析［J］. 干旱区地理（1）：199-206.
杨慧梅，江璐，2021. 数字经济、空间效应与全要素生产率［J］. 统计研究，38（4）：3-15.
杨晶，丁士军，邓大松，2019. 人力资本、社会资本对失地农民个体收入不平等的影响研究［J］. 中国人口·资源与环境，29（3）：148-158.
杨柠泽，周静，马丽霞，等，2018. 信息获取媒介对农村居民生计选择的影响研究：基于CGSS2013调查数据的实证分析［J］. 农业技术经济（5）：52-65.
杨柠泽，周静，2019. 互联网使用能否促进农民非农收入增加？基于中国社会综合调查（CGSS）2015年数据的实证分析［J］. 经济经纬（5）：41-48.
杨汝岱，陈斌开，朱诗娥，2011. 基于社会网络视角的农户民间借贷需求行为研究［J］. 经济研究，46（11）：116-129.
杨学儒，邹宝玲，2018. 模仿还是创新：互联网时代新生代农民工创业机会识别实证研究［J］. 学术研究（5）：77-83.
杨怡，王钊，2021. 社会资本、制度质量与农民收入：基于CHFS数据的微观计量分析［J］. 宏观经济研究（8）：115-127.
杨云彦，赵锋，2009. 可持续生计分析框架下农户生计资本的调查与分析：以南水北调（中线）工程库区为例［J］. 农业经济问题（3）：58-65.
姚缘，张广胜，2013. 信息获取与新生代农民工职业流动：基于对大中小城市新生代农民工的调研［J］. 农业技术经济（9）：52-60.
姚柱，罗瑾琏，张显春，等，2020. 互联网嵌入、双元创业学习与农民创业绩效［J］. 科学学研究，38（4）：685-695.
叶静怡，武玲蔚，2014. 社会资本与进城务工人员工资水平：资源测量与因果识别［J］. 经济学（季刊），13（4）：1303-1322.

殷俊，刘一伟，2018. 互联网使用对农户贫困的影响及其机制分析 [J]. 中南财经政法大学学报（2）：146-156.

袁海红，吕旖，张时婧，2022. 海岛养殖户台风灾害适应性行为及其影响因素分析 [J]. 自然资源学报，37（4）：1089-1103.

袁久和，祁春节，2013. 基于熵值法的湖南省农业可持续发展能力动态评价 [J]. 长江流域资源与环境，22（2）：152-157.

袁梁，张光强，霍学喜，2017. 生态补偿对国家重点生态功能区居民可持续生计的影响：基于“精准扶贫”视角 [J]. 财经理论与实践，38（6）：119-124.

展进涛，黄宏伟，2016. 农村劳动力外出务工及其工资水平的决定：正规教育还是技能培训？基于江苏金湖农户微观数据的实证分析 [J]. 中国农村观察（2）：55-67.

张景娜，张雪凯，2020. 互联网使用对农地转出决策的影响及机制研究：来自 CFPS 的微观证据 [J]. 中国农村经济（3）：57-77.

张景娜，朱俊丰，2020. 互联网使用与农村劳动力转移程度：兼论对家庭分工模式的影响 [J]. 财经科学（1）：93-105.

张乐柱，许兰壮，伍茜蓉，2022. 正规信贷约束对农户收入影响的异质性研究 [J]. 经济与管理评论，38（5）：63-71.

张莉，张艳，刘福江，等，2011. 农村信息化对农民生计改善的影响分析 [J]. 农业技术经济（5）：15-21.

张文彤，董伟，2018. SPSS 统计分析高级教程 [M]. 北京：高等教育出版社.

张勋，万广华，吴海涛，2021. 缩小数字鸿沟：中国特色数字金融发展 [J]. 中国社会科学（8）：35-51.

张勋，万广华，张佳佳，等，2019. 数字经济、普惠金融与包容性增长 [J]. 经济研究（8）：71-86.

张要要，2022. 数字鸿沟与农户家庭创业 [J]. 山西财经大学学报，44（2）：103-114.

张永丽，李青原，2022. 互联网使用对贫困地区农户收入的影响：基于甘肃省贫困村农户的调查数据 [J]. 管理评论，34（1）：130-141.

张蕴萍，栾菁，2022. 数字经济赋能乡村振兴：理论机制、制约因素与推进路径 [J]. 改革（5）：79-89.

章文光，徐志毅，廖冰武，等，2022. 生计资本、社会环境与贫困人口务工就业意愿 [J]. 科学决策（8）：1-14.

赵羚雅，向运华，2019. 互联网使用、社会资本与非农就业 [J]. 软科学（6）：49-53.

赵羚雅，2019. 乡村振兴背景下互联网使用对农民创业的影响及机制研究 [J]. 南方经济（8）：85-99.

赵涛，张智，梁上坤，2020. 数字经济、创业活跃度与高质量发展：来自中国城市的经验证据 [J]. 管理世界，36（10）：65-76.

赵微，张宁宁，2019. 耕地经营规模、家庭生命周期与农户生计策略 [J]. 中国人口·资源与环境，29（5）：157-164.

赵文娟，杨世龙，王潇，2016. 基于 Logistic 回归模型的生计资本与生计策略研究：以云南新平县干热河谷傣族地区为例［J］. 资源科学，38（1）：136-143.
赵文娟，杨世龙，徐蕊，2015. 元江干热河谷地区生计资本对农户生计策略选择的影响：以新平县为例［J］. 中国人口·资源与环境（11）：162-165.
赵雪雁，李巍，杨培涛，等，2011. 生计资本对甘南高原农牧民生计活动的影响［J］. 中国人口·资源与环境，21（4）：111-118.
赵雪雁，2011. 生计资本对农牧民生活满意度的影响：以甘南高原为例［J］. 地理研究，30（4）：687-698.
郑国楠，李长治，2022. 数字鸿沟影响了数字红利的均衡分配吗：基于中国省级城乡收入差距的实证检验［J］. 宏观经济研究（9）：33-50.
钟义信，1991. 全信息理论：定义与测度［J］. 北京邮电学院学报（3）：1-14.
周冬，2016. 互联网覆盖驱动农村就业的效果研究［J］. 世界经济文汇（3）：76-90.
周恩毅，聂思言，2021. 城市边缘区失地农户生计策略选择［J］. 西北农林科技大学学报（社会科学版），21（6）：126-137.
周广肃，樊纲，2018. 互联网使用与家庭创业选择：来自 CFPS 数据的验证［J］. 经济评论（5）：134-147.
周丽，黎红梅，李培，2020. 易地扶贫搬迁农户生计资本对生计策略选择的影响：基于湖南搬迁农户的调查［J］. 经济地理，40（11）：167-175.
周先波，刘建广，郑馨，2016. 信息不完全、搜寻成本和均衡工资：对广东省外来农民工劳动力市场信息不完全程度的测度［J］. 经济学（季刊），15（1）：149-172.
周洋，华语音，2017. 互联网与农村家庭创业：基于 CFPS 数据的实证分析［J］. 农业技术经济（5）：111-119.
周易，付少平，2012. 生计资本对失地农民创业的影响：基于陕西省杨凌区的调研数据［J］. 华中农业大学学报（社会科学版）（3）：80-84.
朱红根，宋成校，2020. 互联网使用对家庭农场劳动力资源配置的影响［J］. 农业技术经济（8）：40-53.
朱建军，胡继连，安康，等，2016. 农地转出户的生计策略选择研究：基于中国家庭追踪调查（CFPS）数据［J］. 农业经济问题，37（2）：49-58.
朱秋博，朱晨，彭超，等，2022. 信息化能促进农户增收、缩小收入差距吗?［J］. 经济学（季刊），22（1）：237-256.
朱喜安，魏国栋，2015. 熵值法中无量纲化方法优良标准的探讨［J］. 统计与决策（2）：12-15.
朱永甜，余劲，2020. 陕南易地扶贫搬迁减贫效应研究：基于分阶段的讨论［J］. 干旱区资源与环境，34（5）：64-69
祝嘉良，纪洋，陈少华，等，2022. 数字经济与共同富裕［J］. 中国经济问题（2）：1-13.
庄晋财，李丹，2018. “互联网＋”对农民创业机会开发的影响研究［J］. 广西大学学报（哲学社会科学版），40（5）：104-110.
左鹏飞，姜奇平，陈静，2020. 互联网发展、城镇化与我国产业结构转型升级［J］. 数量经济技术经济研究，37（7）：71-91.

Amri F, Zaied Y B, Lahouel B B, 2019. ICT, total factor productivity, and carbon dioxide emissions in Tunisia [J]. Technological Forecasting and Social Change, 146: 212-217.

Apergis N, Polemis M, Soursou S E, 2022. Energy poverty and education: Fresh evidence from a panel of developing countries [J]. Energy Economics, 106: 105, 430.

Audretsch D B, Heger D, Veith T, 2015. Infrastructure and entrepreneurship [J]. Small Business Economics, 44 (2): 219-230.

Barrett C B, Reardon T, Webb P, 2001. Nonfarm income diversification and household livelihood strategies in rural Africa: concepts, dynamics, and policy implications [J]. Food Policy, 26 (4): 315-331.

Bingswanger H, Khandker S, 1995. The impact of formal finance on the rural economy of India [J]. Policy Research Working Paper, 32 (2): 234-262.

Brown D R, Stephens E C, Ouma J O, et al., 2006. Livelihood Strategies in the Rural Kenyan Highlands [J]. African Journal of Agricultural & Resource Economics (1): 21-35.

Cai J, Wang T, Xia X, et al., 2019. Analysis on the Choice of Livelihood Strategy for Peasant Households Renting out Farmland: Evidence from Western Poverty-Stricken Areas in China [J]. Sustainability, 11 (5): 1424.

Cardona M, Kretschemr T, Strobel T, 2013. ICT and productivity: Conclusions from the empirical literature [J]. Information Economics and Policy, 25 (3): 109-125.

Cecchini S, Scott C, 2003. Can Information and Communications Technology Applications Contribute to Poverty Reduction? Lessons From Rural India [J]. Information Technology for Development (2): 73-84.

Chambers R, Conway G, 1992. Sustainable Rural Livelihoods: Practical Concepts for the 21st Century, IDS Discussion Paper 296 [R]. Brighton: IDS.

Chapman R, Slaymaker S, 2002. ICTs and Rural Development: Review of the Literature, Current Interventions and Opportunities for Action, Working Paper 192 [R]. London: ODI.

Chen H, Chen C, Li Y, et al., 2022. How Internet usage contributes to livelihood resilience of migrant peasant workers? Evidence from China [J]. Journal of Rural Studies, 96: 112-120.

Chen S, Liu W, Song H, 2020. Broadband Internet, firm performance, and worker welfare: Evidence and mechanism [J]. Economic Inquiry, 58 (3): 1146-1166.

Corrocher N, Ordanini A, 2002. Measuring the Digital Divide: A Framework for the Analysis of Cross-Country Differences [J]. Journal of Information Technology (17): 9-19.

Cumming D, Johan S, 2010. The Differential Impact of the Internet on Spurring Regional Entrepreneurship [J]. Entrepreneurship Theory & Practice, 34 (5): 857-883.

Department for International Development, 2000. Sustainable livelihoods guidance sheets [R]. London: Department for International Development.

DiMaggio P, Bonikowski B, 2008. Make Money Surfing the Web? The Impact of Internet Use on the Earnings of U. S. Workers [J]. American Sociological Review, 73 (2):

227-250.

DiMaggio P, Hargittai E, 2001. From the 'Digital Divide' to 'Digital Inequality': Studying Internet Use as Penetration Increases [J]. Current Opinion in Obstetrics & Gynecology, 10 (1): 61-4.

DiNardo J, Pischke J, 1997. The Returns to Computer Use Revisited: Have Pencils Changed the Wage Structure Too? [J]. Quarterly Journal of Economics, 112 (1): 291-303.

Duncombe R, 2006. Using the Livelihoods Framework to Analyze ICT Applications for Poverty Reduction through Microenterprise [J]. Information Technologies and International Development (3): 81-100.

Ellis F, 2000. Rural Livelihoods and Diversity in Developing Countries [M]. New York: Oxford University Press.

Fang Y, Fan J, Shen M, et al., 2014. Sensitivity of livelihood strategy to livelihood capital in mountain areas: Empirical analysis based on different settlements in the upper reaches of the Minjiang River, China [J]. Ecological Indicator (38): 225-235.

Forman C, Goldfrab A, Greenstein S, 2012. The Internet and Local Wages: A Puzzle [J]. American Economic Review, 102 (1): 556-575.

Frederick, H, 1993. Global Communication and International Relations [M]. California: Wadsworth.

Gabriels H, Horn A, 2014. The relationship Between Access to Information and Communications Technology (ICT) and Poverty in South Africa [J]. Africanus (1): 21-33.

Gao Y, Zhang L, Sun J, 2018. Does Computer Penetration Increase Farmers' Income? An Empirical Study from China [J]. Telecommunications Policy, 42 (5): 345-360.

Garai S, Ghosh M K, Maiti S, et al., 2022. Development and application of dairy-based sustainable livelihood security index in the districts of West Bengal, India: A tool for dairy development planning [J]. Journal of Rural Studies, 93: 187-195.

Goss E P, Phillips J M., 2002. How information technology affects wages: Evidence using internet usage as a proxy for IT skills [J]. Journal of Labor Research (3): 463-474.

Guo A, Wei Y, Zhong F, et al., 2022. How do climate change perception and value cognition affect farmers' sustainable livelihood capacity? An analysis based on an improved DFID sustainable livelihood framework [J]. Sustainable Production and Consumption, 33: 636-650.

Hsieh Y, Wu Y, 2019. Entrepreneurship Through the Platform Strategy in the Digital Era: Insights and Research Opportunities [J]. Computers in Human Behavior, 95: 315-323.

Isley C, Low S A, 2022. Broadband adoption and availability: Impacts on rural employment during COVID-19 [J]. Telecommunications Policy, 46 (7): 102310.

ITU, 2018. Measuring the Information Society Report 2017 [R]. Geneva, ITU.

Jayaprakash P, Pillai R, 2021. The role of ICT and effect of national culture on economic growth [J]. Information Technology for Development, 28 (2): 420-442.

Jorgenson D W, 2001. Information Technology and the U. S. Economy [J]. The American Economic Review, 91 (1): 1-32.

Khan N, Ray R L, Zhang S, et al., 2022. Influence of mobile phone and internet technology on income of rural farmers: Evidence from Khyber Pakhtunkhwa Province, Pakistan [J]. Technology in Society, 68: 101866.

Kim Y, Orazem P F, 2017. Broadband Internet and New Firm Location Decisions in Rural Areas [J]. American Journal of Agricultural Economics, 99 (1): 285-302.

Kopytko N, 2018. What role can a livelihood strategy play in addressing climate change? Lessons in improving social capital from an agricultural cooperative in Ukraine [J]. Climate and Development, 10 (8): 717-728.

Kountroumpis P, 2009. The Economic Impact of Broadband on Growth: A Simultaneous Approach [J]. Telecommunications Policy, 33 (9): 471-485.

Krueger A B, 1993. How Computers Have Changed the Wage Structure: Evidence from Microdata, 1984-1989 [J]. Quarterly Journal of Economics (1): 33-60.

Lacus S M, King G, Porro G, 2012. Causal inference without balance checking: coarsened exact matching [J]. Political analysis, 20 (1): 1-24.

Lechman E, Popowska M, 2022. Harnessing digital technologies for poverty reduction. Evidence for low-income and lower-middle income countries [J]. Telecommunications Policy, 46 (6): 102313.

Lee S H, Kim J, 2004. Has the Internet changed the wage structure too? [J]. Labour Economics (1): 119-127.

Li X, Chen W, Sang Y, et al., 2019. Structure and returns: toward a refined understanding of Internet use and social capital [J]. Information Communication & Society, 22 (10): 1479-1496.

Lian Y, Su Z, Gu Y, 2011. Evaluating the effects of equity incentives using PSM: Evidence from China [J]. Frontiers of Business Research in China, 5 (2): 266-290.

Lin N, 1999. Building a Network Theory of Social Capital [J]. Connections, (1): 68-88.

Litan R E, Rivlin A M, 2001a. Projecting the Economic Impact of the Internet [J]. Journal of Economic Literature, 91 (2): 313-317.

Litan R E, Rivlin A M, 2001b. The Economic Payoff from the Internet Revolution [M]. Washington: Brookings Institution Press.

Lu N, Lou V, 2021. Community social capital and cognitive function among older adults in rural north-east China: The moderator role of income [J]. Health & Social Care in Community, 30 (1): 225-234.

Ma Q, Zheng S, Deng P, 2022. Impact of Internet Use on Farmers' Organic Fertilizer Application Behavior under the Climate Change Context: The Role of Social Network [J]. Land, 11 (9): 1601.

Mack E A, Pierre M, Redican K, 2017. Entrepreneurs' use of Internet and Social Media

Applications [J]. Telecommunications Policy, 41 (2): 120-139.

Mack E A, 2014. Businesses and the need for speed: The importance of broadband provision to knowledge intensive firm location [J]. Telematics & Informatics, 31 (4): 617-627.

Mbaiwa J E, 2011. Changes on traditional livelihood activities and lifestyles caused by tourism development in the Okavango Delta, Botswana [J]. Tourism Management, 32 (5): 1050-1060.

Miller P, Mulvey C, 1997. Computer Skills and Wages [J]. Australian Economic Papers, (68): 106-113.

Moser C O N, 1998. The asset vulnerability framework: Reassessing urban poverty reduction strategies [J]. World Development, 26 (1): 1-19.

Mushtaq R, Bruneau C, 2019. Microfinance, financial inclusion and ICT: Implications for poverty and inequality [J]. Technology in Society, 59: 101154.

Navarro L, 2010. The Impact of Internet Use on Individual Earnings in Latin America. Development Research Working Paper Series 11 [R]. Development Research Working Paper Series.

Niebel T, 2018. ICT and economic growth - Comparing developing, emerging and developed countries [J]. World Development, 104: 197-211.

Nielsen J, Rayamajhi S, Unberhuaga P, et al., 2013. Quantifying rural livelihood strategies in developing countries using an activity choice approach [J]. Agricultural Economics, 44 (1): 57-71.

Orr A, Mwale B, 2001. Adapting to Adjustment: Smallholder Livelihood Strategies in Southern Malawi [J]. World Development, 29 (8): 1325-1343.

Pabilonia S, 2005. Returning to the Returns to Computer Use [J]. American Economic Review (2): 314-317.

Pindado E, Sanchez M, Verstegen J A A M, et al., 2018. Searching for the entrepreneurs among new entrants in European Agriculture: the role of human and social capital [J]. Land Use Policy, 77: 19-30.

Pour M D, Barati A A, Azadi H, et al., 2018. Revealing the role of livelihood assets in livelihood strategies: Towards enhancing conservation and livelihood development in the Hara Biosphere Reserve, Iran [J]. Ecological Indicators, 94: 336-347.

Preacher K J, Hayes A F, 2004. SPSS and SAS procedures for estimating indirect effects in simple mediation models [J]. Behavior Research Methods, Instruments, and Computer, 36 (4): 717-718.

Reed M S, Podesta G, Fazey I, et al., 2013. Combining analytical frameworks to assess livelihood vulnerability to climate change and analyse adaptation options [J]. Ecological Economics, 94: 66-77.

Riccardini F, Fazion M, 2002. Measuring the Digital Divide [R]. London: Official Statistics and the New Economy.

Rosenbaum P R, Rubin D B, 1983. The central role of the propensity score in observational studies for causal effects [J]. Biometrika, 70 (1): 41-55.

Scoones I, 1998. Sustainable Rural Livelihoods: A Framework for Analysis. IDS Working Paper 72 [R]. Brighton, IDS.

Sharp K, 2003. Measuring Destitution: Integrating Qualitative and Quantitative Approaches in the Analysis of Survey Data. IDS Working Paper 217 [R]. Brighton, IDS.

Sobel M E, 1982. Asymptotic confidence intervals for indirect effects in structural equation models [J]. Sociological Methodology, 13: 290-312.

Song J, Jiang F, 2021. Online social capital, offline social capital and health: Evidence from China [J]. Health & Social Care in the Community, 30 (4): E1025-E1036.

Soriano C R R, 2007. Exploring the ICT and Rural Poverty Reduction Link: Community Telecenters and Rural Livelihoods in Wu' an, China [J]. The Electronic Journal of Information Systems in Developing Countries (1): 1-15.

Sota H, 2006. The Impact of Village-Specific Factors on Household Income in Rural China: an Empirical Study Using the 2002 CASS CHIP Survey [J]. Discussion Papers, 20 (2), 106-114.

Soto H D, 2007. The Mystery of Capital: Why Capitalism Triumphs in the West and Fails Everywhere Else [M]. New York: Basic Books.

Stock J, Yogo M, 2005. Testing for Weak Instruments in Linear IV Regression, in D. Andrew and J. Stock (ed.), Identification and Inference for Econometric Models: Essays in Honor of Thomas Rothenberg [M]. Cambridge: Cambridge University Press.

Su F, Yin Y, 2020. Optimal livelihood strategy for different poverty groups among farmers: a case study of the Qin-Ba Mountain area in South-Shaanxi, China [J]. Journal of Mountain Science, 17 (5): 1206-1220.

Tan Y, Li X, 2022. The impact of internet on entrepreneurship [J]. International Review of Economics & Finance, 77: 135-142.

Tittonell P, Muriuki A, Shepherd K D, et al., 2010. The diversity of rural livelihoods and their influence on soil fertility in agricultural systems of East Africa-A typology of smallholder farms [J]. Agricultural Systems (103): 83-97.

Townsend P, 1993. International analysis poverty [M]. London: New York: Routledge.

Tsegaye D, Vedeld P, Moe S R, 2013. Pastoralists and livelihood: A case study from northern Afar, Ethiopia [J]. Journal of Arid Environments (91): 138-146.

United Nations Conference on Environment and Development, 1992. Agenda 21 [R]. Rio de Janerio: UNCED.

Van den Berg M, 2010. Household income strategies and natural disasters: Dynamic livelihoods in rural Nicaragua [J]. Ecological Economics (3): 592-602.

Vazquez E J, Winkler H, 2017. How is Internet Changing Labor Market Arrangements? Evidence from Telecommunications Reforms in Europe. Policy Research Working Paper 7976

[R]. Washington: World Bank Group.

Vong J, Song I, 2014. Emerging Technologies for Emerging Markets [M]. Singapore: Springer.

Wall G, Mathieson A, 2006. Tourism: Changes, Impacts and Opportunities [M]. New York: Pearson Prentice Hall.

Wang J, Wang W, Ran Q, et al., 2021. Analysis of the mechanism of the impact of internet development on green economic growth: evidence from 269 prefecture cities in China [J]. Environmental Science and Pollution Research, 29 (7): 9990-10004.

Wang W S, 2001. The Impact of Information and Communication Technologies on Farm Households in China [M]. Frankfurt: Peter Lang Publications.

Whelan C T, 2007. Measuring consistent poverty in Ireland [J]. The Economic & Social Review (2): 211-234.

World Bank, 2012. ICT for greater development impact [M]. Washington: World Bank Group.

Yang H, Huang K, Deng X, et al., 2021a. Livelihood Capital and Land Transfer of Different Types of Farmers: Evidence from Panel Data in Sichuan Province, China [J]. Land, 10 (5): 532.

Yang L, Lu H, Wang S, et al., 2021b. Mobile Internet Use and Multidimensional Poverty: Evidence from A Household Survey in Rural China [J]. Social Indicators Research, 158 (3): 1065-1086.

Yang N, Sun X, Wang Y, et al., 2022. Does Internet access contribute to residents; pro-environmental behavior? Evidence from China [J]. Polish Journal of Environmental Studies, 31 (6): 5353-5369.

Zellner A, 1963. Estimators for seemingly unrelated equations: Some exact finite sample results [J]. Publications of the American Statistical Association, 58 (304): 977-992.

Zhao X, Lynch J, Chen Q, 2010. Reconsidering Baron and Kenny: Myths and Truths about Mediation Analysis [J]. Journal of Consumer Research, 37 (2): 197-206.

图书在版编目（CIP）数据

互联网嵌入对农户生计抉择影响及其收入效应研究 / 杨柠泽著. —北京：中国农业出版社，2023.11
ISBN 978-7-109-31457-3

Ⅰ.①互… Ⅱ.①杨… Ⅲ.①互联网—影响—农民收入—研究—中国 Ⅳ.①F323.8

中国国家版本馆 CIP 数据核字（2023）第 231382 号

中国农业出版社出版
地址：北京市朝阳区麦子店街 18 号楼
邮编：100125
责任编辑：孙鸣凤　胡晓纯
版式设计：王　晨　　责任校对：张雯婷
印刷：北京中兴印刷有限公司
版次：2023 年 11 月第 1 版
印次：2023 年 11 月北京第 1 次印刷
发行：新华书店北京发行所
开本：700mm×1000mm　1/16
印张：12.25
字数：250 千字
定价：68.00 元
